信托蓝皮书

BLUE BOOK OF
TRUST INDUSTRY

中国信托业研究报告
（2013）

ANNUAL REPORT ON THE RESEARCH OF CHINA'S TRUST
INDUSTRY (2013)

中建投信托研究中心 ／编　著
中国建投投资研究院

社会科学文献出版社
SOCIAL SCIENCES ACADEMIC PRESS (CHINA)

图书在版编目（CIP）数据

中国信托业研究报告. 2013/中建投信托研究中心，中国建投
投资研究院编著. —北京：社会科学文献出版社，2013.9
（信托蓝皮书）
ISBN 978 – 7 – 5097 – 5041 – 4

Ⅰ.①中… Ⅱ.①中… ②中… Ⅲ.①信托业 – 研究报告 –
中国 – 2013 Ⅳ.①F832.49

中国版本图书馆 CIP 数据核字（2013）第 214089 号

信托蓝皮书
中国信托业研究报告（2013）

编　　著／中建投信托研究中心
　　　　　中国建投投资研究院

出 版 人／谢寿光
出 版 者／社会科学文献出版社
地　　址／北京市西城区北三环中路甲 29 号院 3 号楼华龙大厦
邮政编码／100029

责任部门／经济与管理出版中心（010）59367226　　责任编辑／许秀江　刘宇轩
电子信箱／caijingbu@ ssap. cn　　　　　　　　　　责任校对／岳宗华
项目统筹／许秀江　王婧怡　　　　　　　　　　　　责任印制／岳　阳
经　　销／社会科学文献出版社市场营销中心（010）59367081　59367089
读者服务／读者服务中心（010）59367028

印　　装／北京季蜂印刷有限公司
开　　本／787mm×1092mm　1/16　　　　　　　　印　张／18.25
版　　次／2013 年 9 月第 1 版　　　　　　　　　　字　数／293 千字
印　　次／2013 年 9 月第 1 次印刷
书　　号／ISBN 978 – 7 – 5097 – 5041 – 4
定　　价／59.00 元

编写说明

截至 2012 年末，信托行业受托管理资产规模达 7.47 万亿元，信托行业在整个金融体系中的重要地位进一步提升。在信托行业高速发展的背后，我们需要关注的一个问题是：中国信托行业发展的时间还比较短，与银行、保险、证券、基金等金融同业相比，信托行业尚未形成自己成熟和稳定的市场体系，信托公司的商业模式和核心竞争力依然处在不断的探索过程中。信托公司如何发挥信托制度的独特优势以服务经济发展，信托公司在发展过程中如何培育自己的核心竞争力，在日趋激烈的市场竞争中占据市场主动，是信托公司乃至整个信托行业亟需解决的问题。

当前，行业内外对信托业务的统计和分析较多，但是没有形成认可度较高的评价体系。就此，中建投信托研究中心在综合分析信托公司披露的年报信息的基础上对信托行业的发展规律、影响信托公司发展的主要因素，以及综合评价信托公司经营绩效的三方面进行了深入思考及研究后形成了本书，以期其有助于广大读者了解信托行业现状，研究信托市场发展变化趋势，促进信托行业的长期可持续发展，同时为信托公司制定发展规划和战略布局提供参考和帮助。

本蓝皮书由信托公司竞争力评价指标体系暨 2012 年信托公司竞争力评价报告、信托行业 2012 年发展报告、公司治理及战略实施报告、信托业务发展报告、固有业务发展报告、财富管理发展报告、风险管理报告、人力资源发展报告等部分组成。此外，报告还附有关于中建投信托研究人员对行业发展及信托业务实务开展的一些思考和关注。报告以信托公司年度审计报告披露的数据为基础，对全行业及各家信托公司的经营状况进行了全面地梳理和分析，对信托行业 2012 年发展情况进行了全面地回顾和总结，并对行业发展过程中关注的焦点和热点问题进行了简要分析；信托公司竞争力评价报告以"信托公司竞争力评价指标体系"为框架对各家信托公司 2012 年经营能力进行了综合评价，该评价体系从信托公司资产与业务规模、赢利能力和经营效率三个方面对信托公司的经营状况进行了系统的梳理，并分别对信托公司的竞争力赋予一定的权重进行综合评价。信托业务发展报告、固有业务发展报告则对信托公司相应的经营情况进行了全面而深入的梳理和分析。

《中国信托业研究报告（2013）》是"信托蓝皮书"的开篇之作，在编写过程中难免存在一些缺陷和不足，我们诚挚地希望"信托蓝皮书"能够得到大家的关注和批评，并引发各方有识之士对信托业发展的思考，并以此为起点不断为中国信托业贡献更多的高质量研究成果，中建投信托愿与大家一起见证中国信托业的成长，共同为中国信托业的繁荣贡献智慧和力量。

编委会主任

2013 年 8 月于杭城西子湖畔

编委会简介

编委会主任简介

杨金龙 先后任职于中国建设银行、中国建投、中建投信托等金融机构，长期致力于中国金融行业的实务管理和理论研究，拥有 30 余年的金融行业业务管理、风险控制工作经验。

编委会副主任简介

刘　屹 工商管理硕士。先后任职于中国建设银行、百瑞信托、华泰保险资产管理公司、中建投信托等金融机构。拥有 20 余年金融从业经验，对中国信托行业的发展具有深厚的理论研究和实务管理经验。

王俊娜 先后任职于中国建设银行、中国建投等金融机构，拥有 10 余年投资银行、长期股权投资、企业管理及科研管理工作经验。

主要编撰者简介
（以姓氏拼音字母为序）

陈　晨　女，法学硕士，先后就读于浙江大学、复旦大学，曾荣获全国优秀法官。现任中建投信托高级合规经理；研究成果曾获全国法院系统学术研讨会二等奖，曾在《法学杂志》、《行政与法》等学术刊物发表专业论文多篇。

陈　梓　女，复旦大学金融学硕士、英国杜伦大学金融投资学硕士，曾前往美国耶鲁大学短期学习，研修宏观经济和行为金融学。现任中建投信托研究员，研究方向为国际金融学和金融投资学。

崔彦婷　女，法学硕士，先后就读于中国政法大学、北京大学。曾就职于中建投信托等金融机构，具有丰富的信托行业研究、风险管理等工作经验，曾在《上海金融》等公开刊物发表专业论文多篇，现为中建投信托研究中心、中国建投投资研究院特邀研究员。

董　亮　男，工商管理学硕士，先后就读于厦门大学、中欧国际工商学院。现任中建投信托高级研究员，曾就职于普华永道、毕马威、东方证券，拥有丰富的财务金融工作经验。

庞斌锋　男，华东政法大学法学学士，发表论文《虚假陈述与内幕交易的比较分析》，从事法律工作三年。现任中建投信托合规经理，拥有丰富的信托行业法律合规经验。

王苗军 男，西南政法大学法学学士。现任中建投信托研究员，主研或参与中国信托业协会及其他省级课题多项，研究成果曾获省级学术研讨会二等奖；《21世纪经济报道》专栏撰稿人，参编《中国投资蓝皮书》、《中国资产管理蓝皮书》等专著多部，公开发表《中国人隐忍性格对中国法治进程的影响》等专业学术论文多篇。

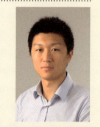

吴 朋 男，会计学学士。现任中建投信托风险控制经理。对信托行业发展、会计处理、风险控制等领域具有较深的研究和实践经历。

余 伟 男，金融学硕士，先后就读于中南财经大学、上海财经大学。现任中建投信托上海财富中心负责人，主要从事高净值人士的财富管理工作，对信托行业、金融资产配置以及信托产品投资有较深的研究和实践经历。

薛皓元 男，法学硕士，先后就读于南京大学、伦敦大学，现师从著名经济学家迟福林教授攻读经济学博士，现任中建投信托经理。

袁 路 男，经济学博士，先后就读于复旦大学、中国社会科学院。现任中建投信托研究员，曾在核心期刊《国外理论动态》、《气候变化研究进展》发表论文多篇，参与多项国家重大课题与社科院重大课题研究，并参与编写包括《气候变化蓝皮书》、《低碳城市经济学评价方法》在内的多部专著，拥有丰富的科研经验。

赵志红 男，法学、工学双学士，经济学硕士，先后就读于北京大学、复旦大学。现任中建投信托上海业务一部负责人，曾参与中国第一个信托计划（上海外环隧道）的设计和发行工作，具有丰富的金融信托业务经验和法律合规实践经验。

摘　要

截至 2012 年末，信托行业受托管理资产规模达 7.47 万亿元，信托行业在整个金融体系中的重要地位进一步确立。信托公司自身资本实力稳步提升，赢利能力持续增强。在高速发展的背后，信托行业也面临新的业务发展领域的发掘与拓展、业务结构进一步调整、自主管理能力提升、风险事件频发等诸多压力。随着证监会、保监会等一系列资产管理新政的推出，信托行业面临的其他泛资产管理机构的竞争也进一步加剧。与此同时，刚性兑付、影子银行等争议话题也成为 2012 年信托行业的关注热点。

与信托行业飞速发展形成对比的是，当前信托行业对行业的发展规律及影响信托公司发展的主要因素，以及综合评价信托公司经营绩效的研究缺乏认识。就此，中建投信托研究中心对 66 家信托公司披露的年报信息进行综合分析，形成本书。以期其有助于人们了解行业现状，研究信托市场发展变化趋势，为信托公司制定发展规划和战略布局，促进信托行业的长期可持续发展，以及行业监管机构制定监管政策提供参考和借鉴。

Abstract

By the end of 2012, the value of assets under management of the trust industry had already reached 7. 47 trillion RMB, and had further strengthened its position in China's whole financial industry. The capital of trust companies has increased steadily, and profitability has improved continuously. Despite all the progress made, the trust industry will face many challenges in the future, such as the need for new business opportunities, and for further adjustments to its business structures, and so on. As the CSRC and CIRC launched a series of new acts of asset management in 2012, the competition between trust and other asset management institutions has already become fiercer. At the same time, implicit guarantee, shadow banking and other controversial topics have attracted attention from the whole trust industry.

In contrast to its rapid development, the trust industry is currently short of analysis focusing on the basic factors influencing the development of the industry, and the comprehensive evaluation of trust companies' performance. Therefore, China Jiantou Trust Research Center composed this book based on the studies of annual reports of 66 trust companies, in the hope that it can facilitate the understanding of the status quo and future trend of the trust industry, help trust companies and the whole industry with strategy implementation, and accelerate its sustainable development.

目 录

皮书数据库阅读**使用指南**

CONTENTS

B.1
信托公司竞争力评价指标体系暨
信托公司 2012 年竞争力评价报告

中建投信托研究中心课题组 *

摘　要：

　　中国信托行业起步较晚，尚未形成自己成熟和稳定的市场体系，信托公司在经营发展的过程中也尚未形成统一的竞争力评价体系。本报告试图从信托公司的规模、赢利能力、经营效率三个维度出发，分别设置了资产规模、信托业务规模等 10 个评价指标，用来综合评价信托公司的竞争力，通过对比 2011 年与 2012 年的指标变动情况，分析指标变动的原因，并以此为基础为信托公司的经营发展提供科学的参考与建议。

关键词：

　　信托公司竞争力评价指标体系

一　信托公司竞争力评价指标体系

（一）评价体系的设计背景及意义

2001 年《信托法》颁布以来，尤其是 2007 年新的"一法两规"颁布以来，中国信托业取得了飞速发展，截止到 2012 年末，信托公司受托管理资产

---

　　* 课题组成员：刘屹、董亮、王苗军、袁路、陈梓。

规模达 7.47 万亿元，信托行业在整个金融体系中的作用和地位进一步提升。截止到 2012 年末，全行业共计有 67 家信托公司，在信托行业整体飞速发展过程中，不同的信托公司自身经营模式、经营战略与经营思路、公司的职能定位及业务发展方向、经营管理层及从业人员的竞争力均存在一定的差异，因而经营效果也呈现了较大差异。信托行业发展历程较短，当前行业的经营模式也处在不断发展过程中。

当前已有包括行业自律组织、中介服务机构、第三方研究机构等组织和机构开始探索信托公司评价体系的构建，但这些评价均存在一定的缺陷，主要表现在以下几个方面：第一，主要侧重于信托公司年度报告披露的信息的整理，但对于数据反映的信托公司竞争力分析和评价不足；第二，侧重于信托公司部分竞争力的评价，但指标体系的设计不能准确反映信托公司该项能力现状；第三，对信托公司的评价缺乏系统性，即评价指标体系建立的原则、指标选取的依据、指标量化的方法以及指标权重的设定方面缺乏系统的设计。

中建投信托研究中心在全面分析信托公司经营数据的基础上，借鉴其他机构对信托公司评价的经验，对信托公司竞争力评价指标体系进行了系统的梳理，以期在以下几个方面有所提升：首先是寻找系统反映信托公司竞争力的现状的指标体系，以在一定范围内准确反映信托公司的竞争力及信托公司竞争态势的现状；其次是通过对信托公司竞争力变动情况的分析，寻找影响信托公司经营状况变化的因子；最后是希望通过对信托公司竞争力的系统评价，为监管机构制定监管政策及信托公司的经营决策提供有益的参考。

（二）评价体系的设计逻辑框架

信托公司竞争力评价指标体系主要由规模指标、赢利指标和效率指标等三部分组成，三者相辅相成，分别从规模、赢利和效率三个维度评价信托公司的经营状况。评价结果即产出结果，是对特定时期内信托公司竞争力的阶段性总结。

在指标体系中，规模指标包含了总资产规模指标、存量有效信托规模指标和新增有效信托规模指标，主要用于反映特定时点内信托公司固有及信托规模资产管理规模；赢利指标包含营业收入指标、净利润指标、信托业务收入指标、信托业务收入占比指标等，主要用于反映信托公司赢利及收入结构；效率指标包含了资产回报率指标、净利润率指标和 DEA 效率指标，主要反映信托公司在给定固有与信托资产规模、人力规模情况下的成本管理及赢利能力（见表 1）。

计算过程：我们对 10 个指标进行逐一分析。X_j 代表 j 信托公司在某一指标中的值。*Mean* 代表这一指标分布的算术平均值。Standard_dev 代表这一指标的标准偏差。利用正态函数的分布，我们找出 X_j 在符合算术平均值为 Mean 且标准偏差为 Standard_dev 的正态分布函数的累计分布值（0 ~ 1），作为 j 信托公司在这一指标中的标准得分（注：在这里我们不对每个指标进行是否符合正态分布进行检验，也不对多个指标进行相关性分析）最后把标准得分乘以相应指标权重得出 j 公司在这一指标的得分。10 个指标的权重之和为 100，这样，信托公司竞争力评价的得分范围即为 0 ~ 100 分。

$$F(x;\mu,\sigma) = \frac{1}{\sigma\sqrt{2\pi}} \int_{-\infty}^{x} \exp - \frac{(t-\mu)^2}{2\sigma^2} dt$$

需要特别指出的是，我们在对信托公司开展经营效率分析的过程中，采用了包络数据分析方法（即 DEA 数据分析模型）。该方法是由 A. Charnes 和 W. W. Cooper 等人创建的，以相对效率为基础对同一类部门的绩效进行评价。经济学理论认为，在生产技术条件一定的情况下，决策单元各种可能投入与产出所形成的集合，称为生产可能性集合。而各种可能投入组合的最大产出集合，构成了生产前沿面。描述各种可能投入组合与生产前沿面之间的数学关系的函数，被称为前沿生产函数。而在实际情况中，投入与最大产出之间并不一定存在明确的数学关系，寻求特定前沿生产函数并不容易。而 DEA 方法将所有决策单元的投入和产出项投影到几何空间中，并通过线性规划技术确定生产前沿面，不需要以参数形式规定前沿生产函数，也不用事先了解输入、输出之间的关联关系。若某个决策单元在生产前沿面上，则认

为其为 DEA 有效，效率值为 1，表示该决策单元无法减少投入，或提高产出；若某决策单元在生产前沿面内，则认为其为 DEA 无效，并给出一个介于 0 到 1 之间的效率值，表示若产出不变，可降低投入；或若投入不变，可提高产出。

本分析采用模型来对信托公司的数据进行测试。

$$\min\theta$$
$$\sum_{j=1}^{66} x_j \lambda_j + s^- \leqslant \theta x_0$$
$$\sum_{j=1}^{66} y_j \lambda_j - s^+ \geqslant y_0$$
$$\lambda_j \geqslant 0, j = 1,2,\cdots 66, \theta \in E^1$$
$$s^- \geqslant 0, s^+ \geqslant 0$$

公式中：x_j 为所有信托公司的输入变量，是指人数、净资产、信托资产和自有资产 4 个输入量；y_j 为所有信托公司的输出变量，是指信托公司的营业收入和净利润；x_0，y_0 为评价目标信托公司的相应输入输出值；λ_j 为权系数；s^- 为投入松弛变量；s^+ 为剩余变量；θ 为目标信托公司的 DEA 技术效率，即最后的结果。模型的含义是以权系数为变量，以所有决策单元（即信托公司）的效率指标为约束，以第 0 个决策单元的效率指数为目标。即评价第 0 个决策单元的生产效率是否有效，是相对于其他所有决策单元而言的。C^2R 模型假设信托公司在固定规模报酬下运营，得出最优值扩展为信托公司的总技术效率。对 C^2R 模型进行改进，采用 BCC 模型将 C^2R 模型中的固定规模报酬的假设剔除，以衡量处于不同规模报酬状态下的相对效率值，将总技术效率分解为纯技术效率和规模效率。纯技术效率反映了信托公司当前的生产点与规模收益变化的生产前沿之间技术水平运用的差距，而规模效率则反映了规模收益不变的生产前沿与规模收益变化的生产前沿之间的距离。

（三）评价体系的设计原则

指标体系应有相应的学术支持性及完整性。信托公司竞争力评价指标体系在构建时遵循如下原则：

（1）系统性原则：信托公司竞争力评价指标体系的设计应当全面体现

信托公司经营活动的内涵。所包含内容能够客观、综合地反映信托公司的经营成果。因而在指标体系的设计中，涵盖了信托公司信托业务与固有业务经营内容，尤其是在 DEA 效率评价指标中，综合考虑了股东投入的人力和货币资本，管理一定规模的信托资产和自有资产，完成营业收入和净利润的效率等因素。

（2）科学性原则：评价指标体系不是单一的概念或者标准，其必须能够全面而准确地体现信托公司竞争力的现状，既避免指标过于繁杂，又避免指标过少带来的过于简单化。如在受托管理信托资产规模指标评价中，引入了"有效信托规模"的概念，针对单一信托计划不足以准确反映信托公司竞争力的情况，因而在衡量信托公司受托管理资产规模的时候以集合资金信托计划为基准，而对于单一资金信托以及财产权信托则以规模绝对值的 10% 为有效数据，两者相加最终得出有效信托规模。

（3）客观性与针对性原则：评价信托公司竞争力必须基于信托业务为信托公司主营业务的定位，因而在指标的选择过程中应适当增加信托业务相关的指标权重。如在规模相关指标的选择中，信托业务规模指标合计占规模指标的三分之二，而在赢利指标的选取中除了营业收入指标与净利润指标外，再单独选取了信托业务收入指标与信托业务收入占比指标。

（4）整体性和层次性原则：针对信托公司竞争力的评价，各指标之间既不能遗漏，又要尽可能降低指标的重叠度和保持相对独立，其权重设计要避免使某个特定领域得到夸大或缩小。如在信托公司有效信托规模的评价中，既要考虑信托公司存量规模，表征信托公司竞争力的绝对值，又要考虑信托公司当年新增规模，表征信托公司竞争力的变动。

（5）可比性和可操作性：指标体系应包括相对评价和绝对评价，体系中所有指标全部量化，保证评价结果可以在时间上进行纵向比较和各信托公司间横向比较，充分反映信托公司的竞争力水平。因而在评价指标体系的量化操作上，首先以各公司对应的绝对值为基准，再与行业平均水平相比较得出相对值，再以评价对象之间的相对值作正态分布的比较分析，最后乘以相应指标权重得出相应指标的标准得分，从而保障了相应指标的绝对评价与相对评价的统一，且通过具体量化增加了指标的可比性。

（四）评价体系的评价标准

表1　信托公司竞争力评价指标体系

一级指标	二级指标	指标释义
规模指标(45%)	总资产规模(15%)	总资产是信托公司股东投入与经营成果的积淀，表征信托公司的资本和资产实力，并在一定程度上表征了信托公司的抗风险能力。
	存量有效信托规模(15%)	存量有效信托规模是信托公司开展信托业务经营数据的反映，其中有效信托规模以集合资金信托计划为基准，而对于单一资金信托以及财产权信托则以规模绝对值的10%为有效数据，两者相加最终得出有效信托规模。表征信托公司信托业务的拓展能力。
	新增有效信托规模(15%)	新增有效信托规模是信托公司在当年度开展信托业务经营数据的反映，其中有效信托规模以集合资金信托计划为基准，而对于单一资金信托以及财产权信托则以规模绝对值的10%为有效数据，两者相加最终得出有效信托规模。表征信托公司当年度信托业务的拓展能力。
赢利指标(35%)	营业收入(10%)	营业收入是信托公司的主要经营成果，表征信托公司获取经营收益的能力。
	信托业务收入(10%)	信托业务收入是信托公司开展信托业务的主要经营成果，表征信托公司主营业务的竞争力。
	信托业务收入占比(10%)	信托业务收入占比是信托公司信托业务收入在营业收入总的占比，表征信托公司主营业务在经营中的地位。
	净利润(5%)	净利润是信托公司最终的经营成果，表征了信托公司的经营效益。
效率指标(20%)	资产回报率(5%)	衡量每单位资产创造多少净利润的指标，表征信托公司单位资产的赢利能力。
	净利润率(5%)	反映企业销售收入与利润之间的关系，表征信托公司的赢利能力及成本管理能力。
	DEA效率(10%)	引入了DEA数据分析模型，表征股东投入一定的人力和货币资本，管理一定规模的信托资产和自有资产，完成营业收入和净利润的效率。

根据评价体系的逻辑框架和涉及原则，我们根据各项指标的表征意义与信托公司关联性的差异分别赋予了不同的权重，在指标的计算和权重的赋予中主要遵循了如下原则：

（1）反映信托公司主营业务原则。根据我国《信托公司管理办法》的规定，信托公司是主要经营信托业务的金融机构。因而我们在指标权重的设计上，突出了信托主营业务的权重，如在赢利指标中，除了在营业收入与净利润两项公司最终经营结果输出外，增加了"信托业务收入"及"信托业务收入占比"等两项反映信托公司主营业务能力的评价指标。

（2）科学反映信托公司竞争力原则。当前信托公司信托业务主要由集合资金信托计划、单一资金信托计划和财产权信托三大类构成，信托公司主动管理能力（竞争力）主要体现在集合资金信托计划业务开展过程中，因而我们在涉及信托公司信托指标时，引入了"有效信托规模"的概念，以集合资金信托计划为基准，而非集合资金信托计划取相应规模的 10% 为有效规模。

（3）平衡指标之间的独立性和关联性。各项指标相互独立又相互关联，如营业收入指标与净利润指标之间存在高度的关联性。因而我们在权重赋予的过程中，以营业收入指标为基准赋予 10% 的权重，适当降低了净利润指标（5%）权重，同时在效率指标中增加收入利润率指标，以全面反映给定收入情况下信托公司的费用与成本管理能力。

二 信托公司 2012 年竞争力评价报告

根据"信托公司竞争力评价指标体系"，我们对披露年报信息的 66 家信托公司 2012 年度竞争力进行了评价，其中得分最高的是中融信托，为 91.60 分，排名第 2 的是中信信托，得分 91.11 分，平安信托、中诚信托、外贸信托分列第 3 ~ 5 名。得分最低的两家信托公司分别为浙商金汇信托和长城新盛信托，两家信托公司分别在 2011 年与 2012 年开业，经营时间较短，且是首次披露年报信息并纳入评价范围。

表2 2012年信托公司竞争力评价排名情况

排名	总得分	信托公司	规模指标				赢利指标					效率指标			
			总资产规模指标	存量有效信托规模指标	新增有效信托规模指标	总得分1	营业收入指标	净利润指标	信托业务收入指标	信托业务收入占比指标	总得分2	资产回报率指标	净利润率指标	DEA效率指标	总得分3
1	91.60	中融信托	12.36	14.99	14.78	42.12	10.00	4.93	10.00	8.88	33.80	4.96	0.72	10.00	15.68
2	91.11	中信信托	14.96	15.00	13.55	43.51	10.00	5.00	10.00	5.24	30.24	3.59	3.77	10.00	17.36
3	82.91	平安信托	15.00	14.66	14.45	44.11	10.00	4.93	9.99	5.99	30.91	1.42	0.85	5.62	7.89
4	82.51	中诚信托	14.96	13.36	15.00	43.31	9.81	4.96	8.16	1.26	24.19	1.45	3.55	10.00	15.01
5	78.39	外贸信托	11.25	14.66	15.00	40.90	7.88	4.39	6.87	3.39	22.53	2.45	4.17	8.33	14.95
6	78.20	长安信托	6.25	12.52	12.89	31.65	8.37	3.57	9.41	9.08	30.43	4.97	1.14	10.00	16.11
7	73.21	华润信托	14.97	12.99	9.88	37.84	9.05	4.82	7.68	2.54	24.08	0.76	4.22	6.31	11.29
8	71.56	四川信托	5.41	10.32	11.44	27.17	7.51	3.75	8.08	7.35	26.68	4.98	2.73	10.00	17.70
9	70.17	中铁信托	8.40	10.02	11.04	29.45	6.20	3.62	6.80	7.21	23.83	2.67	4.21	10.00	16.88
10	69.96	兴业信托	8.82	13.31	10.35	32.47	7.14	3.53	7.31	6.20	24.18	3.22	2.61	7.48	13.31
11	67.65	上海信托	12.48	9.40	11.31	33.19	6.96	4.19	5.44	2.17	18.76	1.31	4.59	9.81	15.71
12	67.51	新华信托	6.59	10.11	9.04	25.74	7.09	2.42	8.44	8.97	26.91	4.55	0.38	9.93	14.86
13	67.08	华融信托	6.73	8.01	8.24	22.98	7.98	3.04	8.97	8.62	28.62	4.84	0.64	10.00	15.48
14	66.76	山东信托	6.07	11.55	12.77	30.40	5.61	3.42	5.11	3.90	18.04	3.89	4.43	10.00	18.32
15	66.15	五矿信托	4.86	11.05	12.91	28.82	4.52	2.96	4.89	6.40	18.78	4.03	4.73	9.79	18.55
16	65.30	中航信托	6.04	9.64	9.27	24.95	6.44	2.95	7.35	7.96	24.71	4.51	1.92	9.21	15.64
17	65.03	华能信托	8.01	9.71	13.24	30.96	5.94	2.83	6.12	6.02	20.91	2.69	2.25	8.22	13.16
18	63.44	北京信托	7.55	10.31	7.98	25.84	6.75	3.33	6.71	5.54	22.33	3.73	2.58	8.96	15.27
19	57.65	粤财信托	6.10	11.63	14.10	31.83	3.17	1.93	3.32	5.10	13.52	1.16	4.48	6.66	12.30
20	55.21	中江信托	7.54	8.58	5.85	21.97	5.05	2.19	6.72	9.37	23.32	2.18	1.48	6.25	9.91
21	54.62	昆仑信托	10.90	7.42	7.52	25.84	6.31	3.40	4.97	2.22	16.91	1.53	3.49	6.86	11.88

续表

排名	总得分	信托公司	规模指标				赢利指标					效率指标			
			总资产规模指标	存量有效信托规模指标	新增有效信托规模指标	总得分1	营业收入指标	净利润指标	信托业务收入指标	信托业务收入占比指标	总得分2	资产回报率指标	净利润率指标	DEA效率指标	总得分3
22	54.62	华信信托	11.60	4.61	5.28	21.49	5.94	3.58	5.56	4.40	19.49	1.12	4.41	8.12	13.65
23	54.03	北方信托	5.63	7.33	8.79	21.75	4.74	2.09	5.31	7.08	19.21	3.42	1.56	8.08	13.06
24	53.65	重庆信托	14.74	4.95	5.03	24.72	6.60	3.89	3.38	0.26	14.12	0.47	4.33	10.00	14.81
25	53.30	华宝信托	10.21	12.71	5.96	28.88	5.18	2.61	4.57	3.33	15.69	1.15	2.76	4.82	8.73
26	52.96	中海信托	8.56	8.68	6.74	23.97	5.84	3.66	2.78	0.14	12.42	2.28	4.61	9.68	16.57
27	52.09	建信信托	11.28	13.77	3.72	28.78	5.34	2.67	4.06	1.72	13.79	0.95	2.68	5.89	9.52
28	50.98	英大信托	7.82	7.36	2.31	17.49	4.69	2.47	5.64	8.16	20.96	1.72	3.17	7.64	12.53
29	50.36	江苏信托	12.65	3.90	3.14	19.70	6.35	4.43	3.51	0.38	14.68	1.00	4.98	10.00	15.98
30	49.80	方正信托	4.48	5.00	5.69	15.17	3.92	1.93	4.91	8.56	19.31	3.78	2.51	9.02	15.31
31	49.49	金谷信托	5.34	6.34	6.68	18.37	4.82	2.43	4.46	3.90	15.62	3.82	2.79	8.90	15.51
32	47.63	百瑞信托	6.02	5.78	5.48	17.28	4.19	2.24	4.52	6.25	17.21	2.38	3.31	7.44	13.14
33	47.42	天津信托	5.00	6.48	7.38	18.86	3.40	1.69	4.16	8.13	17.37	2.28	2.53	6.38	11.19
34	47.33	厦门信托	4.30	5.63	4.56	14.49	3.66	2.06	4.13	6.86	16.71	3.68	3.83	8.62	16.12
35	46.45	湖南信托	4.03	4.08	4.62	12.73	3.41	1.69	4.46	9.00	18.55	3.71	2.58	8.88	15.17
36	45.94	国元信托	8.23	5.94	7.09	21.26	3.51	1.98	3.77	5.82	15.08	0.76	3.87	4.97	9.60
37	44.09	华鑫信托	6.40	5.26	7.08	18.74	3.83	1.89	3.96	5.30	14.97	1.68	2.53	6.17	10.38
38	43.85	大业信托	2.65	3.48	5.99	12.11	2.43	1.13	3.09	8.67	15.32	4.86	1.55	10.00	16.42
39	43.23	湖海信托	6.21	4.54	3.29	14.04	4.06	2.01	4.49	6.66	17.22	2.07	2.58	7.31	11.96
40	43.01	中原信托	4.85	4.96	5.41	15.22	3.23	1.63	3.92	7.95	16.73	2.17	2.71	6.17	11.06
41	41.42	新时代信托	4.20	7.53	7.79	19.51	2.84	1.18	3.30	7.03	14.35	2.27	0.69	4.59	7.55
42	40.16	苏州信托	4.99	4.22	4.65	13.87	2.89	1.45	3.46	7.62	15.42	1.49	2.63	6.76	10.88
43	40.03	陕国投	7.67	5.67	4.22	17.56	3.12	1.39	3.15	4.27	11.94	0.66	1.37	8.51	10.54

续表

排名	总得分	信托公司	规模指标				赢利指标					效率指标			
			总资产规模指标	存量有效信托规模指标	新增有效信托规模指标	总得分1	营业收入指标	净利润指标	信托业务收入指标	信托业务收入占比指标	总得分2	资产回报率指标	净利润率指标	DEA效率指标	总得分3
44	39.59	东莞信托	3.14	3.71	4.25	11.09	2.62	1.32	2.98	6.50	13.42	4.05	2.64	8.39	15.08
45	39.56	交银信托	6.20	7.11	5.57	18.88	3.72	1.69	3.39	3.00	11.80	1.69	1.71	5.48	8.88
46	37.27	安信信托	2.94	3.96	3.54	10.45	3.02	0.97	3.29	5.80	13.08	4.92	0.05	8.77	13.75
47	36.98	吉林信托	9.84	3.76	3.12	16.73	4.40	1.41	4.00	3.44	13.25	0.86	0.19	5.96	7.01
48	36.15	杭工商信托	3.23	2.82	3.16	9.22	2.88	1.31	2.90	3.94	11.03	4.36	1.54	10.00	15.90
49	35.55	国联信托	5.44	3.15	3.40	11.99	2.26	1.31	2.64	6.86	13.07	0.54	4.47	5.49	10.49
50	34.74	甘肃信托	3.60	3.52	4.28	11.40	1.87	0.97	2.38	8.91	14.12	0.78	3.02	5.41	9.21
51	34.46	紫金信托	2.63	2.88	3.83	9.35	1.94	0.93	2.40	8.24	13.50	3.42	1.56	6.64	11.61
52	34.28	国投信托	5.29	5.31	5.33	15.94	2.47	1.37	2.45	2.87	9.16	0.77	3.92	4.49	9.18
53	34.03	中粮信托	5.14	5.51	9.13	19.78	2.30	1.04	2.36	3.33	9.03	0.65	1.12	3.44	5.22
54	33.97	西藏信托	2.64	3.58	3.60	9.83	1.80	0.82	2.32	9.24	14.18	2.47	0.63	6.86	9.97
55	33.78	云南信托	3.42	4.40	4.84	12.66	2.09	1.03	2.46	6.96	12.54	1.56	2.16	4.86	8.58
56	33.01	中投信托	6.54	3.74	4.36	14.65	2.98	1.50	2.76	2.47	9.71	0.83	2.69	5.14	8.65
57	32.61	陆家嘴信托	3.36	3.20	4.60	11.17	1.99	0.93	2.57	9.08	14.56	1.35	1.14	4.39	6.88
58	32.50	爱建信托	6.35	3.05	3.41	12.81	2.53	1.28	2.73	4.99	11.52	0.55	2.67	4.95	8.17
59	31.12	国民信托	4.11	1.82	2.18	8.11	2.93	1.67	1.73	0.02	6.35	2.60	4.06	10.00	16.66
60	30.80	中泰信托	4.76	3.51	5.84	14.11	2.17	1.31	1.91	0.48	5.87	0.64	4.74	5.45	10.83
61	30.22	山西信托	4.09	3.87	4.08	12.03	2.47	0.96	2.75	5.77	11.96	1.61	0.22	4.40	6.23
62	28.92	华澳信托	2.91	2.85	3.19	8.95	2.48	0.94	2.06	0.51	5.98	4.35	0.16	9.47	13.98
63	28.56	华宸信托	3.27	2.34	2.48	8.09	2.20	1.06	2.28	3.19	8.73	2.26	1.92	7.55	11.73
64	26.53	西部信托	3.89	2.87	3.27	10.02	2.07	1.10	2.07	1.88	7.13	0.97	3.52	4.90	9.38
65	21.74	浙商金汇信托	2.48	2.35	3.35	8.17	1.60	0.70	1.76	2.38	6.44	1.79	0.06	5.27	7.12
66	13.28	长城新盛信托	2.14	1.68	2.02	5.84	1.29	0.64	1.46	0.02	3.41	0.42	0.15	3.46	4.02

表3　2012 年信托公司竞争力评价排名情况

信托公司	2012 年排名	2012 年得分	2011 年排名	2011 年得分	排名变动	得分变动
中融信托	1	91.60	2	87.87	1	3.73
中信信托	2	91.11	1	88.11	-1	3.00
平安信托	3	82.91	5	78.27	2	4.64
中诚信托	4	82.51	3	85.68	-1	-3.17
外贸信托	5	78.39	4	78.34	-1	0.05
长安信托	6	78.20	14	57.59	8	20.61
华润信托	7	73.21	7	70.53	0	2.68
四川信托	8	71.56	21	53.05	13	18.51
中铁信托	9	70.17	9	62.35	0	7.82
兴业信托	10	69.96	20	53.14	10	16.82
上海信托	11	67.65	13	57.72	2	9.93
新华信托	12	67.51	6	70.72	-6	-3.21
华融信托	13	67.08	8	64.53	-5	2.55
山东信托	14	66.76	22	52.27	8	14.49
五矿信托	15	66.15	36	40.96	21	25.19
中航信托	16	65.30	23	52.03	7	13.27
华能信托	17	65.03	16	55.96	-1	9.07
北京信托	18	63.44	10	62.05	-8	1.39
粤财信托	19	57.65	12	59.98	-7	-2.33
中江信托	20	55.21	28	48.96	8	6.25
昆仑信托	21	54.62	24	51.89	3	2.73
华信信托	22	54.62	26	50.21	4	4.41
北方信托	23	54.03	30	48.34	7	5.69
重庆信托	24	53.65	27	49.81	3	3.84
华宝信托	25	53.30	19	53.20	-6	0.10
中海信托	26	52.96	11	60.29	-15	-7.33
建信信托	27	52.09	25	50.66	-2	1.43
英大信托	28	50.98	15	57.01	-13	-6.03
江苏信托	29	50.36	17	55.55	-12	-5.19
方正信托	30	49.80	46	37.43	16	12.37
金谷信托	31	49.49	45	37.60	14	11.89

续表

信托公司	2012 年排名	2012 年得分	2011 年排名	2011 年得分	排名变动	得分变动
百瑞信托	32	47.63	31	47.48	−1	0.15
天津信托	33	47.42	38	39.73	5	7.69
厦门信托	34	47.33	33	43.34	−1	3.99
湖南信托	35	46.45	49	36.50	14	9.95
国元信托	36	45.94	42	39.30	6	6.64
华鑫信托	37	44.09	40	39.60	3	4.49
大业信托	38	43.85	44	37.90	6	5.95
渤海信托	39	43.23	29	48.49	−10	−5.26
中原信托	40	43.01	41	39.31	1	3.70
新时代信托	41	41.42	35	41.69	−6	−0.27
苏州信托	42	40.16	37	39.77	−5	0.39
陕国投	43	40.03	48	37.14	5	2.89
东莞信托	44	39.59	50	35.68	6	3.91
交银信托	45	39.56	47	37.35	2	2.21
安信信托	46	37.27	32	47.04	−14	−9.77
吉林信托	47	36.98	18	54.30	−29	−17.32
杭工商信托	48	36.15	34	42.93	−14	−6.78
国联信托	49	35.55	43	39.18	−6	−3.63
甘肃信托	50	34.74	60	27.01	10	7.73
紫金信托	51	34.46	61	26.03	10	8.43
国投信托	52	34.28	55	33.58	3	0.70
中粮信托	53	34.03	58	29.71	5	4.32
西藏信托	54	33.97	59	29.33	5	4.64
云南信托	55	33.78	54	33.95	−1	−0.17
中投信托	56	33.01	39	39.68	−17	−6.67
陆家嘴信托	57	32.61	64	18.04	7	14.57
爱建信托	58	32.50	52	34.66	−6	−2.16
国民信托	59	31.12	56	32.53	−3	−1.41
中泰信托	60	30.80	53	34.63	−7	−3.83
山西信托	61	30.22	57	31.06	−4	−0.84
华澳信托	62	28.92	62	25.48	0	3.44
华宸信托	63	28.56	51	35.46	−12	−6.90
西部信托	64	26.53	63	24.90	−1	1.63
浙商金汇信托	65	21.74	—	—	—	—
长城新盛信托	66	13.28	—	—	—	—

（一）排名前 10 的信托公司分析

第 1 名：中融信托

中融信托 2012 年度竞争力评价得分为 91.60 分，较 2011 年度的 87.87 分提高了 3.73 分，并超越中信信托升至第 1 名。从三项一级指标排名情况来看，规模指标、赢利指标、效率指标分列第 4 名、第 1 名和第 14 名；从十项二级指标的排名情况来看，除了营业收入指标、信托业务收入指标和 DEA 效率指标等三项位列第 1 名外，存量有效信托规模指标、新增有效信托规模指标、净利润指标、资产回报率指标等四项指标排第 2～5 名，此外，总资产规模指标和信托业务收入占比指标均排名第 8，净利润率指标排名第 56。从指标变动的情况来看，中融信托除了信托业务收入占比指标、资产回报率指标等两项指标排名小幅下降，以及两项排名第 1 的指标排名保持不变外，其余指标排名均实现了 1～4 位的上升。

中融信托净利润率指标排名较低（仅排名第 56 位），主要原因是由于其从业人员较多而导致人力成本较高，截止到 2012 年末，中融信托在编从业人员为 1156 人，占披露年报信息的 66 家信托公司总数的比例超过了 10%。中融信托与原排名第一的中信信托相比，总资产规模较低是排名落后的主要原因，但从 2011 年与 2012 年得分变动情况来看，中融信托 2012 年度总资产规模指标得分较 2011 年提高了 1.94 分，这是中融信托综合得分提高的主要因素，同时也是中融信托综合排名超过中诚信托的最直接原因。从中融信托披露的年报信息来看，中融信托总资产规模上升主要是由于股东增资及经营利润的积累，股东支持力度的加大和自身较强的赢利能力，也有力地支持了中融信托取得第 1 名的好成绩。

第 2 名：中信信托

中信信托 2012 年度竞争力评价得分为 91.11 分，屈居第 2 名，得分上较 2011 年度的 88.11 分提高了 3.00 分。从三项一级指标的排名情况来看，规模指标、赢利指标、效率指标分列第 2 名、第 4 名和第 4 名；中信信托三项一级指标虽均未排名第 1，但名次较为均衡，从十项二级指标排名情况来看，共计有五项指标排名第 1，分别为：存量有效信托规模指标、营业收入指标、信托

业务收入指标、净利润指标和 DEA 效率指标等。一项指标排名第 3，为总资产规模指标；一项指标排名第 6，为新增有效信托规模指标。从二级指标的排名变动情况来看，中信信托除了存量有效信托规模指标、营业收入指标、净利润指标、信托业务收入指标、DEA 效率指标等五项指标保持排名第 1 名，以及新增有效信托规模指标保持第 6 名之外，总资产规模指标从第 4 名上升至第 3 名、净利润率指标从第 38 名上升至第 18 名、信托业务收入占比指标从第 39 名上升至第 37 名，仅有资产回报率指标一项排名有所下降。

中信信托近年来竞争力评价指标持续保持了排名在前两位的名次，各项评价指标发展均衡，且十项二级指标中有九项指标排名保持不变或者上升，显示了中信信托强劲而稳健的竞争力。

第 3 名：平安信托

平安信托 2012 年度竞争力评价得分为 82.91 分，较 2011 年度的 78.27 分上升了 4.64 分，排名上升了两个名次，从三项一级指标排名情况来看，规模指标、赢利指标、效率指标分列第 1 名、第 2 名和第 59 名。从二级指标排名情况来看，除总资产规模指标排名第 1 外，存量有效信托规模指标、新增有效信托规模指标、营业收入指标、净利润指标、信托业务收入指标等五项指标均排名前 5，其余四项指标排在第 30 名之后。从指标排名的变动情况来看，除了总资产规模指标、营业收入指标、信托业务收入指标等三项指标排名保持不变外，其余指标排名均有不同程度的上升，显示了较为良好的上升态势。

通过分析平安信托各项指标排名我们发现，平安信托的规模指标中三项二级指标、赢利指标中除了信托业务收入占比指标外的三项指标排名均位列前 5 名，但信托业务收入占比指标及效率指标项下三项二级指标排名均较为靠后，分析主要受如下因素影响：平安信托的注册资本较高，但作为平安集团的成员企业，平安信托除了自身开展信托业务之外，还承担平安集团其他股权代持及投资职能，其部分注册资本的经营效果不能直接反映到自身的经营业绩上来，因而直接导致了信托业务收入占比指标、资产回报率指标等两项指标得分较低。此外，平安信托从业人员队伍较大，人力成本的增加导致了净利润率指标得分较低，上述因素也直接导致了平安信托 DEA 效率的得分较低。通过比较 2011 年与 2012 年各项指标得分情况发现，平安信托效率指标排名虽小幅下降了 3 位，但得分均实现了不同程度的提高，其中信托业务收入占比指标、资产回报率指标、净利润率指标、DEA 效率指标等四项指标得分合计提高了 3.36 分，占总得分提高的 70%，可见平安信托在既定的较大规模的资本和人力成本投入下，收入结构及效率方面都呈现出了较好的上升势头。

第 4 名：中诚信托

中诚信托 2012 年度竞争力评价得分为 82.51 分，较 2011 年度的 85.68 分下降了 3.17 分，是排名前 10 名的信托公司中唯——家得分与排名较 2011 年度均出现下降的信托公司。从三项一级指标排名情况来看，规模指标、赢利指标、效率指标分列第 3 名、第 9 名和第 22 名；从二级指标排名情况来看，中诚信托总资产规模指标、存量有效信托规模指标、新增有效信托规模指标、营业收入指标、净利润指标、信托业务收入指标、DEA 效率指标等 7 项指标排名前 10，但净利润率指标、资产回报率指标、信托业务收入占比指标等三项指标排名较为靠后。从排名变动的情况来看，中诚信托除了新增有效信托规模指标、营业收入指标、净利润指标、DEA 效率指标等四项指标排名不变外，其余六项指标排名均出现不同程度的下降。

从排名指标的变动因素来看，中诚信托的新增有效信托规模指标虽连续两年排名第 2，但存量有效信托规模指标从 2011 年度的第 5 名下降至 2012 年度的第 6 名，可见年内新增有效信托规模的增长并没有带动存量有效信托规模的提升，存量有效信托规模指标得分下降了 1.21 分，在总得分下降中占比近 40%，是中诚信托 2012 年度得分下降的最主要因素。这个因素也体现在赢利指标排名的变动上。中诚信托的信托业务收入指标和信托业务收入占比指标两项指标得分合计下降了 1.14 分，排名也相应下降了 1 位和 3 位，信托主营业务赢利能力下降是中诚信托排名下降的主要原因。

第 5 名：外贸信托

外贸信托 2012 年度竞争力评价得分为 78.39 分，较 2011 年度的 78.34 分小幅提高了 0.05 分，排名小幅后退 1 位。从三项一级指标排名情况来看，规模指标、赢利指标、效率指标分列第 5 名、第 14 名和第 23 名，并分别下降了 1 位、6 位和 12 位；从二级指标排名情况来看，除了新增有效信托规模指标和

存量有效信托规模指标排名前5，营业收入指标与净利润指标排名前10，总资产规模指标、信托业务收入指标、净利润率指标排名在前10~20名外，其他指标排名均在20名之后。从指标排名的变动情况来看，除了总资产规模指标、营业收入指标、净利润指标、净利润率指标等四项指标排名保持不变外，其余六项指标排名均出现了不同程度的下降。

外贸信托虽总排名未发生大的变化，且得分有小幅的提高，但与行业排名前4位的信托公司的差距进一步拉大。但从各项二级指标排名的变动情况来，得分的提高主要得益于总资产得分的提高（2012年总资产规模指标得分较2011年提高了0.75分）。尤其值得注意的是，外贸信托2011年度存量有效信托规模指标与新增有效信托规模指标均排名第1，但2012年度存量有效信托规模指标从第2名下降至第4名，可见与中诚信托类似，外贸信托的新增有效信托规模不能有效地沉淀为存量有效信托规模并给企业带来持续的经营效益，信托业务收入指标排名更是下降了4个名次。总资产规模指标得分提高，但营业收入指标与净利润指标得分并未相应提高，直接导致了资产回报率指标得分下降了0.62分，排名下降了7位。

第6名：长安信托

长安信托2012年度竞争力评价得分为78.20分，较2011年度的57.59分提高了20.61分，是64家具有可比数据的信托公司中得分提高排名第2的信托公司，排名也从第14名上升8位至第6名。从三项一级指标排名情况来看，规模指标、赢利指标、效率指标分列第10名、第3名和第9名，分别较2011年度上升了8位、7位和12位。从二级指标排名情况来看，其中DEA效率指标排名第1，资产回报率指标排名第2，信托业务收入指标、信托业务收入占比两项指标排名第4，另有营业收入指标、净利润指标、存量有效信托规模指标、新增有效信托规模指标排名前15。排名较为靠后的为总资产规模指标和净利润率指标，分列第29名和第53名。从指标排名的变动情况来看，除新增有效信托规模指标保持第9名不变之外，其他所有二级指标的排名的实现了不同程度的上升，其中总资产规模指标、营业收入指标、净利润指标、DEA效率指标等四项指标排名上升超过了10位。

在排名前10位的信托公司中，长安信托的总资产规模指标仅排名倒数第

2（高于四川信托），长安信托总得分的提高主要得益于信托主营业务的突出及赢利能力的进一步提高。尤其值得注意的是，长安信托是排名前10位的信托公司中唯一一家存量有效信托规模指标与新增有效信托业务规模指标等两项指标得分均实现了提高3分以上的信托公司，进而直接带动了长安信托赢利指标得分的提高（得分提高了9.17分，排名从第10名上升至第3名）。其中营业收入指标从第21名上升至第6名、净利润指标从第28名上升至第14名，信托业务收入指标与信托业务收入占比指标分别从第11名和第10名上升至第4名。

第7名：华润信托

华润信托2012年度竞争力评价得分为73.21分，较2011年度的70.53分上升了2.68分，排名未发生变化。从三项一级指标排名情况来看，规模指标、赢利指标、效率指标分列第6名、第11名和第39名。从二级指标排名情况来看，除了总资产规模指标、营业收入指标、净利润指标等三项指标排名前5，存量有效信托规模指标、信托业务收入指标等两项排名前10，净利润率指标与新增有效信托规模指标分列第11名、第15名外，其他三项指标均排名在40名之后。从指标排名的变动情况来看，除了总资产规模指标和信托业务收入占比指标小幅上升，营业收入指标排名保持不变外，其余七项指标的排名均有不同程度的下降。

华润信托虽综合得分有所提高，但值得注意的是，其中七项二级指标排名出现了下降。其中存量有效信托规模指标和新增有效信托规模指标这两项指标得分分别提高了0.85分和0.78分，但排名却分别下降了1位和5位。尤其值得注意的是，华润信托连续两年存量有效信托规模指标得分比新增有效信托规模得分高出3分以上，显示了华润信托虽保持了较高存量有效信托规模，但新增有效信托规模不足，这直接导致了信托业务收入指标排名的下降（由第8名降至第9名）。平安信托与华润信托两家信托公司的资产结构较为相似，总资产规模指标得分较高（分列行业第1名与第2名），但相对于平安信托，华润信托的信托主营业务不够突出，上述因素导致了华润信托效率指标的排名下降了9位。

第8名：四川信托

四川信托2012年度竞争力评价得分为71.56分，较2011年度的53.05分大幅提高了18.51分，是64家具有可比数据的信托公司中得分提高排名第3

的信托公司，仅次于五矿信托的25.19分和长安信托的20.61分，排名从第21名上升至第8名。从三项一级指标排名情况来看，规模指标、赢利指标、效率指标分列第17名、第7名和第3名，分别较2011年度上升了10位、6位和23位。从二级指标排名情况来看，其中DEA效率指标和资产回报率指标等两项指标均排名第1，营业收入指标、净利润指标、信托业务收入指标等三项项指标排名前10，存量有效信托规模指标、新增有效信托规模指标、信托业务收入占比指标等三项指标排名均名列10~20名，净利润率指标与总资产规模指标分列第27名与第38名。从指标排名的变动情况来看，除总资产规模指标与信托业务收入占比指标出现小幅下降之外，其余指标排名均有不同程度的上升。

在排名前10的信托公司中，四川信托与长安信托的情形较为类似：首先，总资产规模指标排名较低，长安信托列第29名、四川信托列第38名；其次，信托主营业务突出，存量有效信托规模指标得分与新增有效信托规模指标得分均较2011年度实现3分以上的提高，营业收入指标、净利润指标、信托业务收入指标等三项指标得分与排名均实现较大幅度提高与上升；在信托主营业务突出的带动下，资产回报率指标与DEA效率指标分列全行业前2名。

第9名：中铁信托

中铁信托2012年度竞争力评价得分为70.17分，较2011年度的62.35分提高了7.82分，排名未发生变化。从三项一级指标排名情况来看，规模指标、赢利指标、效率指标分列第13名、第12名和第5名。从二级指标排名情况来看，中铁信托除DEA效率指标排名为第1名，资本回报率指标排名为第24名之外，其他二级指标排名都在前10~20名之间。从各项指标排名变动情况来看，除了营业收入指标、净利润指标、资本回报率指标三项指标小幅下降之外，其他指标排名均有不同程度的上升，其中上升较为明显的是营业收入指标，上升了15位。

从各项指标得分对总得分提高的贡献度上来看，中铁信托总得分的提高主要得益于新增有效信托规模指标和存量有效信托规模指标得分的提高。中铁信托2012年度赢利指标得分较2011年度提高了6.40分。2012年排名的上升主要得益于存量规模和新增有效信托规模指标排名的上升。从对总得分提高的贡献度上来看，存量有效信托规模指标、新增信托规模指标得分合计提高6.7分，得分提高贡献度超过80%，其中新增有效信托规模指标得分提高3.79

分。上述两项指标的上升也相应带动了信托业务收入指标及信托业务收入占比指标两项指标的上升，考虑到新增信托规模的赢利主要在下一年度体现，如中铁信托能在新增有效信托规模方面持续保持增长，预计 2013 年度中铁信托的信托业务收入指标与信托业务收入占比指标得分能实现进一步提高，从而进一步带动资产回报率指标以及 DEA 效率指标得分的增长。

第 10 名：兴业信托

兴业信托 2012 年度竞争力评价得分为 69.96 分，较 2011 年度的 53.14 分提高了 16.82 分，排名从 2011 年度的第 20 名上升至第 10 名。从三项一级指标排名情况来看，规模指标、赢利指标、效率指标分列第 8 名、第 10 名和第 29 名。从十项二级指标排名情况来看，兴业信托除存量有效信托规模指标、营业收入指标等两项指标排名前 10，总资产规模指标、新增有效信托规模指标、净利润指标、信托业务收入指标等三项指标排名前 10～20 名外，其余指标均分列第 20 名之外。从各项指标排名变动情况来看，除了新增有效信托规模指标、信托业务收入占比指标等两项指标下降之外，其他指标的排名均有不同程度的上升，其中上升较为明显的是营业收入指标（第 19 名）、信托业务收入指标（第 13 名）、净利润指标（第 25 名）、资产回报率指标（第 33 名）。

从各项指标得分对总得分提高的贡献度来看，兴业信托得分的提高主要得益于赢利指标得分的提高。兴业信托 2012 年度赢利指标得分较 2011 年度提高了 7.09 分。从具体的财务数据来看，兴业信托 2012 年度营业收入增长了195%，信托业务收入增长了 150%，营业收入的增长有效地覆盖了兴业信托 2012 年度增资 12.57 亿元的影响，资产回报率指标的得分从 2011 年度的 0.98 分提高至 2012 年度的 3.22 分。但与此同时值得关注的是，兴业信托在 2012 年度有两项指标排名出现了下降，其中信托业务收入占比指标得分下降主要是在年内实现增资后投资收益增加所致，但新增有效信托规模指标得分的下降或将导致兴业信托营业能力提高的不可持续性甚至下降。兴业信托 2010～2012年新增有效信托规模绝对值分别为 390 亿元、1456 亿元和 2852 亿元，而其中集合信托规模分别为 84 亿元、308 亿元和 139 亿元。在兴业信托 2011 年度各项指标评价得分中，新增有效信托规模指标的得分为所有指标中排名最高的单项指标，主要得益于在绝对规模增长的同时保持了较高的集合类信托规模比例

（21.15%），但在 2012 年度兴业信托虽在信托规模的绝对值上增长了 2852 亿元（绝对值排名第 3），但集合信托规模占比仅 4.87%，并且集合信托规模在绝对值上的降幅达 55%，新增有效信托规模指标排名也相应地从第 7 名下降至第 14 名。从业务实践中集合类以及单一类信托对信托业务收入的贡献的经验来看，兴业信托 2012 年赢利能力的提高主要得益于 2011 年度新增有效信托规模的增长，随着 2012 年度兴业信托新增有效信托规模增长的下降，兴业信托或难以在 2013 年度继续保持赢利能力提高的态势。

（二）信托公司排名变动分析

1. 2012 年度排名跌出前 10 的信托公司分析

2011 年度排名前 10 位的信托公司中，新华信托、中海信托、华融信托、北京信托等四家信托公司在 2012 年度跌出了前 10 名。其中华融信托和北京信托两家信托公司 2012 年度各项二级指标得分和排名变动比较平稳，且最终得分较 2011 年度分别上涨了 2.55 分和 1.39 分，两家公司排名出现下滑的主要原因是排名第 7～20 名的信托公司竞争激烈，各项指标得分和排名的增幅低于其他信托公司，因而导致了上述两家公司相对排名的下降。但新华信托和中海信托两家信托公司无论是得分还是排名，均出现了较为明显的下降趋势。

新华信托：由第 6 名下降至第 12 名

新华信托 2012 年排名从 2011 年度的第 6 名下降至 2012 年度的第 12 名，下降了 6 个名次，总得分从 2011 年度的 70.67 分下降至 2012 年度的 67.51 分，下降了 3.16 分。从一级指标排名情况来看，三项一级指标均有不同程度的下降，而从二级指标排名情况来看，除了总资产规模指标、信托业务收入占比指标等两项指标排名小幅上升外，其他各项指标排名均有不同程度的下降，其中下降最快的为净利润指标，从第 15 名下降至第 27 名，下降了 12 位；DEA 效率指标从第 1 名下降至第 14 名，下降了 13 位。

从新华信托得分下降的主要原因来看，信托业务收入增速缓慢是新华信托总排名下降的最主要原因。其中营业收入指标、净利润指标、信托业务收入指标三项指标合计下降了 3.15 分，占总得分下降的比例近 100%。从具体的财务数据来看，新华信托 2012 年度营业收入、净利润增幅分别为 5.84%、

7.18%，而信托业务收入增幅更是仅为 1.51%，远低于行业平均水平。新华信托业务收入增幅的下降在 2011 年评价指标的得分中就有体现，新华信托 2011 年新增有效信托规模指标得分仅为 8.96 分，比同期存量有效信托规模指标得分低了近两分，显示了新华信托在 2011 年度新增有效信托规模乏力，而进入 2012 年得分虽小幅提高至 9.12 分，但排名反而下降了 7 位。

中海信托：由第 8 名下降至第 23 名

中海信托 2012 年排名由 2011 年的第 10 名下降至第 26 名，总得分从 2011 年度的 60.29 分下降至 2012 年度的 52.96 分，下降了 7.33 分。从一级指标排名情况来看，规模指标排名从第 10 名下降至第 23 名，赢利指标排名从第 32 名下降至第 51 名，效率指标从第 13 名上升至第 7 名。从二级指标排名情况来看，除了净利润率指标和资产回报率指标两项指标排名略微上升外，其他指标的排名均出现了不同程度的下滑。

从中海信托的得分变动情况来看，三项一级指标中规模指标得分下降了 6.88 分，占总得分下降的比例近 95%，是中海信托最总得分下降的最主要因素，其中总资产规模指标下降了 3.29 分，主要原因是股东在 2012 年度进行了分红，从而导致了总资产的下降。而存量有效信托规模指标得分下降了 3.10 分，新增有效信托规模指标得分下降了 1.20 分。值得注意的是，2011 年度中海信托新增有效信托规模指标得分比存量有效信托规模指标得分低了 3.72 分，是 64 家具有可比数据的信托公司中差值最大的信托公司，显示了中海信托在 2011 年度信托业务即新增有效信托规模方面发展不足的趋势，并且这一趋势在 2012 年度仍在持续（2012 年度上述两项指标的差值为 1.84 分，在 66 家信托公司中排名第 9），可见中海信托 2012 年度信托业务发展不足的趋势仍在持续，2012 年度这两项指标排名分别下降了 13 位和 9 位。上述因素也直接导致了中海信托 2012 年度信托业务收入指标得分的下降，排名从第 38 名下降至第 48 名。

在信托业务发展滞后的情形下，中海信托 2012 年度资产回报率指标的排名有小幅上升。但通过分析发现，这种上升主要是由于中海信托于 2012 年增资 13 亿元，使得中海信托的投资收益较 2011 年上升了 1.5 亿元，但由于股东于 2012 年进行了分红（注：中海信托 2012 年度报告披露的总资产金额为利润分配后数据），从而导致在计算资产回报率过程中净利润中包含了 2012 年增资

金额创造的收益，而在总资产中不包含相同金额的资产，从而带动了资产回报率指标排名的上升。中海信托近两年来信托主营业务持续下滑，且股东的支持力度在下降，这些是导致中海信托近两年经营业绩下滑的主要因素。

2. 排名上升较快的信托公司分析

在排名上升的信托公司中，共计有 5 家信托公司排名上升超过 10 位，除了四川信托排名上升 10 位进入前 10 名外，五矿信托上升了 21 位、方正信托上升了 16 位，湖南信托和金谷信托均上升了 14 位。

五矿信托：由第 36 名上升至第 15 名

五矿信托 2012 年度竞争力评价得分为 66.15 分，排名第 15 名，相比于2011 年的 40.87 分提高了 25.28 分，排名上升了 21 位。从三项一级指标的排名情况来看，规模指标排名上升 20 位（从第 35 名升至第 15 名），赢利指标排名上升 25 位（从第 46 名上升至第 21 名），效率指标排名上升 31 位至第 1 名，可见五矿信托各方面竞争力均有显著的提高。从二级指标排名情况来看，除了总资产规模指标、信托业务收入占比指标和净利润率指标排名保持不变或小幅上升外，其余七项二级指标排名上升幅度均超过 10 位，尤其是资产回报率指标和 DEA 效率指标，分别上升了 25 位和 29 位，从而带动了效率指标上升至66 家信托公司中的第 1 名。

五矿信托作为一家 2010 年下半年开业的信托公司，在短短的两年多时间中排名实现了跨越式上升，其中值得关注的是，五矿信托 2012 年存量有效信托规模指标和新增有效信托规模指标分列第 17 名和第 18 名，两项指标得分合计提高了 11.50 分，占总得分提高的 45.65%。从具体的财务报表数据来看，五矿信托 2012 年末存量有效信托规模和 2012 年新增有效信托规模分别为 1200 亿元和 1054 亿元，其中集合信托业务规模占比均接近 50% 的水平，为行业平均值的两倍多。开业两年来信托业务尤其是集合信托业务的快速发展是五矿信托竞争力上升的最直接原因。

方正信托：由第 46 名上升至第 30 名

方正信托 2012 年度竞争力评价得分为 49.80 分，排名第 30 位，相比于2011 年的 34.27 分提高了 12.37 分，排名上升了 16 位。从三项一级指标的排名情况来看，规模指标排名上升了 7 位（从第 49 名上升至第 42 名），赢利指标排名上升了 11 位（从第 30 名上升至第 19 名），上升最为显著的是效率指标，该指标从第 46 名上升至第 18 名，上升了 28 位；从二级指标排名情况来看，总资产规模指标、存量有效信托规模指标、新增有效信托规模指标和资产回报率指标四项指标的排名均上升了 10 位左右，而营业收入指标、信托业务收入指标、净利润指标、净利润率指标和 DEA 效率指标五项指标的排名上升幅度较大，分别为第 21 名、第 20 名、第 21 名、第 17 名和第 20 名，此外信托业务收入占比指标排名出现小幅下降。

从各项指标得分对总得分提高的贡献度来看，方正信托得分的提高主要得益于其效率的提升。方正信托 2012 年度的效率指标得分为 15.31 分，较 2011 年度提高了 6.32 分，占总得分提高比重的 51.09%，而该指标在总分计算中的权重仅为 20%。方正信托效率指标得分的提高主要得益于 2011 年度基数较低，而在 2012 年度取得了较快的增长。从报表数据来看，2012 年方正信托实现净利润 3.96 亿元，相比于 2011 年的 0.88 亿元增长了 351.71%，远远超过行业整体净利润平均增长水平。2012 年方正信托净利润水平上升的主要驱动力为主营业务的突出带来信托业务收入的增加，从 2011 年度的 2.46 亿元增加到 2012 年度的 6.75 亿元，增长了 1.74 倍，同样超过行业平均水平。

湖南信托：由第 49 名上升至第 35 名

湖南信托 2012 年度竞争力评价得分为 46.45 分，排名第 35 名，相比于 2011 年的 36.43 分提高了 10.02 分，排名上升了 14 位。从三项一级指标的排名情况来看，规模指标排名上升了 5 位（从第 54 名上升至第 49 名），赢利指标排名上升了 6 位（从第 29 名上升至第 23 名），效率指标排名上升了 27 位（从第 47 名上升至第 20 名），可见湖南信托的整体竞争力的提高主要表现在经营效率的提升。从二级指标排名情况来看，总资产排名指标有小幅下降，从 2011 年度的第 50 名下落两位至第 52 名，新增有效信托规模指标、净利润指标、净利润率指标和 DEA 效率指标的上升位次均超过 10 位，分别为 14 位（从第 56 名上升至第 42 名）、14 位（从第 51 名上升至第 37 名）、14 位（从第 51 名上升至第 37 名）和 21 位（从第 44 名上升至第 23 名），其余五项指标的排名变动幅度均在 10 位以内。

湖南信托 2012 年度实现信托业务收入 6.01 亿元，较 2011 年度的 3.00 亿

元翻了一番。信托业务收入的增长带动了营业收入和净利润的增长，总体赢利能力稳步提高。与此同时，湖南信托 2012 年度信托业务收入占比指标排名第 5，是排名上升较高的信托公司中该项指标排名最高的信托公司，充分体现了湖南信托主营业务的开展优势。公司竞争力的提高还体现在综合效率水平的提升上，各项效率指标均呈现出显著的上升，效率指标得分更是由 2011 年度的 8.70 分上升至 2012 年度的 15.17 分，其对总得分提升的贡献度高达 69.54%。

3. 排名下降较快的信托公司分析

在排名下降较快的信托公司中，除了中海信托跌出前 10 名外，另有吉林信托、安信信托、中投信托、杭工商信托、英大信托等 5 家信托公司排名下降在 14 位以上，其中中投信托、杭工商信托、英大信托等 3 家信托公司得分下降在 6 分左右，而吉林信托和安信信托得分下降超过 10 分。从下降的原因来看，中投信托和杭工商信托由于资产规模较小，且发展速度低于行业平均增速，导致了在行业内相对排名的下降，其中中投信托受到税收政策调整的影响，在营业收入未发生重大变化的情况下，净利润大幅下滑，因而导致 DEA 效率指标得分显著下降。此外，吉林信托和安信信托均在 2012 年内发生了集合资金信托计划风险事项，从而影响了信托业务尤其是集合资金信托业务发展。

吉林信托：由第 18 名下降至第 47 名

吉林信托从 2011 年度的第 18 名下降至 2012 年度的第 47 名，下降了 29 位，总得分从 2011 年度的 54.19 分下降至 2012 年度的 36.98 分。从一级指标排名情况来看，三项一级指标均有不同程度的下降。而从二级指标排名情况来看，除总资产规模指标有所上升以外各项指标排名均有不同程度的下降，其中下降最快的为新增有效信托规模指标，从第 18 名下降至第 62 名，下降了 44 个名次。

从吉林信托各项指标得分的下降原因来看，吉林信托于 2012 年初发生了集合资金信托计划资金被骗的风险事项，直接导致了吉林信托 2012 年内信托业务呈现负增长态势，信托资产总规模从 2011 年末的 631 亿元下降到 2012 年末的 450 亿元，其中集合类信托资产规模由 230 亿元下降到 145 亿元，而从年内新增有效信托规模来看，其中年内新增集合信托规模由 2011 年的 191 亿元下降到 2012 年的 61 亿元。此外，吉林信托 2012 年内计提了 3.41 亿元的资产损失准备，从而进一步导致了吉林信托净利润率水平的下降。

安信信托：由第 32 名下降至第 46 名。

安信信托从 2011 年度的第 32 名下降至 2012 年度的第 46 名，下降了 14 位，总得分从 2011 年度的 47.04 分下降到 2012 年的 37.27 分，下降了近 10 分。从一级指标排名情况来看，三项一级指标均有不同程度的下降。而从二级指标排名情况来看，存量有效信托规模指标、新增有效信托规模指标、信托收入占比指标以及 DEA 效率指标下降最为明显。

安信信托受到资产重组及多起房地产项目风险事件的影响，信托业务尤其是集合信托业务发展受到严重影响，其中存量集合信托规模由 108 亿元下降到 69 亿元；信托业务发展的迟缓直接导致了赢利能力的下降，进而导致安信信托 DEA 效率的下降。

（三）信托公司 2012 年竞争力排名及变动分析

通过信托公司近两年的排名变动及原因分析，信托公司竞争力的竞争态势主要呈现了如下的态势：

（1）信托行业分化明显。2012 年的 $\sigma = 17.31$ 比 2011 年的 15.48 明显增加。第一序列集中度增加（注：简单定义得分高于 $\mu + \sigma$ 的为第一序列，$\mu - \sigma$ 到 $\mu + \sigma$ 为第二序列，低于 $\mu - \sigma$ 为第三序列）。2012 年第一序列的数量为 13 家信托公司，相比于 2011 年的 8 家信托公司有了大幅度提升。前五名的平均分数从 2011 年的 83.65 增长到 2012 年的 85.31，前 10 名的平均分数从 2011 年的 74.64 增长到 2012 年的 78.96。另外，排名第 10 名、第 20 名和第 30 名的信托公司的平均得分分别从 2011 年的 61.94 分、53.06 分和 48.25 分提高至 2012 年的 69.69 分、55.21 分和 49.80 分，分别提高了 7.75 分、3.15 分和 1.55 分。第一序列与第二序列差距拉大。从图 1 可以明显看出，相比于 2011 年，2012 年第二序列的排名较高的信托公司的总得分十分接近第一序列，并且与第二序列出现了将近 $1/3\sigma$ 的空档区间。第三序列与行业差距加大。第三序列两年均只有 8 家，2012 年的第三序列的平均得分（27.07）与行业所有公司平均总得分（49.66）之差为 22.59，而 2011 年的第三序列的平均得分（26.44）与行业所有公司平均总得分（47.33）之差为 20.89，相比之下 2012 年的第三序列与行业平均的差距被进一步拉大。

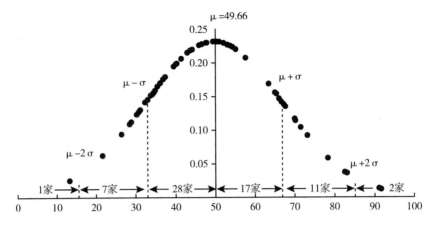

图1 2012 年信托公司竞争力评价指标体系分布图

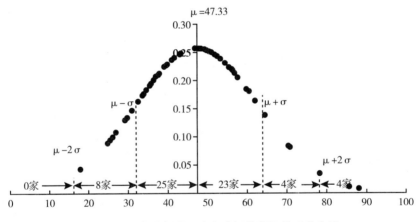

图2 2011 年信托公司竞争力评价指标体系分布图

（2）信托行业整体经营效率有所提升。集中反映信托公司经营效率的 DEA 效率指标得分来看，共计有 45 家信托公司 2012 年 DEA 效率指标得分上升，9 家信托公司 DEA 效率指标得分不变，且该 9 家信托公司两个年度该项指标得分均为满分 10 分，仅有 10 家信托公司该项指标得分下降，得分提高和不变的信托公司的数量占所有可获得数据的信托公司的比例为近 85%。

（3）信托公司的竞争进一步加剧。比较 2011 年与 2012 年的排名情况我们发现，在排名前 20 名的信托公司中，除了排名前 5 名的信托公司变动不大外，剩余 15 家信托公司排名均发生了较大变动，其中 10 家信托公司排名变动超过 5 个名次。尤其值得注意的是，华融信托得分虽小幅提高了 2.45 分，排名反而下降了 5 位；华能信托得分提高了 8.50 分，但排名下降了 1 位。显示了在 66 家信托公司中排名前 5 位的信托公司竞争优势较为明显，形成了信托公司竞争力排行榜的第一梯队，但在第 6～20 名的信托公司变动较大，竞争较为激烈。另外一方面，在具有可比数据的 64 家信托公司中，共计有 42 家信托公司综合得分上升，仅有 22 家信托公司综合得分下降，这表明在信托行业高速发展中，大部分信托公司是跑步前进的，少部分进步速度慢甚至退步的信托公司则被拉下。

（4）信托主营业务的竞争力成为反映信托公司竞争力的主要因素。相较于 2011 年排名首次进入排名前 10 的信托公司中，长安信托和四川信托总资产规模较小，两家公司 2012 年度得分与排名大幅提高与上升主要得益于信托主营业务的增长，而上海信托虽然总资产规模较大，且持有的长期股权投资较多，但其排名的上升依然主要得益于信托业务的稳步增长，而总资产规模及资产结构与上海信托类似的江苏信托因信托主营业务不够突出，排名反而出现了大幅下降。信托业务的增长中，集合信托业务对信托公司竞争力评价得分的影响尤为突出，在 2012 年信托资产规模增长最快的建信信托虽然信托总资产规模指标排名第 2，但集合信托规模占比较低，经营规模未能有效地转化为经营业绩，因而仅排名第 27 位。

（5）风险事件及后续处理能力成为了影响信托公司竞争力评价排名的重要因素。2012 年度总排名下降最快的两家信托公司分别为吉林信托和安信信托，而两家公司在 2012 年度均出现了较为严重的风险事件，风险事件直接影响了上述两家信托公司的信托业务，尤其是集合资金信托业务的开展。与此形成对比的是，中融信托、中信信托等信托公司 2012 年度也分别出现了风险事件，但两家信托公司在 2012 年度的竞争力评价中均表现出了良好的上升态势，可见在风险事件发生后，风险处置能力成为影响信托公司最终竞争力评价的重要因素。

以上对信托公司竞争力的评价主要是在对信托公司披露的年度审计报告数据统计和分析的基础上得出的，信托公司经营范围较广，且各家信托公司经营状况也千差万别，要全面、准确地反映各家信托公司的经营状况是项繁复而浩大的工程，其中由于掌握的基础数据不足以及自身能力的限制难免有不足之处。我们通过上述的总结和分析，主要是基于对信托公司发展现状的求索，并希望通过这种努力，为信托公司今后的发展提供有益的借鉴。

附表1 信托公司2012年主要业务数据一览表

单位：万元

信托公司	总资产	营业收入	净利润	信托业务收入	信托资产规模	集合信托规模
爱建信托	290608.28	42960.01	22982.03	29640.05	2320716.61	1266404.98
安信信托	95114.27	55143.94	13691.01	40213.06	4603602.00	1613553.56
百瑞信托	273765.57	81351.28	46772.96	61182.48	7315577.77	2499518.13
北方信托	253842.72	92877.66	43272.23	73955.54	16061876.00	1518746.70
北京信托	350167.00	136261.00	72140.40	97673.00	12363349.62	4822762.32
渤海信托	283310.97	78511.91	41540.44	60703.71	10035614.06	779466.00
大业信托	73473.00	40392.56	18795.32	36544.01	2991896.88	1544444.16
东莞信托	108530.51	45256.31	24113.90	34598.22	3239928.05	1714306.20
方正信托	191784.05	75460.01	39619.01	67533.13	7315908.21	1860397.03
甘肃信托	138892.08	24347.67	13544.52	22586.98	7963141.59	346889.55
国联信托	243671.00	35621.00	23995.00	27926.00	3091361.00	1180689.00
国民信托	169968.60	52886.79	33341.07	7736.31	607934.53	137081.49
国投信托	236120.95	41314.76	25560.26	24053.84	11829947.01	990102.97
国元信托	383702.21	66491.92	40890.16	48556.30	11409304.15	1604607.82
杭工商信托	114963.00	51682.00	24006.00	33001.00	1483694.00	1224526.00
湖南信托	165280.00	64133.00	33929.00	60105.00	5147230.00	1583376.00
华澳信托	92745.00	41594.00	12598.74	15597.00	1868742.00	1159995.00
华宝信托	486405.60	102141.64	55181.47	62025.67	21253160.62	5067714.29
华宸信托	117777.00	34071.94	16671.38	20436.14	1650121.00	596066.68
华能信托	372807.46	118160.65	60218.73	87466.23	17363029.67	3068471.36
华融信托	309303.82	167891.80	65182.09	151250.95	7101772.58	4286691.00
华润信托	1192954.41	207341.99	133802.01	116623.83	18651922.24	6110692.06
华鑫信托	293233.71	73498.93	38679.29	51795.77	8657284.10	1737934.02
华信信托	568994.53	118117.29	78751.58	78135.39	5643939.78	1940032.12
吉林信托	466420.61	85730.20	26691.82	52531.86	4498578.75	1446013.00
建信信托	548852.54	105566.26	56530.73	53582.47	35077677.25	3313960.62
江苏信托	645770.70	127118.54	107581.20	44186.98	7616229.95	805968.33
交银信托	282957.86	71176.39	33834.47	41960.71	15795038.32	1422386.40
金谷信托	238619.56	94560.93	51259.18	60201.56	10183453.45	2226873.48
昆仑信托	525601.10	126178.37	74018.00	68510.51	9379750.21	3261427.00
陆家嘴信托	123541.00	27961.00	12167.79	26473.00	2772770.43	1319868.48
平安信托	1607236.01	372988.99	152955.96	275543.71	21202472.76	9595458.12

续表

信托公司	总资产	营业收入	净利润	信托业务收入	信托资产规模	集合信托规模
厦门信托	181511.00	69866.00	42726.00	54753.00	11290726.00	1381690.00
山东信托	276520.30	111225.17	74450.97	70774.95	18970041.52	4329583.22
山西信托	168704.26	41419.87	13263.19	30155.94	4785063.37	1478235.36
陕国投	356088.66	57630.88	26063.00	37737.81	10111598.96	1708617.73
上海信托	631495.35	141021.99	97493.28	76098.22	12028615.50	4151955.15
四川信托	242029.38	154749.38	83276.25	125536.12	13678110.96	4509339.38
苏州信托	219951.00	52118.00	27737.09	43140.00	3119891.00	2225038.65
天津信托	220362.00	64053.80	33702.35	55185.08	6884009.00	3158660.85
外贸信托	546768.71	164895.45	105733.00	100633.33	21518617.76	9474670.39
五矿信托	212929.39	88416.51	63344.57	67166.54	12001614.50	5577995.23
西部信托	156733.00	30406.32	17895.26	15809.10	3115484.00	872475.89
西藏信托	72974.15	22114.32	8562.15	21370.95	5850950.01	934997.51
新华信托	302581.15	144114.11	50884.10	134582.95	9430813.28	5389092.52
新时代信托	175439.55	50907.54	20043.51	40379.77	12653983.54	2526147.52
兴业信托	413198.32	145350.00	77222.58	108950.00	33604933.68	2844889.00
英大信托	363306.94	91936.96	52023.79	79448.71	20228460.50	505372.28
粤财信托	277646.94	58622.50	39616.76	40758.15	16550157.40	5017993.18
云南信托	127592.00	30856.26	15549.61	24352.75	7801550.52	1214583.52
长安信托	285349.14	180225.28	78400.58	170567.08	21868194.55	4673208.46
长城新盛信托	32464.70	4160.59	1236.64	555.33	260294.77	—
浙商金汇信托	60075.38	15526.13	3882.34	8582.29	1037269.74	762869.69
中诚信托	1160125.18	271853.77	160728.63	127594.73	27136746.55	4540849.46
中海信托	400008.78	116117.32	80728.05	30731.58	12584698.00	3436978.00
中航信托	274907.49	129163.47	63152.60	109812.79	13954696.21	3859153.23
中江信托	349733.38	99379.29	45744.36	97870.12	13613251.96	3099453.81
中粮信托	228143.43	36768.36	15948.27	22324.11	12399722.49	1007152.00
中融信托	622619.00	382106.96	151532.59	353381.10	29948632.19	12470795.94
中泰信托	207097.93	33080.02	23798.84	12220.97	3162146.21	1534294.63
中铁信托	392045.79	123796.00	79809.84	99432.00	10564320.00	5025417.00
中投信托	300188.56	54133.22	29001.61	30243.17	4387386.57	1458958.17
中信信托	1182097.57	447451.94	271551.58	314073.25	59134914.18	11378295.39
中原信托	212087.00	60185.89	32332.76	51118.03	8036453.66	1641427.14
重庆信托	970878.25	132788.64	87349.57	41756.82	6376362.19	2048420.05
紫金信托	72219.69	26403.09	12288.34	22959.74	2298539.20	1087997.03

Abstract: China's trust industry set off quite late, so it has not formed a mature and stable market system, moreover, trust companies have not developed a unified competitiveness evaluation system in the business development process either. Based upon ten evaluation indicators, this report attempts to evaluate comprehensive competitiveness of trust companies from three dimensions in size, profitability and efficiency. By comparing the performance in 2011 and 2012, this report analyzes the reasons for changes in indicators, and provides scientific references and recommendations for the development of trust companies.

Key Words: Evaluation System of Trust Companies' Competitiveness

B.2
中国信托业 2012 年发展报告

袁 路　王苗军

摘 要：

2012 年，信托行业保持了持续快速增长态势，受托管理资产规模达 7.47 万亿元；信托公司自身实力资本稳步提升，赢利能力持续增强。从各信托业务类型的发展态势来看，集合资金信托计划以及投资类信托计划占比自 2012 年第三季度起首次出现下降；从信托资金的投向来看，随着房地产调控政策的持续深入，房地产信托项目占比持续走低，基础设施建设信托项目占比稳中有升，工商企业首次成为信托资金的第一大配置领域。在高速发展的背后，信托行业也面临新的业务发展领域的发掘与拓展、业务结构进一步调整、自主管理能力提升、风险事件频发等诸多压力。随着证监会、保监会一系列资产管理新政的推出，信托行业面临的其他泛资产管理机构的竞争也进一步加剧。与此同时，刚性兑付、影子银行等争议话题也成为 2012 年信托行业的关注热点。

关键词：

信托业 发展 焦点

一 2012 年信托业发展的外部环境

（一）国际金融市场跌宕变化

2012 年，全球金融市场延续上年震荡态势。金融危机继续影响世界经济，大宗商品价格呈戏剧性波动，国际金融市场跌宕起伏。随着全球经济放缓，欧债危机发酵，投资者避险情绪进一步上升，美元、澳元、瑞士法郎成为主要避

险货币，日元、人民币、巴西雷亚尔对美元汇率重拾升值态势，黄金价格也不断上扬。新兴市场因平均经济增速减缓，加上欧债危机加剧和国际银行业资本需求增加，2012年上半年一些发展中国家出现资本撤出，而下半年随着一些地区局面有所好转，资本又发生回流。为了应对当前世界经济面临的风险和挑战，2012年4月20日，二十国集团（G20）财长和中央银行行长在美国华盛顿重点就国际货币基金组织（IMF）增资与改革问题进行了讨论。会议同意在落实2010年份额增加的基础上，向IMF增加4300亿美元以上的资金，以防止和应对危机，促进世界经济复苏。

如何应对全球主权国家的债务危机仍然是2012年全球金融市场的主要问题。2012年全球债务总规模达57万亿美元，全球负债率逼近80%的国际警戒线，尤其以欧、美、日为首的发达国家的债务风险进一步加大，相关国家后续经济复苏前景遭受更大质疑。

欧债危机进一步恶化。希腊仍然是重灾区，西班牙危机也浮出水面，演变成为欧债危机的新挑战。不仅如此，危机继续向北蔓延，北欧国家受到波及。欧债危机也严重影响到了欧洲国家的国际信誉。到2012年底前，意大利、西班牙、比利时、塞浦路斯等多个欧元区国家的信用评级遭到惠誉、标普和穆迪等三大评级机构调降，被下调评级的欧洲金融机构多达数百家。评级机构的行动吸引了投资者的关注，并导致危机国家融资成本上升。

美国财政赤字已经连续5年超过1万亿美元，公共债务早在2012年9月就突破了16万亿美元。同时，虽然美国政府为了刺激经济复苏，不断向后推移税收削减和加大财政开支项目的到期日期，暂时不用面对财政支出大幅减少、税收收入大幅增加（即所谓"财政悬崖"）的局面，但是赤字财政政策不可能永远持续，未来的经济走势难言乐观。

日本经济在经过第一季度的短暂复苏后，第二到第四季度连续出现负增长，重新陷入技术性衰退，尽管日本政府在财政和货币政策上采取积极行动，连续采取大规模的货币宽松措施，甚至导致央行资产创下新高，但这并没有收到明显的刺激效果，反而引发市场对日本也可能跌下"财政悬崖"的担忧。

为了刺激经济走出困境，缓解债务，发达经济体进一步释放流动性，以助市场重拾信心。早在2012年初，美联储就宣布超低联邦基金利率至少延续到

2014 年下半年，并明确如果经济复苏势头恶化，还将继续推出宽松货币政策。下半年，美国政府相继推出第三轮和第四轮量化宽松政策（QE3 和 QE4），每月采购 400 亿美元的抵押贷款支持证券和 450 亿美元的长期国债，将维持 0～0.25% 的超低利率期限延长到 2015 年中。2012 年 2 月，英国中央银行决定增加 500 亿英镑的货币供应。当年 4 月，日本央行宣布维持基准利率在 0～0.1% 和 65 万亿日元宽松计划规模不变。9 月，欧洲中央银行推出直接货币交易（OMT），未来将无限量购买 1～3 年期债券，实施欧洲版量化宽松政策。各国央行启动的宽松政策反而造成了全球的流动性泛滥，带来国际资本的大规模流动、汇市和股市的震荡以及能源和大宗商品价格的上涨等后果。

（二）国内市场金融市场稳步发展

2012 年，我国金融市场继续保持平稳运行。根据央行发布的报告，2012 年我国债券发行总量稳步扩大，债券融资在直接融资中的比重增加显著；银行间市场交易活跃，货币市场利率下降；银行间市场债券指数上行，收益率曲线整体平坦化上移；机构投资者稳步增长；股票市场指数总体上行，市场交易量有所萎缩。2012 年末上证指数收于 2269.13 点，较 2011 年底有所上涨，涨幅为 3.17%。但股票市场成交量明显下降。以上证 A 股市场为例，全年累计成交金额 16.4 万亿元，较 2011 年减少 30.5%。

人民币国际化进程也在稳步推进，伦敦建成了首个人民币海外离岸中心。由于国际金融体系改革的趋向是多元化和合理化，人民币国际化符合这一进程，前景看好，而且也将对国际货币体系改革作出贡献。总的来说，我国的财政、金融体系格局基本保持稳定，银行业、保险业等服务业有了快速发展。

但是，中国存在地方融资平台风险。地方债已成为风险隐患点。地方政府通过银行贷款累积了大量的地方债务，而随着银行贷款遭遇严格限制，又转移至银行表外通过城投债、信托等理财产品形式继续进行融资。2012 年，城投债净供给就超过了 7000 亿元，财政部也通过银行间债券市场发行地方政府债券 2500 亿元，地方债务进一步扩大。据 IMF 统计，2012 年中国地方政府债务占到 GDP10% 的份额。随着地方债务在 2013 年集中到期，偿债高峰即将到来，地方融资平台已经成为中国金融市场的潜在风险之一。

（三）泛资管行业来临，信托行业竞争加剧

2012 年，证监会、保监会等监管机构出台的一系列新政放宽了对期货、保险、券商等金融机构投资的范围，同时券商和期货公司也获得了资管业务方面的新牌照，加上原有的信托公司，中国的资管市场竞争日益加剧。

1. 券商开始参与资管业务

2012 年 8 月，证监会下发《关于推进证券公司改革开放、创新发展的思路与措施》（以下简称《措施》），新增了"鼓励券商开展资产托管、结算业务"，明确鼓励证券公司开展资产托管、结算、代理等业务，为专业投资机构提供后台管理增值服务。2011 年 10 月证监会公布《证券公司客户资产管理业务管理办法》，券商旋即将资产管理作为重要转型方向。

2012 年，资产管理业务规模巨幅增加，已经成为证券行业发展最显著的特征之一，2011 年末券商资管规模仅为 2819 亿元，而截至 2012 年底，全行业受托管理资金额总计 18934.3 亿元，较 2011 年末增长了 571.74%。其中定向资产管理业务规模增长最为显著，而最能体现证券公司资产配置和管理能力的集合理财产品规模也超过了 2000 亿元。

2. 基金资管业务拓宽

2012 年 9 月，证监会正式发布修订后的《基金管理公司特定客户资产管理业务试点办法》及其配套规则，拓宽了基金公司资产管理计划的投资范围，允许其开展专项资产管理业务，取消投资比例限制，进一步放松管制，对从事专项资产管理业务的，要求基金管理公司设立子公司从事此项业务。10 月，证监会正式发布修订后的《证券投资基金管理公司子公司管理暂行规定》。允许子公司开展专项资产管理业务，使基金管理公司投资领域从现有的上市证券类资产拓展到了非上市股权、债权、收益权等实体资产。

截至 2012 年 6 月底，已有 48 家基金公司开展特定资产管理业务，管理资产达 1047 亿元。

3. 保险资产管理拓宽领域

2012 年 7 月，保监会发布了《保险资金委托投资管理暂行办法》，同意符合一定资质的保险公司将保险资金委托给符合条件的投资管理人，开展定向资产管理、专项资产管理或者特定客户资产管理等投资业务。2012 年 10 月 12 日，保监会进一步发布了《关于保险资金投资有关金融产品的通知》，明确符合一定要求的保险公司和（或）保险资金可以投资境内依法发行的、符合一定要求的商业银行理财产品、银行业金融机构信贷资产支持证券、信托公司集合资金信托计划、证券公司专项资产管理计划、保险资产管理公司基础设施投资计划、不动产投资计划和项目资产支持计划等金融产品。2012 年 10 月，保监会还发布了《关于保险资产管理公司有关事项的通知》，明确保险资产管理公司可以接受客户委托，以委托人名义开展资产管理业务，也可以设立资产管理产品，为受益人利益或者特定目的，开展资产管理业务；保险资产管理公司可以按照有关规定设立子公司，从事专项资产管理业务。

4. 期货公司获准开展资产管理业务

2012 年 5 月 22 日，证监会颁布《期货公司资产管理业务试点办法》。该"试点办法"允许国内期货公司以专户理财的方式从事资产管理业务，期货公司除了能够投资于商品期货、金融期货等金融衍生品外，还可以投资股票、债券、基金、票据等金融资产。根据《期货公司资产管理业务试点办法》的规定：一是期货资产管理试点制度，即符合一定条件的期货公司方能申请并在获批后从事期货资产管理业务；二是业务规范制度，即从起始委托资产最低金额、关联客户禁止、书面资产管理合同、投资范围、风险控制、风险提示、客户知情权、募集方式、资金来源等方面规范期货资产管理业务。

2012 年，信托业全行业 66 家信托公司管理的信托资产规模达 7.47 万亿元。在资管行业占有绝对的优势地位，但随着其他部门业务范围的拓宽，资产管理行业的竞争必将日益激烈。

（四）2012 年信托行业监管政策频出

2012 年，面对信托行业高速发展背后可能隐含的风险，监管机构持续通过通知和窗口指导的方式对信托行业加强了监管，主要监管文件及政策内容如下表 1 所示。

表1　2012年信托业监管政策一览

时间	政策
2012.1	银监会向四家资产公司下发《关于金融资产管理公司开展信托增信及其远期收购等业务风险提示的通知》
2012.4	国土资源部会同财政部、中国人民银行发布《土地储备贷款管理办法》
2012.8	中国证券登记结算有限责任公司发布《关于信托产品开户与结算有关问题的通知》
2012.12	财政部、发改委、人民银行、银监会联合发布《关于制止地方政府违法违规融资行为的通知》

1. 政府平台类信托项目监管持续收紧

针对持续增长的政府平台类信托项目，2012年8月，银监会进行"窗口指导"，重申信托公司为仍在"名单"内的地方融资平台提供的融资，总量不得超过2011年末的规模。

2012年12月24日，财政部、国家发改委、人民银行和银监会等四部委联合下发《关于制止地方政府违法违规融资行为的通知》（财预〔2012〕463号），试图制止地方政府及其融资平台公司采用各类违法违规方式进行融资的行为，被称为"463号文"。

该通知指出，最近有些地方政府违法违规融资有抬头之势，如违规采用集资、回购（BT）等方式举债建设公益性项目，违规向融资平台公司注资或提供担保，通过财务公司、信托公司、金融租赁公司等违规举借政府性债务等。需要有效防范财政金融风险，保持经济持续健康发展和社会稳定。并提出五点要求：严禁直接或间接吸收公众资金违规集资；切实规范地方政府以回购方式举借政府性债务行为；加强对融资平台公司注资行为的管理；进一步规范融资平台公司融资行为；坚决制止地方政府违规担保承诺行为。

该通知主要针对地方政府的违规担保承诺行为，对政信合作业务造成了相当大的影响，以财政性资金偿还的公益性项目的信政合作业务被叫停，对基建类信托也造成一定影响。

2. 资金池业务叫停，加强流动性风险管理

2012年以来，信托公司的资金池产品发行数量持续增加。至2012年10

月银监会叫停资金池信托业务时，经估算，已建和在建的资金池已经接近千亿元规模。

资金池信托产品收益率较低，但没有指定投资方向，这在赋予信托公司更大自主权的同时，也在一定程度上缓解了信托公司的流动性风险，因此受到了众多信托公司的青睐。但由于资金池信托资金的投资方向不能确定，一旦一个项目出现风险，就会影响整池资金收益。并且，保兑付也可能产生风险延后，这样如果遇见长周期的经济下行或者集中兑付，风险只会越积越高直至崩盘。2012 年中，时任中国银行董事长肖钢撰文呼吁加强监管，认为资金池产品存在期限错配风险。

有鉴于此，2012 年 10 月，监管部门已通过窗口指导方式，暂停信托公司发行新的资金池业务，但存量资金池项目可以继续运行。

3. 银信合作项目进一步规范

2012 年 1 月，银监会进行窗口指导暂停票据类信托产品发行，票据类信托产品主要以银行承兑汇票为投资标的，信托公司成立信托计划募集资金，持票人将未到期的票据债权打折转让给信托公司，从而获得信托计划委托人的资金，待票据到期，信托公司向出票人或者背书人收回资金。简而言之，就是持票人向信托公司申请贴现。银行和信托公司共同收取一定管理费，其余为信托投资人收益。在央行的社会融资总量统计框架之中，银行承兑汇票是表外融资的一种重要类型，银行可通过此渠道缓解资金压力。出于加强信贷规模控制的目的，票据类信托产品被叫停，并导致一些理财产品的停发。

同年 1 月，银监会继续窗口指导叫停同业存款的短期理财产品。同业存款是指信托公司、财务公司等非银行金融机构开办的存款业务，属于对公存款种类，即非银行类金融机构在商业银行的存款。相当于信托资金买银行的存款产品。一般情况，同业存款利率可以与银行协议定价，期限和利率都没有限制。叫停该类业务能够规避银行通过信托公司变相高息揽储。但此类业务的开展范围和规模都还较小，未能对信托公司和银行产生较大的影响。

2012 年 12 月，监管部门对银行投资信托受益权进行窗口指导。利用

银行理财产品或者自营资金购买信托受益权，可以通过信托绕到投向受到信贷限制的地方政府融资平台和房地产项目，从而成为银行规避信贷额度控制的手段。有鉴于此，监管部门专门对银行投资信托受益权进行窗口指导。

4. 信托项目风险处置进一步规范和明确

2012 年 1 月银监会向四家资产公司下发《关于金融资产管理公司开展信托增信及其远期收购等业务风险提示的通知》，叫停资产管理公司的信托担保业务，规范资产公司短期投资行为，减少了信托产品的风险。

《关于金融资产管理公司开展信托增信及其远期收购等业务风险提示的通知》提示，资产公司当前要尤其关注房地产等行业的风险，防止片面追求赢利而忽视安全性和流动性，避免短期行为。并要求各资产公司在未经监管部门批准的情况下，不得开展信托产品担保及不良资产远期收购等业务。对于已签约的此类项目要尽快予以清理，做好风险排查和风险防控。

2012 年 4 月，银监会对房地产信托进行"窗口指导"，虽然没有出台新的监管政策，但强调房地产开发商项目必须符合"432"的要求，即地产商必须"项目四证齐全、自有资金投入达到30%、开发商需具备二级以上资质"。

二　2012 年信托行业整体发展情况

（一）资产规模与赢利能力持续高速增长

2012 年，信托行业受托管理资产规模延续了 2007 年"一法两规"颁布以来的高速增长态势，从 2011 年底的 4.81 万亿元增长至 7.47 万亿元，当年净增长 2.66 万亿元，增幅为 55.30%。相较于 2009 ~ 2011 年 65.83%、49.02%、58.22% 的年增长率，信托行业在受托管理资产规模方面持续保持了 50% 的高速增长，信托行业作为重要金融部门的地位进一步确立。从各家信托公司的表现来看，2010 年末信托规模在 1000 亿 ~ 2000 亿元和超过 2000 亿元的信托公司分别为 6 家和 1 家，2011 年增长至 13 家和 3 家，2012 年更是大幅度增长至 22 家和 10 家，在披露年报信息的 66 家信托公司中，有超过一半的信托公司受托管理资产规模超过了 1000 亿元，体现了信托公司在整体经营规模上有了质的提升（如图 2 所示）。

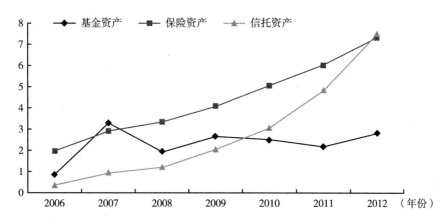

图 1　2006～2012 年基金资产、保险资产、信托资产变动情况

资料来源：wind 资讯。

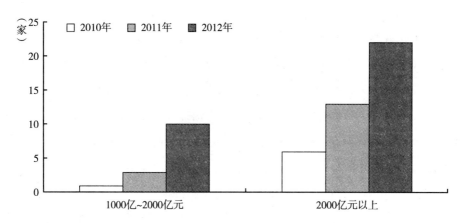

图 2　2010～2012 年受托管理资产规模千亿元以上信托公司家数

资料来源：各信托公司年报。

在资产管理规模高速增长的同时，信托行业赢利能力也得到了较大提升。信托行业 2012 年全年实现营业收入 638.42 亿元，增幅为 45.33%，实现利润总额 441.40 亿元，增幅为 47.84%。全行业净利润为 349.26 亿元；全行业人均利润为 291.30 万元，增幅为 16.52%；全行业净资产收益率为 15.22%，环

比增加4.71个百分点，同比增加2.85个百分点（如图3所示）。另外，净利润超过10亿元的公司数量也有明显增长，从2010年底的4家，增长至2011年的5家和2012年的8家。

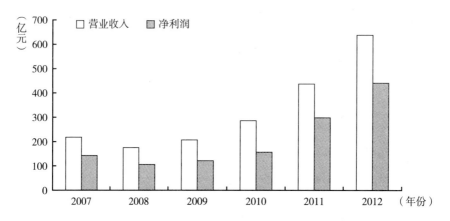

图3　2007～2012年信托行业营业收入及净利润变动情况

资料来源：中国信托业协会、Wind资讯。

在信托业务收入持续增加的同时，信托行业赢利模式也在日益强化。自2010年底全行业信托业务报酬收入首次超过固有业务收入，虽然此后为应对净资本管理要求，信托公司不断增加固有资金，但信托业务收入在全行业营业收入占比持续处于较高水平，信托业务作为信托公司主营业务收入的地位日益强化。根据中国信托业协会披露的2012年信托行业发展数据显示，2012年信托行业收入638.42亿元中，信托业务收入占比73.92%，虽然较2011年的78.78%有所降低，但仍然处于较高的位置。根据信托公司披露的年报信息统计，2012年度信托业务收入占比低于50%的仅有长城新盛信托、国民信托、中海信托、江苏信托、上海信托、重庆信托、中泰信托、华澳信托、中诚信托等9家。上述9家公司中，除长城新盛信托为2012年度新设信托公司外，江苏信托、上海信托、重庆信托等3家信托公司主要作为注册地方政府的金融控股平台，旗下拥有大量金融股权资产，因此导致了投资收益的上升。而中海信托、中泰信托、华澳信托、中诚信托、国民信托因持有银行、证券、基金、保险等金融股权，从而提升了固有业务收入的占比。

（二）信托公司自身资产实力稳步提升

截至 2012 年 12 月 31 日，披露年报信息的 66 家信托公司注册资本总额为 974.76 亿元，较 2011 年度披露年报的 64 家信托公司的 863.5 亿元增加了 111.26 亿元，增幅为 12.88%，平均注册资本为 14.77 亿元，较 2011 年的 13.49 亿元增加了 1.28 亿元，增幅为 9.49%（如图 4 所示）。其中注册资本最高的是平安信托，为 69.88 亿元，比第二名高出一倍多，最低的为长城新盛信托和大业信托均为 3 亿元。从信托公司注册资本分布情况来看，注册资本为 10 亿元（不含）以下的信托公司为 16 家，减少了 3 家；10 亿元（含）以上 20 亿元（不含）以下的为 32 家，与 2011 年持平；20 亿元（含）以上的 18 家，增加了 5 家。

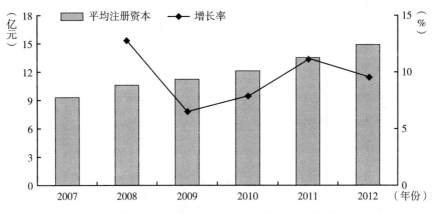

图 4 2007～2012 年信托公司平均注册资本变化情况

资料来源：各信托公司年报数据。

根据 66 家信托公司披露的年报信息统计，2012 年度共计有 15 家信托公司进行了增资，总增资金额为 99.26 亿元。实现增资的信托公司占 2011 年末存续的 65 家信托公司的 23.08%，分别较 2010 年的 10 家和 2011 年的 12 家增长了 5 家和 3 家。15 家增资的信托公司中，共计有 9 家信托公司超过了行业平均注册资本，增资金额最多的为爱建信托，注册资本由 2011 年末的 10 亿元增长至 2012 年末的 30 亿元，增长了 20 亿元。此外，华信信托也通过增资注册资本增长至 30 亿元（如表 2 所示）。

表2　2012年度信托公司增加注册资本情况

单位：亿元

序号	信托公司	2011年末注册资本	2012年末注册资本	增资金额
1	爱建信托	10	30	20
2	兴业信托	12	25.76	13.76
3	华鑫信托	12	22	10
4	华信信托	20.57	30	9.43
5	中铁信托	12	20	8
6	陆家嘴信托	3.15	10.68	7.53
7	苏州信托	5.9	12	6.10
8	新华信托	6.21	12	5.79
9	新时代信托	3	8	5
10	英大信托	15	18.22	3.22
11	中粮信托	12	15	2.9981
12	中原信托	12.02	15	2.98
13	陕国投	3.58	5.78	2.20
14	中融信托	14.75	16	1.25
15	西藏信托	3	4	1

资料来源：各信托公司年报数据。

（三）业务结构继续优化，自主管理能力有待突破

从图5和图6可以看出，2010年以来信托行业业务结构持续优化，从信托财产的功能来看，融资类业务占比持续下降，从2010年第一季度末的61.55%下降至2012年末的48.87%，下降了超过12个百分点，值得注意的是，2012年第一季度末，融资类业务占比首次低于50%，为49.65%；而投资类业务占比则相应从17.78%上升至36.71%，占比增幅一倍以上。从信托财产的来源来看，集中体现信托公司主动管理能力的集合类资金信托计划占比持续上升，从2010年第一季度末的12.57%上升至2012年的25.20%，而单一资金信托则相应从80.50%下降至68.30%，下降了超过12个百分点以上。

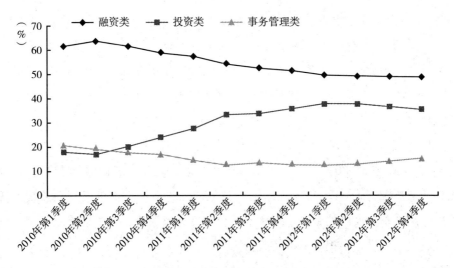

图5 2010～2012 年信托公司各功能业务占比变动情况

资料来源：中国信托业协会。

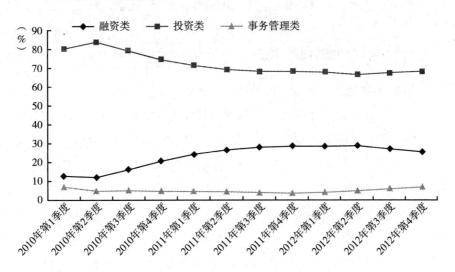

图6 2010～2012 年信托公司各资产来源信托业务占比变动情况

资料来源：中国信托业协会。

2010 年以来，信托业务结构虽持续优化，但从中我们发现，业务结构调整的速度已明显放缓，且进入 2012 年后信托业务结构进入了调整期。从信托财产的功能来看，虽然融资类业务占比持续下降，但整体降幅不大，仅下降了不足 3 个百分点，明显低于 2011 年近 8 个百分点的降幅；由于此投资类业务

在 2012 下半年开始出现了不升反降的态势，从 2012 年第二季度末的 37.80% 下降至第四季度末的 35.84%，下降了近两个百分点。而随之上升的是财产管理类业务，占比从 2011 年末的 12.75% 上升至 2012 年末的 15.28%，上升了 2.5 个百分点。从集合资金信托计划占比情况来看，2010 年与 2011 年该类业务占比分别上升了 8 个百分点，而进入 2012 年则维持在了 28% 左右，同样从 2012 年第二季度末开始出现了下降趋势，占比从 2012 年第二季度末的 28.68% 下降至 25.80%，下降了近 3 个百分点。可见，2012 年度信托公司业务结构虽然维持了 2011 年业务结构调整的成绩，但调整速度已明显放缓，部分指标出现不升反降的趋势，显示信托公司在主动管理能力方面有了一定程度提升后，后续进一步提高有待突破。

三　2012 年各种类信托业务发展态势

（一）房地产业务迅速降温，业务占比持续下降

1. 2012 年房地产信托业务监管政策

2012 年，银监会针对房地产信托项目到期清算高峰，先后两次开展全国性的房地产信托业务风险调研，出台了一系列监管措施。在存量业务风险控制方面，要求信托公司逐月对房地产信托业务开展风险监测，重点关注贷款一年内到期的开发企业资金链情况，对存在还款压力的开发企业，督促其通过转让项目、出售股权、增加抵押物等方式，尽快缓释风险。对参与高利贷、资金链断裂甚至涉嫌非法集资的开发企业，应尽早介入开展债权处置。在新发生业务风险控制方面，对实施房地产信托业务事前报备政策，严格审核、控制增速。2012 年，房地产信托业务规模稳中有降，单体项目风险得以有效化解，未发生系统性风险。

2. 2012 年房地产信托业务发展概况

从图 7 可以看出，2010 年房地产信托业务单季度新增业务规模远超过当季度存量规模，房地产信托业务存量规模呈现较为明显的上升趋势，而进入 2011 年后，随着房地产调控政策的开始，房地产业务新增规模占比呈现一定

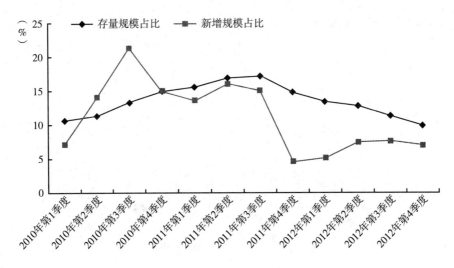

图 7　2010～2012 年房地产业务占比变动情况

资料来源：中国信托业协会。

的下降趋势，新增规模占比与存量规模占比较为接近，房地产存量业务呈现较为平稳的上升趋势，并在 2011 年第三季度末达到最高值 17.24%，但 2011 年第三季度之后，随着房地产调控政策的深入，房地产信托业务新增规模急剧下降，并保持了较低的增速，并在 2011 年第四季度达到谷底值 4.68%。进入 2012 年以来，房地产信托业务季度新增规模占比虽然较 2011 年第三与第四季度有所上升，但始终保持在 8% 以下的地位值，存量业务规模也随之下降至 2012 年末的 9.85%。

3. 2012 年集合类房地产信托业务发展状况

从图 8 和图 9 可以看出，2010 年以来集合类房地产信托项目经历了先增后减的发展趋势，无论是发行数量还是发行规模都在 2011 年第二季度和第三季度达到历史最高值。而自 2011 年第四季度以来则持续降温，发行规模维持在每个季度 300 亿元左右，而发行数量则从 2011 年第四季度的 163 个持续下降至 2012 年第三、四季度的 130 个/季度。从项目发行的平均规模及预期收益率来看，平均发行规模维持在 2 亿元及以下，而预期收益率也从 2011 年第四季度的 9.83% 下降至 2012 年第四季度的 9.08%，下降了近 1 个百分点。

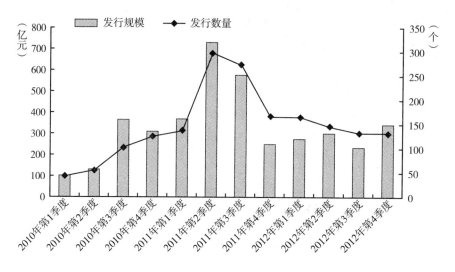

图 8　2010～2012 年集合类房地产信托项目发行情况

资料来源：wind 资讯。

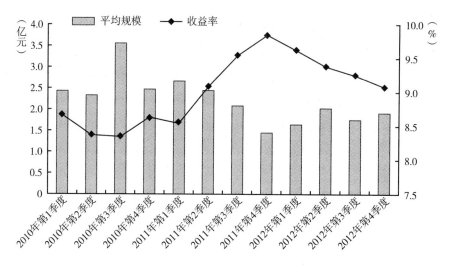

图 9　2010～2012 年集合类房地产信托发行平均规模及收益率

资料来源：wind 资讯。

（二）集合类基础设施项目走热，业务存量稳中有升

1. 2012 年基础设施类信托业务监管政策

为深化融资平台贷款风险缓释工作，银监会于 2012 年 3 月 14 日下发了

《关于加强 2012 年地方政府融资平台贷款风险监管的指导意见》。该文件要求各银行业金融机构总部充分发挥主导作用，进一步加强平台贷款风险管控。要求信托公司严格平台贷款总量控制，落实平台整改条件。继续按照有关政策要求，持续推动融资平台在抵押担保、贷款期限和还款方式等方面的整改，切实采取有效措施缓释平台贷款潜在风险；严格执行信贷分类结果。加强平台信贷准入管理，严格贷款管理。同时要更加细致地做好"分类管理、区别对待、逐步化解"工作，防止"一刀切"，防止资金链断裂，防止由于应贷未贷出现"半拉子"工程。

2. 2012 年基础设施类信托业务发展概况

从图 10 可以看出，2010 年以来基础设施类信托业务存量规模占比呈现了较为明显的下降趋势，从 2010 年第一季度末的 40.16% 下降至 2011 年第四季度末的 21.88%，占比下降了超过 18 个百分点。而进入 2012 年后，在经济疲软的背景下，随着各地方政府相继出台了刺激经济增长的投资计划，基础设施类房地产信托业务占比呈现一定的上升趋势，2012 年第二季度与第三季度末分别上升至 22.62% 和 23.34%。从新增规模来看，根据中国信托业协会网站公布的数据，2012 年前三季度共有 1.16 万亿元信托资金流入基础设施领域，分别较 2010 年和 2011 年全年的 0.61 万亿元和 0.67 万亿元上升了 90% 和 73%。

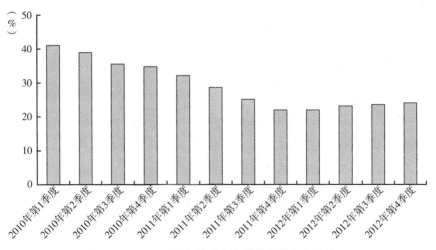

图 10　2010～2012 年基础设施类信托业务占比情况

资料来源：中国信托业协会。

3. 2012 年集合类基础设施信托业务发展状况

从图 11 和图 12 可以看出，与基础设施类信托项目存量规模占比稳中有升的趋势形成鲜明对比的是，2012 年集合类基础设施信托项目呈现了高速增长的态势，无论是发行数量与规模，还是发行规模占当期集合类信托项目的比重，

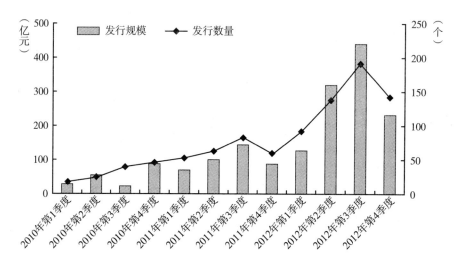

图 11　2010～2012 年集合类基础设施信托项目发行情况

资料来源：wind 资讯。

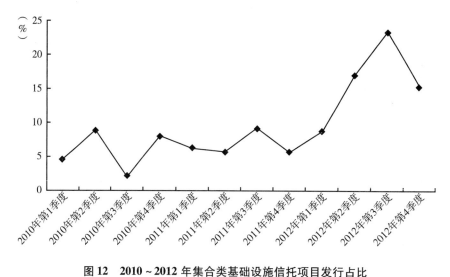

图 12　2010～2012 年集合类基础设施信托项目发行占比

资料来源：wind 资讯。

均比 2010 年与 2011 年呈现了较为明显的增长态势。通过与房地产集合信托项目发行情况的对比我们也不难发现，在房地产集合信托项目持续降温的背景下，信托公司在集合资金信托项目领域从房地产领域转向了基础设施领域，促发了集合类基础设施信托项目发行的高增长。

（三）工商企业跃升第一大资金配置领域，信托行业对实体经济的支持力度持续加大

从图 13 可以看出，2012 年第二季度末，工商企业类信托资金占比首次超过基础设施类信托业务，成为基础产业、房地产、工商企业等三大信托资金投向中的第一大配置领域。2010 年以来，工商企业类信托业务占比持续上升，截至 2012 年第三季度末存续的 6.98 万亿元资金信托资产中，共计有 1.86 万亿元信托资金投入工商企业，业务占比从 2010 年第一季度末的 14.77% 上升至 2012 年末的 26.65%。从 2012 年新增的 4.53 万亿元信托资金来看，共计有 1.43 万亿元信托资金流入工商企业，占比 31.57%，较 2011 年工商企业信托业务新增规模占比的 25.83% 上升了近 6 个百分点，分别比房地产领域和基础设施领域占比的 6.88% 和 25.12% 高出了近 25 个百分点和 6 个百分点。可见，2012 年

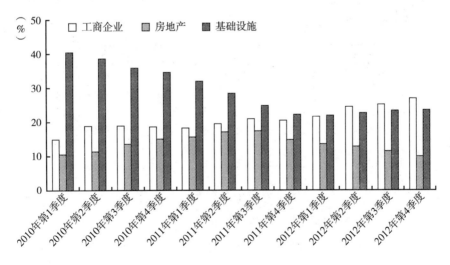

图 13　2010～2012 年工商企业、房地产、基础设施信托资金占比走势图

资料来源：中国信托业协会。

信托公司充分利用其"跨市场、跨行业、跨产品"的独特优势，吸收民间闲置资金投入实体经济，为服务实体经济、推动经济转型中发挥了较大作用。

（四）证券投资类信托项目总量平稳，股票投资类持续下降

从图14可以看出，2010年以来，证券投资类信托业务在总量上保持了较为平稳的发展态势。2012年以来较2011年第四季度末占比有所上升。但通过对比业务结构我们发现，证券投资类信托业务虽在总量上有所上升，但其上升主要是投资于债券市场的信托资金占比上升所致，而投资于股票的信托资金自2011年第一季度一直呈现了下降的趋势。

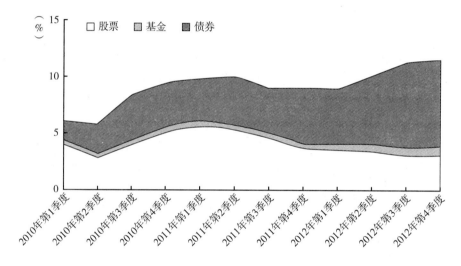

图14　2010～2012年证券投资类信托产品资金占比走势图

资料来源：中国信托业协会。

2012年8月31日，中国证券登记结算有限责任公司发布《关于信托产品开户与结算有关问题的通知》，意味着停止3年的信托产品证券账户开立重新启动。但由于证券市场持续低迷，信托公司对此反应淡然，市场上发行的证券投资类信托产品屈指可数，阳光私募的发行规模及规模占比在9月份之后呈现了较为明显的下降趋势（如图15所示）。

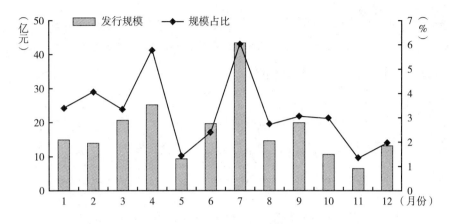

图 15　2012 年阳光私募产品发行情况

资料来源：wind 资讯。

（五）银信合作业务规模占比持续降低

2012 年，银监会持续加强对银信合作业务的监管力度，分别于 2012 年 1 月与 2 月先后叫停信托公司以同业存款和受让票据资产为投资标的的信托计划，防止通过不当金融创新进行监管套利。对于常规的银信合作业务，银监会一方面通过一系列监管规定明确各方权利与义务、信息充分披露要求及资产真实转让等原则，强调在任何时点上风险承担不得落空；另一方面坚决遏止监管套利，先后七次下发监管规定，对融资类银信合作业务进行规范。此外，银监会还通过专题监管会议对银行和信托公司进行监管指导，及时回应媒体报道，积极引导社会舆论。通过上述措施，银信合作业务规模相对信托公司管理资产总规模保持了低位运行，防范监管套利也逐渐取得了一定成效。截至 2012 年末，银信合作业务规模 2.03 万亿元，总量上虽较 2011 年末的 1.67 万亿元增长了 21.56%，但增幅明显低于其他业务种类，占比也相应地从 2011 年末的 34.73% 下降至 27.18%，降幅超过 7 个百分点。

（六）矿产能源、另类投资信托业务发展概况

根据 wind 咨讯的统计，2012 年信托公司共计发行矿产能源类集合信托项目 134 款，募集金额 300 余亿元；发行古董艺术类集合信托项目 29 款，

募集金额近 30 亿元；酒类集合信托项目 10 款，募集金额近 20 亿元。针对矿产能源信托及艺术品、酒类等另类投资信托业务具有专业性强、估值技术难度高、项目风险管理难度大的特点，银监会采取了较为审慎的监管态度，有针对性地加强了风险监测力度，掌握业务全貌，及时提示风险，并指导信托公司关注重点业务区域和重点交易对手，强化抵押措施和资金监管，提前跟踪还款来源，制订风险处置预案，确保流动性风险"早预警、早发现、早处置"。

四　2012 信托行业发展关注焦点及评述

2012 年中国信托行业虽取得了飞速发展，随着信托行业资产管理规模的不断扩大，受到的社会关注度也不断升温。纵观 2012 年全年，信托行业的关注热点主要集中在如下几个方面：

（一）信托行业风险事件频发，刚性兑付能否维系

2012 年度，房地产信托迎来兑付的高峰，总到期金额超过 1700 亿元。在楼市低迷、兑付高峰双重压力之下，虽未爆发系统性风险，但有多家信托公司提前清算了旗下多只房地产信托产品。6 月，中诚信托深陷"中诚·诚至金开 1 号集合信托计划"兑付危机，危机能否妥善解决仍为悬案；11 月，中融信托对"中融·青岛凯悦集合资金信托计划"项下抵押物青岛凯悦中心房产进行公开拍卖，成为首例以拍卖形式完成兑付的信托资产处置项目；12 月，"中信制造·三峡全通贷款集合资金信托计划"爆发兑付危机，中信信托经多方斡旋，虽于 2012 年 12 月 21 日兑付了当期信托收益，但该产品最终能否顺利兑付仍存在很大的不确定因素。此外，新华信托、吉林信托等多家信托公司的多个项目也在 2012 年内出现了风险事件。

随着风险事件的不断暴露，信托行业刚性兑付能否维系始终成为行业关注的一个焦点。针对刚性兑付的问题，目前市场上存在一些错误的理解和解读：

首先是对刚性兑付的产生及作用的认识上，从刚性兑付产生的历史来看，

刚性兑付是在信托行业发展初期，信托公司为维护市场声誉和规避监管的不利后果而采取的在信托计划发生兑付风险时采取的一种特殊兑付方式，当前信托行业的整体管理能力还有待进一步提升，加之监管层面对信托计划不能完全兑付所采取的严厉监管政策，信托公司出于自身声誉和业务发展的考虑，在一定时期内维护刚性兑付的动机将继续存在。

其次是当前信托行业是否存在系统性风险。当前，信托公司在房地产行业等领域存在较大的兑付压力，房地产信托项目风险也不断暴露。应当看到的是，相对于近 7000 亿元规模的房地产信托业务存量而言，发生风险事件的房地产信托项目仍占比较低，房地产信托并未爆发系统性风险。并且信托公司仍可以通过各种处置方式实现对投资者的兑付，因而在当前的风险状况及监管环境下，信托公司打破刚性兑付的可能性较小。

最后是对刚性兑付具体内涵的认识上，刚性兑付简单地说就是信托计划发生兑付困难或者不能兑付时信托公司的兑付行为。信托公司在信托计划发生兑付困难时有多种实现兑付的方式，但并非所有信托计划发生困难时信托公司的兑付行为均属于刚性兑付，对于通过处置信托计划项下资产或者由资产管理公司或其他第三人受让信托计划受益权不应当纳入刚性兑付的范围中来。2011 年发生的"中信制造·三峡全通贷款集合资金信托计划"就是通过处置信托计划项下债权的方式实现了兑付，因而不能纳入刚性兑付的范围中来。

（二）泛资管背景下信托公司与其他资产管理机构的竞争与合作

2012 年，随着证券公司、基金子公司、保险资产管理公司加入资产管理行业，资产管理竞争进一步加剧，信托公司横跨货币市场、资本市场、实业市场的特殊制度优势将进一步弱化。信托公司在多样化运用信托财产和跨市场配置信托资产方面，已经积累了十多年的经验，具有了自己成熟的业务模式和管理模式，锻造了一大批优秀的从业队伍，并形成了一套严密保护投资者和保障行业健康发展的监管体系。当其他资产管理机构开始介入类似信托的资产管理领域时，其市场、经验、人才、行业成熟度等方面均面临严重短缺，监管体系也比较粗放。相比之下，信托业在其十多年的发展历程中，已经获得了巨大的

市场份额，信托产品已经成为主流金融产品并获得了社会广泛的认同，信托公司的内部管理也已经建立了比较规范和严密的体系，整个信托行业的发展和监管相对成熟。信托公司能否持续发挥在资产管理市场的先发优势，是2012年资产管理市场关注的一个焦点。

泛资产管理背景下其他资产管理机构参与到资产管理市场是挑战也是机遇。其他资产管理机构投资信托公司信托产品的限制的放开，拓展了信托资金来源，为信托公司与其他资产管理机构的业务合作提供了广阔空间。2012年12月，随着泰康人寿出资总额9.68亿元认购"中信·聚信汇金地产基金1号集合资金信托计划"优先级信托产品，信托公司与保险公司之间的合作已全面启动，信托公司与其他资产管理机构之间的合作同样值得期待。除此之外，券商资产管理产品投资信托计划限制放开之后，各种类型的信证合作、银信证合作类型也不断地涌现。在短期内，其他金融机构进入资产管理行业对信托业务的实质冲击有限；但从长远来看，泛资产管理时代的来临，加剧了资产管理行业的竞争和合作，信托行业内部将面临一次洗牌。如何在泛资产管理背景下确立自身的核心竞争力，是未来发展中信托公司面临的重要课题。

（三）信托公司核心竞争力及业务增长点在哪里

如前文所述，2012年以来信托行业业务结构虽持续优化，但主动管理能力亟待提升，信托行业新的业务增长点在哪里成为行业关注的一个热点。

从信托资金的投向来看，房地产与基础设施建设领域一直是信托公司的主要业务领域，2012年，房地产信托业务虽经受住了兑付高峰的考验，未出现系统性的兑付风险。但2013年，房地产信托将迎来新一轮的兑付高峰，在行业风险事件频发暴露的背景下，房地产信托能否顺利度过兑付高峰？在"中融·青岛凯悦集合资金信托计划"通过拍卖完成兑付后，通过处置抵押物的方式完成兑付能否成为常态？2012年度房地产信托项目的发行已较2010年和2011年急剧降温，在房地产信托在发行数量和规模上是否会持续走低？上述问题成为2013年房地产信托业务发展过程中持续关注的话题；在基础设施业务领域，财政部于2012年底联合国家发改委、人民银行、银监会于2012年

12 月 31 日下发了《关于制止地方政府违法违规融资行为的通知》，用来规范政府融资平台融资行为。该通知的发布，对信托行业参与基础产业信托业务领域、交易对手、信用增强措施方面产生了诸多制约因素。但在限制的同时也是信托公司创新业务模式，强化交易对手的选择及风险控制措施安排的机遇，有利于信托公司更加规范地参与基础产业领域业务。而随着新型城市化建设的推进，信托如何在城镇化背景下发挥独特的功能优势，同样也值得期待。

从资金信托的运用方式及资金来源来看，体现信托公司主动管理能力的投资类信托业务及集合资金信托业务在进入 2012 年之后均出现了不同程度的下降。而 PE 投资业务等对信托公司投资能力要求较高的业务种类占比不足 1%。融资类业务和单一信托业务是信托公司在业务发展初期自身管理能力相对欠缺的背景下迎合市场巨大融资需求而确立的业务形态，可以预见在未来一定的时间内仍将成为信托公司主要业务形态之一。但在泛资产管理背景下，信托公司如何提高资产管理能力和核心竞争力、建立可持续的赢利模式将是信托行业长期艰巨的工作任务。

2012 年，信托公司在 QDII 业务方面已迈出了实质步伐。2012 年 11 月 2 日，上海信托推出国内首单 QDII 集合资金信托计划——"上海信托铂金系列·QDII 大中华债券投资集合资金信托计划"，该产品此次募集规模 10 亿元，产品采取分层结构设计，设置信用增信保障，预期收益率为 5%～6%。在股指期货业务领域，中信信托等多家信托公司分别于 2012 年年内获批股指期货业务资格，获准进入股指期货市场的信托公司增至 8 家。2012 年 9 月，信贷资产证券化闸门再度开启。国家开发银行发行了重启信贷资产证券化试点后的首单产品，中信信托作为受托人参与其中。信托公司能否在创新业务领域有所突破，并成为利润来源使之成为核心竞争力之一，也是信托公司在未来发展过程中需要完成的任务。

（四）信托产品的影子银行身份备受争议

影子银行的概念由美国太平洋投资管理公司执行董事麦卡利首次提出并被广泛采用，被认为在带来金融市场繁荣的同时，其快速发展和"高杠杆"操

作等手段也产生了巨大的金融风险，并会给整个金融系统造成深远的影响。影子银行被认为是此次全球金融危机的主要推手。因此，必须对影子银行进行严格的监管，这一措施已经成为全球共识。

然而影子银行作为一个舶来品，各国金融体系发展状态及监管形势也各不相同，进而导致了什么是中国的影子银行并没有形成统一的认识。2012年，围绕信托公司及其产品到底是否属于影子银行这个问题也产生了巨大的争议。

根据当前业内主要的争论焦点来看，对于影子银行的认识大致可分为两类观点：一种观点是从监管角度来界定的，认为游离于银行监管体系之外的类似银行的金融活动才是影子银行；以这种观点来说，在中国目前较为严格的金融特许权管制下，且信托业务的发展受到严格的净资本约束，信托行业无疑处于监管之下，不能定义为影子银行，而真正构成影子银行的是各类民间金融活动。国务院发展研究中心金融研究所副所长巴曙松等专家都持这种观点。而另一种观点则从本身业务活动性质来界定，认为在传统信贷和金融市场融资之外的金融活动都属于影子银行，这种定义将银行表外业务，非银金融机构（租赁公司、小贷公司等）和民间借贷等都包括其中，而信托公司无疑是非银金融机构的典型代表。

信托资产规模巨大，是否被划入影子银行的范畴，对整个影子银行规模起着决定性作用，因此对其身份一直争论不休。而对于信托行业本身来说，是否属于影子银行则会直接决定未来的监管政策导向，进而对整个信托行业的发展产生深远的影响。针对上述争议，银监会也曾在多种不同场合发表了认识和观点，基本否认了信托公司作为影子银行体系一部分的认识。主要依据是：首先，影子银行从监管的角度应当符合游离在监管体系之外的特征，而信托公司受到严格的监管约束，因而不符合上述特征；其次，影子银行具备期限错配的特征，当前信托公司自身发行的信托产品中，除了个别资金池业务之外，绝大多数业务不存在期限错配的问题，因而也不符合期限错配的特征；最后，影子银行具备"高杠杆"的特征，从当前信托业务心态来看，信托业务基本不具备"高杠杆"的特征，因而也不应当纳入影子银行体系。

附件：

信托行业 2012 年十大新闻

一　信托行业资产规模突破 7 万亿元跃居第二大金融子行业

截止到 2012 年末，信托行业受托管理资产规模达 7.47 万亿元，较 2011 年末净增长 2.66 万亿元，增幅为 55.30%。超过了同期保险业资产规模，信托业跃居第二大金融子行业。

二　房地产信托有惊无险度兑付高峰

2012 年，房地产信托迎来兑付高峰，总到期金额超过 1700 亿元。在楼市低迷、兑付高峰双重压力之下，多家信托公司提前清算了旗下多只房地产信托产品，但房地产信托整体风险可控，在社会高度关注下顺利度过一轮兑付高峰，未爆发系统性风险。

三　信托业务格局潜变，泛资管行业竞争加剧

2012 年以来，证监会、保监会等监管部门针对资产管理市场密集地出台了一系列"新政"，旨在为其他金融同业资产管理业务进行"松绑"。证券公司、基金子公司、保险资产管理公司纷纷涌入通道业务争抢行列，资产管理业务竞争加剧。

四　万向信托、长城新盛信托开业，信托公司队伍再壮大

万向信托、长城新盛信托于 2012 年开业，注册地址分别为杭州和乌鲁木齐，注册资本分别为 4.2 亿元和 3 亿元，信托公司增至 67 家，两家公司的前身分别为浙江工商信托和伊犁信托。

五　信托高管多变动，监管迎接"新掌门"

2012 年，多家信托公司发生高管人员变动。中海信托、兴业信托、华融

信托等 10 余家信托公司董事长或总经理（总裁）人员变更。10 月 12 日，原银监会非银部主任柯卡生履新中国华融资产管理股份有限公司总裁，原陕西银监局局长李建华接任非银部主任。监管部门负责人及信托公司高管的变动，在为信托业注入活力的同时也迎接着挑战，这些人员履新后的动作也为行业转型注入新的期待。

六 基建信托井喷增长，新监管政策引关注

2012 年，基础设施类信托项目呈现井喷式增长，据用益信托网统计，全年共计发行 1058 款产品，募集金额 2094 亿元，发行数量和规模均高居各类型信托产品首位。2012 年 12 月 31 日，财政部联合国家发改委、人民银行、银监会下发《关于制止地方政府违法违规融资行为的通知》，规范政府融资平台融资行为，新的监管政策引发了各方关注和思考。

七 信证、信保双开闸，反应冰火两重天

2012 年 8 月 31 日，中国证券登记结算有限责任公司发布《关于信托产品开户与结算有关问题的通知》，意味着停止 3 年的信托产品证券账户开立重新启动。但由于证券市场持续低迷，信托公司对此反应淡然，市场上发行的证券投资类信托产品屈指可数，多个存续项目提前清盘。

与证券投资类信托业务反应清冷相反的是，信托公司与保险公司均对保险资金投资集合资金信托计划表现出了较大热情。12 月 12 日，泰康人寿出资总额 9.68 亿元认购"中信·聚信汇金地产基金 1 号集合资金信托计划"优先级信托产品，保险业与信托业的合作大幕开启。

八 增实力、谋发展，信托公司增资忙

2012 年，爱建信托、苏州信托、中融信托、华鑫信托等信托公司，增资额度均超过 10 亿元，信托公司资本实力进一步增强。尤其值得关注的是爱建信托，增资 20 亿元后注册资本达到 30 亿元，仅次于平安信托的 69.88 亿元，与昆仑信托并列第二位。

九 股指期货、QDII 新突破，信托公司创新再启程

2012 年，中信信托、中融信托、长安信托获批股指期货业务资格，获准进入股指期货市场的信托公司增至 8 家。此外，陕国投、四川信托、百瑞信托等多家信托公司也在排队申请期指业务之列。11 月 2 日，上海信托推出国内首单 QDII 集合资金信托计划——"上海信托铂金系列·QDII 大中华债券投资集合资金信托计划"。随着试水创新业务的信托公司不断扩编，创新业务产品进入实质发行阶段，信托公司业务创新再启新的征程。

十 风险事件引发行业发展新思考

2012 年 6 月，中诚信托深陷"中诚·诚至金开 1 号集合信托计划"兑付危机，危机能否妥善解决仍为悬案；11 月，中融信托对"中融·青岛凯悦集合资金信托计划"项下抵押物青岛凯悦中心房产进行公开拍卖，成为首例以拍卖形式完成兑付的信托资产处置项目；12 月，"中信制造·三峡全通贷款集合资金信托计划"爆发兑付危机，中信信托经多方斡旋，兑付危机暂缓。上述风险事件引发了各方对信托行业发展的思考，在持续高速发展的背景下，风险控制始终是信托行业发展的重要议题。

Abstract：By the end of 2012, the assets under management of trust industry had already reached 7. 47 trillion RMB, and had further strengthened its position in China's whole financial industry. The capital of trust companies has increased steadily, and the profitability has improved continuously. Judging from the source and types of trust assets, the ratios of collective and investment trust projects had declined for the first time since the third quarter of 2012. As for the use of collective trust funds, with the further implementation of real-estate regulations, the ratio of real estate trust is still lingering at a low level, while the ratio of infrastructure trust is quite stable, moreover, industry and commerce has attracted the largest proportion of trust capitals for the first time. Despite of all the progress made, trust industry will face many challenges in the future, such as exploring new business opportunities, further

adjusting business structures and so on. As the CSRC and CIRC launched a series of new acts of asset management in 2012, the competition between trust and other asset management institutions has already become rather fiercer. At the same time, implicit guarantee, shadow banking and other controversial topics have attracted attentions from the whole trust industry.

Key Words: Trust Industry; Development; Concentration

B.3
中国信托业 2012 年公司治理及战略实施报告

王苗军

摘　要：

　　截至 2012 年末，全行业共计有信托公司 67 家，2012 年新增长城新盛信托和万向信托两家；2012 年，共计有 15 家信托公司进行了增资，总增资额度达 111.26 亿元，披露年报信息的 66 家信托公司平均注册资本为 14.77 亿元。从信托公司披露的年报战略情况来看，信托公司在战略实施过程中主要以产品创新能力、主动管理能力、风险控制能力为自身战略提升的切入；从信托公司的部门设置情况来看，信托公司对财富管理、新产品创新以及行业研究的变动幅度最为明显，体现了信托公司在上述情况的投入力度持续加大。

关键词：

　　信托公司　部门设置　战略规划

一　信托公司地域分布及股权结构

（一）信托公司地域分布

　　截至 2012 年 12 月 31 日，除 2013 年 4 月份开业的民生信托外，全国共有 67 家信托公司分布于全国（不含港澳台地区）除宁夏、广西、海南之外的 28 个省、自治区、直辖市。其中，2012 年度新增两家信托公司，分别为长城新盛信托和万向信托。2012 年存续的 67 家信托公司中，除了年度内新开业的万

向信托，共计有 66 家信托公司披露了 2012 年度审计报告，较 2011 年新增了两家，它们分别为浙商金汇信托和长城新盛信托。

表1 全国各省市信托公司分布情况

省 份	数 量	省 份	数 量	省 份	数 量
北 京	11	江 西	2	西 藏	1
上 海	7	内蒙古	2	云 南	1
广 东	5	四 川	2	贵 州	1
浙 江	5	天 津	2	湖 南	1
江 苏	4	山 东	2	甘 肃	1
陕 西	3	新 疆	2	山 西	1
重 庆	2	辽 宁	1	广 西	0
安 徽	2	河 北	1	宁 夏	0
福 建	2	黑龙江	1	海 南	0
河 南	2	青 海	1		
湖 北	2	吉 林	1		

从表1可以看出，信托公司的地域分布表现出较为明显的集中于经济发达区域的倾向，其中北京、上海、广东、浙江、江苏等经济发达省市最为集中，分别为11家、7家、5家、5家、4家，上述五省市合计32家，占全国信托公司的近一半。而没有信托公司或者仅有一家信托公司的省份，主要为中西部地区经济欠发达省份；从信托公司的城市分布来看，除省会（首府）城市外，主要分布于辖区内计划单列市及其他经济发达城市。全国5个计划单列市中深圳有2家信托公司，为华润信托与平安信托，宁波、大连、厦门、青岛各有1家信托公司，分别为：昆仑信托、华信信托、厦门信托、陆家嘴信托；此外，苏州、无锡、东莞、包头等经济较发达城市或资源聚集城市各有1家信托，分别为苏州信托、国联信托、东莞信托、新时代信托。

（二）信托公司股东背景

信托行业作为金融领域四大支柱之一，以其牌照资源的稀缺性及信托制度的优越性，吸引了各类资本的进入。根据66家信托公司的年报信息统计来看，股东背景为中央企业的占 18 家，地方国企（含地方政府直接出资）的占 28 家，民营企业的占 11 家，金融机构的占 9 家。其中杭工商信托、北京信托、新华信托、苏州信托、华澳信托、方正东亚信托、中航信托、紫金信托、兴业信托、百瑞信托等 11 家信托公司分别引入了外资战略投资者（含港资）。

1. 地方国企（含地方政府直接出资）控股信托公司概况

根据 66 家信托公司披露的年报信息统计，地方国企（含地方政府直接出资）控股信托公司共计 29 家，占比 43.94%。2012 年新增浙商金汇信托（2011 年开业，2012 年首次披露年报信息），中江信托、云南信托、大业信托虽分别由江西省财政厅、云南省财政厅、广州国际控股持有 22.8%、25%、33.83% 的股权，但由于未对信托公司控股，故不纳入统计范围。地方国企（含地方政府直接出资）的信托公司按其股权控制关系分类主要有以下三个类型。类型 1：由地方政府财政厅或者国资委直接出资，如吉林信托和西藏信托；类型 2：由地方国有资产管理平台控股，如国元信托、国联信托等，这些地方国有资产管理公司旗下往往还包含其他金融资产，此类信托公司往往作为地方金融控股平台的重要组成部分。如国联信托控股股东无锡国联发展旗下还拥有国联证券等金融资产，或者该国有资产管理控股平台通过信托公司间接持股其他金融机构，如安徽国元集团通过国元信托间接控制了国元证券；类型 3：由地方实力较强的国有实业公司持股，如 2012 年首次披露年报信息的浙商金汇信托，其控股股东浙江国贸为浙江省综合实力较强地方大型国有企业（如表 2 所示）。

表 2　地方政府及国企控股信托公司一览表

序号	信托公司	控股股东名称	控股股东属性
1	吉林信托	吉林财政厅	机关法人
2	华宸信托	内蒙古国资委	机关法人
3	西藏信托	西藏自治区财政厅	机关法人
4	山东信托	山东鲁信	地方投资平台
5	北京信托	北京国有资管管理公司	地方投资平台
6	甘肃信托	甘肃国有投资公司	地方投资平台

序号	信托公司	控股股东名称	控股股东属性
7	国元信托	国元集团	地方投资平台
8	东莞信托	东莞财信	地方投资平台
9	粤财信托	广东粤财控股	地方投资平台
10	中原信托	河南投资集团	地方投资平台
11	湖南信托	湖南财信	地方投资平台
12	紫金信托	紫金控股	地方投资平台
13	苏州信托	苏州国际发展集团	地方投资平台
14	国联信托	国联发展	地方投资平台
15	江苏信托	江苏国信	地方投资平台
16	山西信托	山西国信	地方投资平台
17	陆家嘴信托	陆家嘴金融	地方投资平台
18	上海信托	上海国际集团	地方投资平台
19	杭工商信托	杭州市金融控股	地方投资平台
20	重庆信托	重庆国信	地方投资平台
21	厦门信托	厦门金财	地方投资平台
22	华信信托	华信汇通	地方投资平台
23	陕国投	陕西煤业化工	地方实业公司
24	西部信托	陕西省电力	地方实业公司
25	华澳信托	北京融达	地方实业公司
26	爱建信托	爱建股份	地方实业公司
27	北方信托	天津泰达投资控股	地方实业公司
28	天津信托	天津海泰控股	地方实业公司
29	浙商金汇信托	浙江国贸	地方实业公司

2. 央企控股信托公司概况

根据 66 家信托公司披露的年报信息统计，央企控股信托公司共计 18 家，占比 27.27%。自 2011 年以来，受到市场上信托牌照资源的限制，央企并购信托公司的步伐开始放缓，从股权的控制情况来看，2012 年较 2011 年未发生重大变化。控股信托行业的中央企业主要为电力、能源等大型中央企业。18 家中央企业背景的信托公司中，从控股股东或者实际控制人主营业务或者重要业务领域的分类来看，电力服务行业的占 5 家；石油、钢铁、矿产等能源行业的占 5 家；铁路和航空工业的占 2 家；其他综合经营或者专职从事金融股权投资的占 6 家（如表 3 所示）。

表3　中央企业控股信托公司一览表

序号	信托公司	控股股东	实际控制人	涉足行业
1	英大信托	英大国际控股	国家电网	电力服务业
2	华鑫信托	中国华电	中国华电	电力服务业
3	华能信托	华能资本	中国华能	电力服务业
4	百瑞信托	中国电力投资	中国电力投资	电力服务业
5	华宝信托	宝钢集团	宝钢集团	钢铁
6	五矿信托	五矿资本	五矿集团	矿产能源
7	外贸信托	中国石化	中国石化	石油能源
8	中海信托	中国海油	中国海油	石油能源
9	昆仑信托	中油资产	中油石油	石油能源
10	华润信托	华润股份	华润股份	综合经营
11	中航信托	中航工业	中航工业	航天工业
12	中粮信托	中粮集团	中粮集团	粮油进出口
13	中铁信托	中铁股份	中铁股份	铁路
14	国投信托	国投资本控股	国家开发投资公司	金融股权投资
15	中投信托	中国建投	中国投资公司	金融股权投资
16	中信信托	中信控股	中信集团	综合经营
17	方正信托	北大方正集团	北大方正集团	综合经营
18	华澳信托	北京融达	国投电力	电力投资

3. 金融机构信托公司概况

根据 66 家信托公司披露的年报信息统计，金融机构控股的信托公司共计 10 家，占比 15.15%。实际控制人的主营业务领域主要涉足资产管理、银行、保险和信托（如表 4 所示）。与 2011 年相比，新增了由长城资产管理公司控股（并列第一大股东）的长城新盛信托，至此国内四大资产管理公司均完成了在信托业务领域的布局。2012 年，北京信托以其发行的德瑞股权投资基金集合资金信托计划受让了中泰信托第一大股东中国华控和第三大股东广联投资 54.21% 的股权，合计实际控制中泰信托的股权超过 80%，成为中泰信托的实际控制人。

4. 民营控股及外资参股信托公司概况

根据 66 家信托公司披露的年报信息统计，2012 年，民营信托公司中除了中江信托原实际控制人即江西省财政厅出让 20% 的股权后变为第二大股东，中江信托的属性也由地方国有企业控股信托公司变更为民营信托公司外，其他

表4　金融机构控股信托公司一览表

序号	信托公司	控股金融机构名称	实际控制人	实际控制人主营
1	中诚信托	中国人民保险	中国人民保险集团	保险
2	平安信托	平安保险集团	平安保险集团	保险
3	中泰信托	华闻资本控股	北京信托	信托
4	金谷信托	中国信达	中国信达	资产管理
5	大业信托	东方资产	东方资产	资产管理
6	华融信托	华融资产	华融资产	资产管理
7	长城新盛	长城资产	长城资产	资产管理
8	建信信托	建设银行	建设银行	银行
9	兴业信托	兴业银行	兴业银行	银行
10	交银信托	交通银行	交通银行	银行

民营控股公司未发生变化（如表5所示）。在外资参股信托公司方面，中粮信托于2012年度以增资的方式引进了战略投资者——加拿大蒙特利尔银行，持股比例为19.99%，公司第一大股东集团的持股比例降至72.01%，外资参股的信托公司增加至11家（如表6所示）。

表5　民营控股信托公司一览表

序号	信托公司	控股股东	控股股东主营
1	国民信托	丰益实业	投资管理
2	平安信托	平安保险集团	保险
3	中融信托	经纬纺织	纺织机械
4	新时代信托	新时代远景	投资管理
5	安信信托	上海国之杰	投资管理
6	四川信托	四川宏达	综合经营
7	云南信托	涌金集团	金融、股权投资、医疗产业
8	新华信托	新产业	实业投资
9	中江信托	领锐资产	投资管理
10	长安信托	上海正大投资及一致行动人	投资管理
11	渤海信托	海南航空	航空、金融等

5. 信托公司第一大股东或者实际控制人变更情况

根据66家信托公司披露的信息显示，2012年度共计有4家信托公司实际

表 6　外资参股信托公司一览表

序号	信托公司	外资名称	外资比例(%)	备注
1	北京信托	威益投资	19.99	第二大股东
2	兴业信托	澳大利亚国民银行	19.99	第三大股东
3	方正信托	东亚银行	19.88	第二大股东
4	紫金信托	日本佳友信托银行	19.99	第二大股东
5	苏州信托	苏格兰皇家银行	19.99	第二大股东
6	华澳信托	麦格理资本证券	19.99	第三大股东
7	杭工商信托	摩根士丹利	19.99	第二大股东
8	新华信托	巴莱克银行	19.95	第二大股东
9	中航信托	华侨银行	19.99	第三大股东
10	百瑞信托	摩根大通	19.99	第三大股东
11	中粮信托	蒙特利尔银行	19.99	第二大股东

控制人或者第一大股东发生了变更。具体情况如下：中泰信托的实际控制人由中国人民保险集团变更为北京信托；中江信托的第一大股东由江西省财政厅变更为领锐资产；厦门信托的实际控制人由厦门建发变更为厦门金财；陕国投的第一大股东由陕西高速集团变更为陕西煤业化工。

　　上述实际控制人的变更中，厦门信托主要是基于厦门市构建市属金融控股集团的考虑，其实际控制人由原地方性实业公司变更为地方性金融控股平台；陕国投在定向增发过程中股份的认购人陕西煤业化工与原第一大股东陕西省高速集团同属于陕西省国资委旗下国有企业，因而该股权结构的变更并未导致最终实际控制人的变更；中江信托原第一大股东江西省财政厅减持了 23% 的股权，持股比例由原先的 45.8% 下降到 22.8%，变为第二大股东。原第二大股东以 25% 的持股比例变身为第一大股东。但从中江信托的董事会成员组成来看，在 9 名董事会成员中，江西省财政厅提名的董事人数任高达 6 人。值得注意的是，中泰信托的股东结构虽未发生变化，但由于股东的实际控制人发生了变更，且首次出现了以信托计划持股的方式，而根据北京信托发行的相应"德瑞股权投资基金集合资金信托计划"信息显示，该信托计划分为优先和劣后两个级，其中优先级份额 32 亿元分别由甘肃信托和新时代信托认购，而剩余 11.35 亿元劣后级份额由深

圳市易建科技、北京盛宝通达电气工程、桥润资产管理和北京智尚励合投资等4家法人机构认购。

（三）信托公司注册资本与股权结构情况

1. 信托公司注册资本情况

截至2012年12月31日，披露年报信息的66家信托公司注册资本总额为974.76亿元，较2011年度披露年报的64家信托公司的863.5亿元增加了111.26亿元，增幅为12.88%，平均注册资本为14.77亿元，较2011年的13.49亿元增加了1.28亿元，增幅为9.49%（如图1所示）。其中注册资本最高的是平安信托，为69.88亿元，比第二名是昆仑信托，注册资本为30亿元，比建信元高出一倍多，最低的为长城新盛信托和大业信托，注册资本均为3亿元。从各家信托公司注册资本分布情况来看，注册资本为10亿元（不含）以下的信托公司有16家，较2011年下降了3家；10亿元（含）以上20亿元（不含）以下的有32家，与2011年持平；20亿元（含）以上的18家，与2011年相比增加了5家。

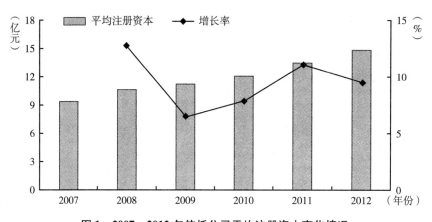

图1　2007～2012年信托公司平均注册资本变化情况

从股东背景分析来看，金融机构与中央企业控股信托公司最高，平均注册资本分别为19.38亿元和18.70亿元，地方国有企业控股的信托公司位列其次，平均注册资本为12.22亿元，民营资本控股的信托公司平均注册资本为9.74亿元（如图2所示）。

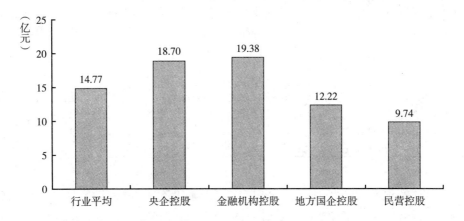

图 2　各类型信托公司平均注册资本情况

2. 2012 年度信托公司注册资本变动情况

根据 66 家信托公司披露的年报信息统计，2012 年共计有 15 家信托公司进行了增资，总增资金额为 99.26 亿元。实现增资的信托公司占 2011 年末存续的 65 家信托公司的 23.08%，分别较 2010 年的 10 家和 2011 年的 12 家增加了 5 家和 3 家。15 家增资的信托公司中，共计有 9 家信托公司超过了行业平均注册资本，增资金额最大的为爱建信托，注册资本由 2011 年末的 10 亿元增加至 2012 年末的 30 亿元，增加了 20 亿元。此外，华信信托也通过增资，注册资本增加至 30 亿元（如表 7 所示）。

表 7　2012 年度信托公司增加注册资本情况

单位：亿元

序号	信托公司	2011 年末注册资本	2012 年末注册资本	增资金额
1	爱建信托	10	30	20
2	兴业信托	12	25.76	13.76
3	华鑫信托	12	22	10
4	华信信托	20.57	30	9.43
5	中铁信托	12	20	8
6	陆家嘴信托	3.15	10.68	7.53
7	苏州信托	5.9	12	6.1
8	新华信托	6.21	12	5.7888
9	新时代信托	3	8	5

序号	信托公司	2011 年末注册资本	2012 年末注册资本	增资金额
10	英大信托	15	18.22	3.22
11	中粮信托	12	14.9981	2.9981
12	中原信托	12.02	15	2.98
13	陕国投	3.58	5.7841	2.19996974
14	中融信托	14.75	16	1.25
15	西藏信托	3	4	1

上述实现增资的 15 家信托公司中，除华信信托、中粮信托、陕国投三家信托公司外，其他信托公司均采取留存利润转增注册资本或者现有股东同比例追加注册资本的方式进行增资。其中华信信托增资后，原控股股东华信汇通集团的持股比例由 52.17% 增加至 56%。中粮信托追加的注册资本由引进的战略投资者蒙特利尔银行认购，其他股东的持股比例相应下降；而陕国投则通过定向增发的方式由陕西省煤业化工集团认购 2 亿股，占公司总股本的 34.58%，成为公司第一大股东。

3. 信托公司的股权结构

披露年报数据的 66 家信托公司中，除了陕国投与安信信托为上市公司外，中铁信托、云南信托、北京信托、重庆信托、杭工商信托等 5 家信托公司未披露股东数量。其余 59 家信托公司股东总数为 311 家，平均每家信托公司股东数为 5.27 家；根据年报披露的信息来看，中江信托、天津信托、中粮信托等 4 家信托公司发生了股东数量变动，其中中江信托增加股东 3 家、天津信托股东减少 1 家、中粮信托股东减少 1 家。

59 家信托公中，除了西藏信托和中投信托为一人公司外，股东数量为 2 家的信托公司为 12 家；股东数量为 3 家的信托公司为 15 家；股东数量为 4 家的信托公司为 10 家；股东数量为 5 家和 6 家的信托公司均为 4 家；股东数量为 7 家的信托公司为 3 家；股东数量为 9 家以上的信托公司为 9 家，其中股东数最多的信托公司为西部信托和北方信托，分别为 24 家和 27 家。股东数量在 5 家及以下的信托公司为 43 家，占 59 家信托公司总数的 72.88%。可见，信托公司的股权呈现了高度集中的状态。

此外，信托公司的股权集中还体现在最大股东与实际控制人持股比例上。

66 家信托公司最大股东平均持股比例为 64.79%，其中最大股东持股比例超过 50% 的信托公司有 47 家，占比 71.21%。此外，根据年报披露的信息显示，另有 19 家信托公司控股股东通过关联企业对信托公司实现控股，通过关联企业控股的方式，实际控制人持股比例超过 50% 的达 52 家，占比 78.79%，实际控制人对信托公司最终持股比例为 70.04%。其中中信信托、华鑫信托、国投信托、湖南信托、外贸信托、爱建信托其第一大股东通过关联企业实现了对信托公司的绝对控股。

二 信托公司职能部门的设置情况

根据 66 家信托公司年报披露的信息显示，各信托公司除了在行政、人事、财务等基本职能部门外，在研发部门、业务部门、业务支持部门等部门设置方面，依据自身的发展特点表现出一定的偏好与倾向。

（一）信托业务部门设置情况

1. 常规业务部门的设置情况

披露部门设置情况的 66 家信托公司中，由于各公司业务领域与业务规模的差异，以及对业务开展模式认知上的不同，各公司在房地产、基础设施、证券投资、单一信托业务等领域等业务部门的设置情况的细分程度上也表现出了一定差异。

从部门设置的变动情况来看：在单一信托业务方面，中泰信托在 2012 年部门调整中增设了机构业务总部，而国元信托则在 2012 年取消了金融同业部的设置；在房地产信托业务方面，新华信托在 2012 年取消了房地产与基础设施业务部的设置；在证券投资信托业务方面，中海信托、中粮信托、粤财信托等三家信托公司取消了证券投资业务或者业务支持部门的设置，而厦门信托与建信信托则增加了证券投资业务部门的设置；在基建类信托业务方面，新华信托在 2012 年取消了房地产与基础设施业务部的设置（如表 8 所示）。

表8 常规业务部门设置情况一览表

业务类型	家数	信托公司
单一信托	18	百瑞信托、华宝信托、新时代信托、杭工商信托、昆仑信托、湖南信托、上海信托、中江信托、四川信托、中融信托、华鑫信托、新华信托、中铁信托、长安信托、五矿信托、吉林信托、浙商金汇信托、中泰信托
房地产信托	9	上海信托、北京信托、兴业信托、百瑞信托、新华信托、中铁信托、中融信托、外贸信托、昆仑信托
证券投资信托	23	北方信托、吉林信托、上海信托、北京信托、中铁信托、中诚信托、重庆信托、华润信托、山西信托、渤海信托、国元信托、兴业信托、江西信托、天津信托、长安信托、甘肃信托、中融信托、陕国投、方正信托、英大信托、华宝信托、厦门信托、建信信托
基建类信托	5	新华信托、百瑞信托、中铁信托、山东信托、平安信托

2. 特色业务部门的设置情况

除了常规业务之外，部门信托公司开始涉足新类型特色业务，主要为私募股权投资业务、基金类业务、固定收益产品业务、国际化业务等，具体情况如表9所示。

表9 信托公司特色业务部门设置情况一览表

业务类型	家数	信托公司
矿产能源业务	2	中融信托、长安信托
国际化业务	5	上海信托、中诚信托、华澳信托、华宝信托、新华信托
股权投资业务	7	江苏信托、中诚信托、中融信托、昆仑信托、长安信托、厦门信托、上海信托
固定收益业务	5	中融信托、上海信托、中航信托、五矿信托、爱建信托
信托投资基金业务	6	华澳信托、大业信托、中信信托、华宝信托、金谷信托、昆仑信托
直投业务	4	中融信托、平安信托、北京信托、浙商金汇信托
企业年金业务	4	上海信托、中信信托、华宝信托、昆仑信托

从部门设置的变动情况来看，2012年度独立设置固定收益部门的信托公司增加了爱建信托；独立设置信托投资基金业务部门的信托公司增加了昆仑信托；独立设置国际化业务部门的信托公司增加了新华信托1家，减少了中海信托1家；从事直投业务的信托公司增加了浙商金汇信托1家，此外长安信托、厦门信托、上海信托等3家信托公司还成了股权投资信托部。

在特色业务部门设置方面，走在最前列的是中融信托，分别涉足了矿产能源业务、股权投资业务、固定收益业务、直投业务等4大领域。其次是华宝信托、上海信托以及昆仑信托，其中华宝信托涉及国际化业务、信托投资基金业务、企业年金业务，上海信托涉及国际化业务、固定收益业务、企业年金业务，昆仑信托涉及股权投资业务、信托投资基金业务和企业年金业务，其中信托投资基金业务与企业年金业务为 2012 年最新布局。再次是中诚信托、中信信托与长安信托，其中中诚信托涉及股权投资业务与国际化业务，中信信托涉及信托投资基金业务与企业年金业务，长安新华信托涉及矿产能源业务及股权投资业务。上述 6 家信托公司业务规模均位于行业排名前 20 位，业务规模较大的信托公司在创新业务的布局方面走在了其他信托公司的前面。此外，地域因素也是信托公司开展新的业务领域的重要驱动因素，如开展国际化业务的 5 家信托公司中除了新华信托分别位于重庆外，而其余 4 家公司均位于上海和北京，北京与上海两地的高度国际化水平成为上述公司开展国际化业务的驱动因素及外在条件。

3. 异地业务团队的设置情况

披露部门设置情况的 66 家信托公司中，共计有 22 家信托公司披露了异地业务部门设置情况，占 66 家信托公司的三分之一，22 家信托公司共计设置了 89 个异地业务团队，最多的为长安信托和中信信托，均设有 11 个异地业务团队。相较于 2011 年的披露情况，中融信托、华宸信托在 2011 年度报告中披露了异地业务团队设置情况，但在 2012 年年报中未披露；华澳信托、五矿信托、云南信托、英大信托等 4 家信托公司为 2012 年度首次披露（如表 10 所示）。

表 10　信托公司异地业务团队设置情况一览表

信托公司	数量	异地团队	备注
北方信托	3	北京、上海、滨海新区	
长安信托	11	重庆、成都、大连、南京、沈阳、无锡、南昌、郑州、武汉、广州、福州	新增无锡、南昌、郑州、武汉等 4 个异地团队
方正信托	4	北京、上海、郑州、广州	增加广州 1 个异地团队
湖南信托	1	上海	
华澳信托	7	北京、上海、深圳、中原、西南、南京、成都	2012 年首次披露
吉林信托	5	北京、长春、上海、海口、深圳	
陆家嘴信托	4	深圳、杭州、苏州、济南	新增济南 1 个异地业务团队
山东信托	6	上海、北京、深圳、青岛、厦门、长沙	新增厦门、长沙等 2 个异地业务团队
山西信托	5	北京、上海、广州、青岛、武汉	新增广州、青岛、武汉等 3 个异地团队
陕国投	5	北京、上海、深圳、重庆、大连	2012 年首次披露
上海信托	1	北京	

续表

信托公司	数量	异地团队	备注
苏州信托	1	北京	
外贸信托	4	华东、华南、西南、西北	2011 年仅披露上海
五矿信托	1	江苏	2012 年首次披露
厦门信托	5	北京、上海、深圳、广州、福州	新增广州、福州等 2 个异地业务团队
新华信托	6	北京、上海、深圳、广州、东北、天津	减少西北业务团队 1 个异地业务团队
英大信托	2	上海、山东	2012 年首次披露
云南信托	2	北京、上海	2012 年首次披露
中海信托	1	北京	
中粮信托	2	上海、山东	2012 年新增上海、山东 2 个异地业务团队
中投信托	2	北京、上海	
中信信托	11	内蒙、成都、昆明、西安、深圳、上海、天津、太原、杭州、南京、武汉	新增杭州、南京、武汉等 3 个异地业务团队

从信托公司异地团队设置的地域倾向来看，北京、上海、深圳三大中国金融中心是信托公司设置异地业务团队的首选区域，上述 22 家信托公司中分别由 14 家、14 家和 7 家信托公司在上述区域设置了异地业务团队；其次是广州、武汉、成都等区域核心城市。除此之外是距离信托公司管理总部较近的经济发达城市，如厦门信托在福州设立了异地业务团队、山东信托在青岛设立了异地业务团队。在信托公司设立分支机构存在法律障碍的情况下，设立异地业务团队成为信托公司在全国范围内拓展业务的重要方式。

（二）财富管理及产品营销部门设置情况

据 66 家信托公司年报信息显示，66 家信托公司中除了国联信托、华能贵诚、华鑫信托、西部信托、西藏信托、英大信托、粤财信托和中粮信托等 8 家信托公司外，其他 58 家信托公司均设立了产品营销、客服服务和财富管理相应的职能部门，占比为 87.88%，其中安信信托仅设置了客户服务部，未设置产品营销或者财富管理职能部门。此外，长安信托、方正信托、甘肃信托、中投信托、华澳信托、华宸信托等 6 家信托还设置了异地财富管理中心。在设立财富管理和产品营销部门的同时，云南信托、苏州信托、长安信托、兴业信托等 4 家信托公司还设置了独立的客户服务部门。平安信托和上海信托在财富管理部门之外设立了市场营销部门，专职从事产品营销的推动。

从部门设置的名称来看，信托公司设置相应职能部门的定位逐步从单纯的产品营销或者理财向财富管理转变。57 家设置产品营销或者财富管理职能部门的信托公司中以财富管理命名的为 41 家，占比 71.93%；以金融理财命名的信托公司为 6 家，占比 10.53%；以产品营销与服务方式命名的信托公司为 10 家，占比 17.54%。其中，中信信托、杭工商信托、交银信托、厦门信托、国民信托、甘肃信托、华融信托、吉林信托、外贸信托、中海信托、中融信托、华润信托、爱建信托等 13 家信托公司在部门名称命名上由产品销售或者金融理财转变为财富管理，占当前以财富管理方式命名的信托公司的近三分之一。

从部门设置的组织关系图来看，财富管理的职能划分进一步细化，财富管理逐步被信托公司视为独立利润来源。甘肃信托在 2011 年披露的组织构架中原产品营销部隶属于信托业务总部，主要为信托业务开展提供利润支持，但在 2012 年报告披露的信息中显示则设立了本部、北京、深圳三个财富管理中心，并成为公司独立的组织单元。除了甘肃信托外，从公司组织结构关系图来看，平安信托、兴业信托、新华信托、长安信托等信托公司的财富中心与财富管理运营及支持部门一起构成了独立的事业部及利润中心。如长安信托除在长安财富中心下设了私人银行及财富管理中心外，还设置了综合部、同业部、客户服务部等财富管理支持部门；兴业信托在 2011 年披露的财富管理总部的基础上进一步增设了产品中心、业务管理中心、客户理财服务中心财富管理二级支持部门。

（三）研究与业务创新部门设置情况

根据信托公司披露的年报信息显示，信托公司研究与业务创新部门设置主要表现为如下倾向。从部门的设置来看，主要表现为 3 种类型。类型 1：设立后台研发部门，从事行业与公司战略以及创新产品研究，创新产品通过业务部门落实；类型 2：分别设立了作为后台部门的从事行业支持的职能部门以及作为前台部门的专职从事创新型产品开发的业务部门；类型 3：不设后台研究部门，设立前台创新业务部门专职从事创新产品的研发；类型 4：在中台运营部门中增设产品研发职能（如表 11 所示）。

表 11　信托公司研发及创新业务部门设置情况一览表

设置类型	家数	信托公司
类型 1	35	华宝信托、安信信托、建信信托、交银信托、金谷信托、中粮信托、大业信托、兴业信托、陕国投、英大信托、长安信托、国民信托、东莞信托、吉林信托、四川信托、华信信托、山东信托、中航信托、爱建信托、方正信托、甘肃信托、国联信托、湖南信托、江苏信托、昆仑信托、山西信托、中铁信托、中投信托、紫金信托、上海信托、陆家嘴信托、苏州信托、外贸信托、杭工商信托、华润信托
类型 2	7	新华信托、中信信托、中诚信托、华融信托、北京信托、中泰信托、百瑞信托
类型 3	5	平安信托、五矿信托、天津信托、新时代信托、云南信托、
类型 4	1	长城新盛信托

从表 11 可以看出，66 家信托公司中共计有 48 家信托公司设置了研究与业务创新部门，占比 72.73%。其中，中投信托、国民信托、四川信托、方正信托、新时代信托等 5 家信托公司在 2012 年年内增设相应部门。从部门的设置类型上看，大多数信托公司倾向于将此部门定位为后台部门或在设置后台部门的基础上再增设创新业务部门，可见当前信托公司在研究工作领域主要集中在行业和业务发展的基础研究上，而设有独立的创新业务部门的信托公司仅有 12 家。

从部门设置的变动情况来看，除中投信托等 5 家新设该职能部门的信托公司外，华融信托在 2011 年度设有创新业务部门的基础上，增加承担基础研究职能的研究发展部。华润信托在 2011 年度年报信息披露中设有战略与人力资源部和研究发展部，但在 2012 年度披露的信息中撤销了研究发展部的设置，而仅保留了公司战略发展职能部门；华宝信托、华信信托 2011 年度分别设有基础研究及新产品设计两个部门，2012 年度对两个部门进行了合并，成立了同时承担基础研究和新产品设计的部门。从上述部门设置及变动情况来看，信托公司重视基础研究和新产品与新业务开发的趋势明显，但在基础研究与新产品和业务如何衔接以及基础研究如何转化为促进业务发展的现实生产力方面仍在进一步探索中。

三　信托公司战略规划情况

（一）信托公司的愿景与职能定位

1. 信托公司的战略愿景

根据 2012 年度各信托公司年报显示的信息来看，共计有 65 家信托公司披露了公司的企业愿景与战略定位。通过分析我们发现，各家信托公司在提出自己的企业愿景主要是通过行业排名、业务特色与竞争力、公司品牌与市场认同、国际化程度等几个方面来表达和定位公司战略，具体情况如图 3 所示。

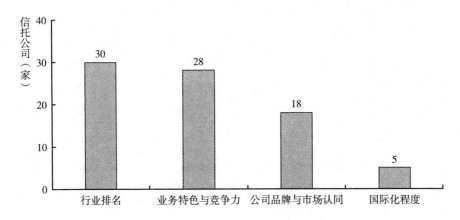

图3　各信托公司愿景与战略定位角度

从图 3 可以看出，面对刚刚兴起的中国信托市场，各信托公司均在极力塑造自己的行业地位、品牌影响力以及核心竞争力。共计有 30 家次的信托公司就公司的行业排名提出了自己的愿景与诉求，主要表现为希望成为国内一流或者领先的信托公司；苏州信托、北京信托等 28 家信托公司就公司的业务特色、专业化程度、核心竞争力等角度提出了公司的愿景与战略定位，希望成为特色、专业、卓越的信托公司；平安信托、百瑞信托等 12 家次信托公司就公司的品牌与市场认同提出了公司的愿景与战略定位，希望成为受人尊敬的信托公司或者行业的百年老店；而华宝信托、华澳信托等 5 家信托公司则从公司的国际化程度定位公司的愿景与战略，这一愿景也与其部门设置情况较为吻合。

2. 信托公司的职能定位

根据 2012 年度各信托公司年报显示，共计有 49 家信托公司披露了公司的职能定位。信托业横跨实业市场、资本市场、货币市场三大领域，其独特的制度优势造就了信托公司职能的多元化，在上述 49 家披露公司职能定位的信托公司中，共计有渤海信托、国投信托、国元信托、湖南信托、华宝信托、吉林信托、建信信托、平安信托、山东信托、陕国投、苏州信托、天津信托、外贸

信托、新时代信托、兴业信托、昆仑信托、江苏信托、北方信托等 18 家信托公司将自身定位为提供财富管理服务的专业财富管理机构或者理财机构，而杭工商信托、金谷信托、交银信托、中航信托、中投信托、中信信托、紫金信托、大业信托等 8 家信托公司将自身定位为资产管理机构。而厦门信托、山西信托、上海信托、长安信托、新华信托、英大信托、粤财信托、云南信托、中诚信托、华鑫信托、华能信托、陆家嘴信托、中粮信托、百瑞信托、重庆信托、东莞信托、方正信托、国民信托、华澳信托、西部信托、中融信托、中泰信托、中原信托等 23 家信托公司将自身定位为同时提供资产管理服务和财富管理服务的金融机构。中信信托、华润信托、新华信托、华宝信托、华澳信托、中航信托、甘肃信托等 7 家信托公司则将自身的职能定位为综合金融方案的提供者或者金融产品的集成商。爱建信托等 17 家信托公司则未就信托机构的具体职能提出明确的定位（如表 12 所示）。

表 12　信托公司业务功能定位一览表

定位类型	家数	信托公司名单
财富管理	18	渤海信托、国投信托、国元信托、湖南信托、华宝信托、吉林信托、建信信托、平安信托、山东信托、陕国投、苏州信托、天津信托、外贸信托、新时代信托、兴业信托、昆仑信托、江苏信托、北方信托
资产管理	8	杭工商信托、金谷信托、交银信托、中航信托、中投信托、中信信托、紫金信托、大业信托
财富管理与资产管理并重	23	厦门信托、山西信托、上海信托、长安信托、新华信托、英大信托、粤财信托、云南信托、中诚信托、华鑫信托、华能信托、陆家嘴信托、中粮信托、百瑞信托、重庆信托、东莞信托、方正信托、国民信托、华澳信托、西部信托、中融信托、中泰信托、中原信托
未披露	17	爱建信托、安信信托、甘肃信托、国联信托、华宸信托、华融信托、华信信托、中江信托、四川信托、中海信托、中铁信托、五矿信托、西藏信托、浙金信托、长城新盛信托、华润信托、北京信托

（二）信托公司的区域定位及重点业务领域定位

1. 信托公司的重点经营区域定位

在披露公司战略的 66 家信托公司中，共计有 15 家信托公司提出了公司的业务发展区域，变现为将主要经营区域定位为公司注册地所在省市或者周边区域，并逐步向全国市场的战略布局（如表 13 所示）。

表 13　信托公司业务区域定位一览表

序号	信托公司	区域定位
1	中投信托	长三角—全国重点区域
2	国元信托	安徽—全国
3	粤财信托	广东—全国
4	东莞信托	广东—珠三角—全国
5	厦门信托	海西经济特区
6	湖南信托	湖南—全国—世界
7	国联信托	江苏—长三角—发达地区
8	紫金信托	江苏—全国
9	昆仑信托	京津冀、长三角等能源主要产业区
10	重庆信托	立足重庆
11	新时代信托	内蒙古地区
12	西部信托	陕西—全国
13	方正信托	武汉—中部—全国
14	长安信托	西部—全国—国际
15	华宸信托	内蒙古地区

从表13可以看出，信托公司当前发展规模与实力、注册地及周边区域经济发展优势、业务领域的能源导向是信托公司定位主要经营区域的主要参考因素。如中投信托、昆仑信托、粤财信托、东莞信托、国联信托、紫金信托等6家信托公司位于长三角与珠三角等经济发达地区，而重庆信托与厦门信托等2家公司则分别位于长江中上游金融中心及海西经济特区发展中心，上述8家公司在定位业务发展区域时主要参考了公司注册地的经济发展优势；新时代信托与华宸信托均位于内蒙古，两家公司的核心业务领域均定位在矿产能源领域，其在定位发展区域时主要参考了内蒙古当地丰富的矿产资源。

2. 信托公司的重点业务领域定位

除经营区域定位外，共计有 17 家信托公司对业务领域进行了定位，具体情况如表 14 所示。

表14 信托公司业务领域定位一览表

序号	信托公司	领域定位
1	华澳信托	产业基金、私募股权
2	西部信托	电力、天然气、能源重化工、基础设施和金融产品
3	重庆信托	基础设施建设与金融股权
4	山东信托	基建基金、金融股权投资
5	昆仑信托	基金化、油气能源领域
6	新时代信托	金融、资源
7	中粮信托	金融股权投资、农业金融
8	五矿信托	金属矿产信托
9	华鑫信托	矿业信托、阳光私募类信托、股票质押信托、TOT类信托、基金类信托"
10	中海信托	能源、交通、基础设施
11	华宸信托	基础设施、区域性房地产、矿业和钢铁
12	安信信托	特定行业投融资领域
13	华能信托	能源、基础设施行业的产业投资基金业务和企业资产证券化业务（ABS）,
14	新华信托	房地产、基础设施、私人股权投资（PE）、证券投资、资源类投资
15	华宝信托	证券、投融资、产融结合
16	甘肃信托	主动管理、金融股权投资、证券投资
17	杭工商信托	组合投资信托基金

从表14可以看出，上述提出重点业务领域的17家信托公司中，基础设施建设、矿产金属与能源、金融股权投资等领域成为信托公司重点关注领域，分别有7家、9家、4家信托公司将其作为重点发展领域；此外，华澳信托与新华信托提出了重点发展私募股权投资的业务发展方向。从产品的形式来看，各家公司均强调了对产品的主动管理，并有8家公司提出了产品基金化的业务构想。从业务领域的确定因素来看，控股股东及实际控制人的主营业务领域是信托公司确定重点业务领域的主要因素，如提出将矿产、金属、能源领域作为公司重点开拓的9家信托公司中，昆仑信托、新时代信托、五矿信托、华鑫信托、中海信托、华能信托等6家信托公司控股股东或者实际控制人均为中央企业，且其主营业务均为矿产、金属、能源领域；而中粮信托将农业金融作为其

重点拓展的业务领域，也与其实际控制人中粮集团的主营业务领域密不可分。以控股股东或者实际控制人主营业务领域确定信托公司重点业务开拓领域，一方面有助于发挥信托公司的特定领域的专业能力，但在另一方面，也限制信托公司作为独立金融机构整体社会功能的发挥。

（三）信托公司的核心竞争力及战略实现路径

1. 信托公司的核心竞争力认识

在披露公司战略的 66 家信托公司中，共计有 28 家信托公司对公司发展的核心竞争力提出了自己的认识，具体情况如图 4 所示。

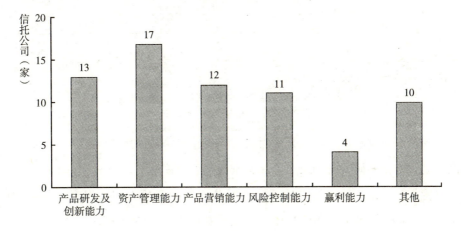

图 4　各信托公司核心竞争力认同度一览表

从图 4 可以看出，产品研发及创新能力、资产管理能力、产品营销能力、风险控制能力是信托公司对自身核心竞争力最为关注的 4 个方面，而在其他的方面，主要集中在客户差异化服务、账户管理、人力资源等方面，其外贸信托、山东信托和华润信托等 3 家信托公司提出了对客户的差异化管理的理念，其中外贸信托近年来主打的"五行财富"品牌与其所提倡的客户差异化管理理念高度吻合，未来发展方向值得关注；国联信托与杭工商信托提出了以客户账户管理为核心的业务发展理念，其中杭工商信托作为一家以资产管理为公司定位，以房地产行业领域的基金化投资为业务发展方向的公司，其客户账户管理工作未来发展方向同样也值得期待。

2. 信托公司战略实施路径认识

在披露公司战略的 66 家信托公司中，共计有 60 家信托公司披露了对公司战略实现路径的认识，其中认同程度最高的 9 大因素如图 5 所示。

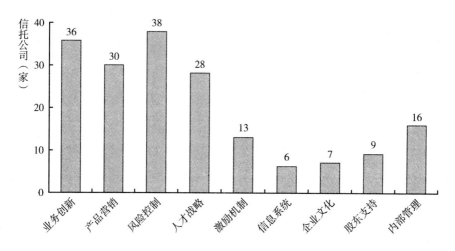

图 5 各信托公司战略实现路径认同度一览表

从图 5 可以看出，信托公司对战略实现路径中认同度最高的分别为风险控制机制、产品的研发与创新、产品营销战略、人才的引进与培养等 4 项，除人才培养外，其余 3 项措施与信托公司对公司核心竞争力的认识高度一致，可见，未来信托公司的竞争将集中在风险控制机制、产品的研发与创新、产品营销战略等 3 个方面的竞争；其次是内部组织机构与流程的优化以及激励机制的优化，股东支持、企业文化建设、信息系统建设等。

值得注意的一个现象是，提出将依托股东资源作为战略实现路径的信托公司均为中央企业或者银行股东背景的信托公司，分别为中粮信托、华能信托、中投信托、中信信托、兴业信托、五矿信托、建信信托、大业信托、交银信托。其中，中粮信托、华能信托、五矿信托等 3 家信托公司均由控股股东或者实际控制人的主营业务领域确定了自身重点业务领域；建信信托、兴业信托、交银信托等 3 家行业仅有的银行股东背景信托股东均毫无例外地依托股东银行优势作为战略实现的发展路径；而中信信托作为中信集团旗下金融板块的信托平台，也提出了依托集团的资源优势和协同效应，体现了在分业经营的背景下，信托公司通过关联方发挥与银行、证券、基金等其他金融板块协同效应的发展趋势。

3. 信托公司战略实现的步骤

通过分析对比各信托公司的愿景与战略我们发现，各信托公司虽对战略的定位上高度雷同，绝大多数信托公司并没有结合行业及公司当前发展状况提出较为明确的战略计划与步骤，也并未提出实现公司愿景与战略的较为明确的评价标尺，表明整个行业正处在探求发展道路的摸索期。

在提出公司战略愿景的 51 家信托公司中，仅有中航信托与兴业信托两家公司就行业一流的信托公司以及卓越的信托公司提出了评价标尺，且两家公司的认知高度一致，即一流（卓越）的信托公司应当具备以下三个标准：一流的经营能力、较强的品牌影响力、领先的行业地位。此外，仅有中航信托、兴业信托、国元信托、国民信托等 4 家信托公司就公司发展提出了"三步走"的战略实施步骤，从各战略阶段的内容来看，中航信托与兴业信托较为雷同，即在战略初期实现业务规模的扩张，战略中期着重提升业务创新能力与风险控制能力，而在战略远期则主要专注于公司的品牌建设，上述发展步骤也在一定程度上体现了近些年信托行业的整体发展路径，即由量的积累实现质的提升，进而实现行业品牌的整体构建。国元信托与国民信托则在战略发展初期主要注重于人才队伍、制度流程、渠道建设、产品线建设等业务发展基础建设，而在中期与远期主要偏重于业务创新与品牌建设。此外，中融信托、长安信托、新华信托等 7 家信托公司在战略中提出了由粗放式发展向内涵式发展的战略转变，方正信托于 2012 年度重新制定了发展战略，明确提出了资本节约型的发展理念。体现了这一发展路径的转变在体现行业发展方向的同时，也逐步融入企业的发展战略之中，信托公司的整体转型值得期待。

Abstract：By the end of 2012, there are altogether 67 trust companies in the industry, with 2 new players of Xinjiang Great Wall Xinsheng Trust and Wanxiang Trust. In 2012, 15 trust companies increased their capital with a total amount of

11. 13 billion RMB, and the average registered capital of 66 companies which disclosed their annual reports is 1. 48 billion RMB. From the public information in the disclosed annual reports, trust companies improve themselves mostly in product innovation, active management and risk-control ability as these are the most important strategic fields. Judging from the structures of trust firms, there is an obvious change in the wealth management, product innovation and industry research, which reflects that trust companies are sparing more efforts on these aspects.

Key Words: Trust Company; Department Setup; Strategic Planning

B.4
中国信托业 2012 年信托业务发展报告

袁路 陈梓

摘　要：

根据 66 家信托公司披露的年报信息显示，2012 年信托资产规模达 7.47 万亿元，较 2011 年增长了 55.3%，实现信托业务收入 455.23 亿元，其中超过九成的信托公司实现了信托规模的正增长。从信托资产来源情况看，集合资金信托自 2012 年第三季度起出现了小幅下降，单一及财产权信托合计占比小幅上升；从信托财产的运用方式来看，融资类信托项目占比首次低于 50%，投资类信托产品占比小幅下降，财产管理类信托产品呈现了较为明显的上升趋势。集合类信托资金投向方面，房地产信托业务占比虽有下降，但仍然是集合资金信托产品的主要投向之一，而基础设施类集合信托计划自 2012 年第二季度起异军突起，受到投资者追捧。

关键词：

信托业务　集合信托　发展

一　行业概述

（一）信托业务规模显著增长，行业仍处于高速发展之中

据统计的 66 家信托公司 2012 年年报显示，2012 年信托资产规模已达到 7.47 万亿元，较 2011 年增长了 55.3%，而信托公司平均信托资产规模有 1132 亿元，较 2010 年也增长了 48.56%（如图 1 所示）。这使得信托行业的发展又上了一个崭新台阶，而信托行业也成为仅次于银行业的第二大金融行业。

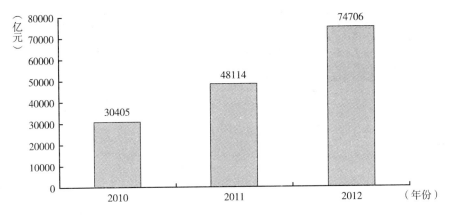

图 1　信托资产增长趋势

资料来源：中国信托业协会网站。

在被统计的 66 家信托公司中，共有 61 家信托公司在 2012 年实现了信托资产的正增长，其中 52 家信托公司的信托资产增长在 100 亿元以上（包括 2012 年开始计入统计的浙江金汇信托），占到总数的 78.79%。而 42 家信托公司的信托资产增长在 200 亿元以上，21 家信托公司的信托资产增长在 500 亿元以上。有 13 家信托公司的增幅超过 100%。超过九成的信托公司实现正增长，这说明整个信托行业仍处于高速发展之中。

2012 年度信托业务资产排名第一的信托公司是中信信托，年底信托资产为 5913.49 亿元，占到整个市场的 7.92%。信托资产排名行业前十的信托公司所管理的信托资产规模共占行业总规模的 39.86%（如表 1 所示）。而管理信托资产规模最小的是长城兴盛信托（26.02 亿元），排名最后十位的信托公司所管理的信托资产规模只占整个行业规模的 2.31%。

表 1　2012 年底信托资产前十名公司

排名	公司名称	2012 年底信托资产（万元）	市场占有率（%）
1	中信信托	59134914.18	7.92
2	建信信托	35077677.25	4.70
3	兴业信托	33604933.68	4.50
4	中融信托	29948632.19	4.01
5	中诚信托	27136746.55	3.63

续表

排名	公司名称	2012 年底信托资产（万元）	市场占有率（%）
6	长安信托	21868194.55	2.93
7	外贸信托	21518617.76	2.88
8	华宝信托	21253160.62	2.85
9	平安信托	21202472.76	2.84
10	英大信托	20228460.50	2.71
合计		290973810.04	38.96
平均值		11316443.55	1.52

从表 2 可以看出，2012 年信托资产增长额排名前十的信托公司新增信托资产都超过了 700 亿元，增长额度与 2011 年相比有了大幅增长。而信托资产增长率排名前十的信托公司信托资产增长幅度都在 100% 以上，与 2011 年信托资产增长率排名前十的信托公司信托资产增长幅度都在两倍以上相比增长幅度有所放缓，但整个行业仍在高速发展中。

表 2   2012 年信托资产增长额及增长率前十名公司

单位：万元

排名	公司简称	2012 年	2011 年	增长额
1	中信信托	59134914.18	39996931.91	19137982.27
2	兴业信托	33604933.68	15077742.30	18527191.38
3	建信信托	35077677.25	19072621.31	16005055.94
4	长安信托	21868194.55	8136810	13731384.55
5	中融信托	29948632.19	17416867.09	12531765.10
6	北方信托	16061876.00	6814986.14	9246889.86
7	交银信托	15795038.32	7476714.63	8318323.69
8	五矿信托	12001614.50	3692694.40	8308920.10
9	华能信托	17363029.67	9335052.35	8027977.32
10	国投信托	11829947.01	3857548.67	7972398.34
排名	公司简称	2012 年	2011 年	增长率（%）
1	云南信托	7801550.52	1447634.09	438.92
2	五矿信托	12001614.50	3692694.40	225.01
3	西藏信托	5850950.01	1829449.83	219.82
4	甘肃信托	7963141.59	2588228.91	207.67

续表

排名	公司简称	2012 年	2011 年	增长率(%)
5	国投信托	11829947.01	3857548.67	206.67
6	中泰信托	3162146.21	1084853.00	191.48
7	长安信托	21868194.55	8136810	168.76
8	中铁信托	10564320.00	4258870.00	148.05
9	北方信托	16061876.00	6814986.14	135.68
10	新时代信托	12653983.54	5627408.61	124.86

（二）信托业务收入大幅增加

根据 66 家信托公司年报的统计，2012 年信托业务收入共有 455.23 亿元，占到总收入的 69.55%，这一比例较 2011 年的同期占比 68.18% 相差不大（如图 2 所示）。单从信托业务收入变化情况来看，2012 年的信托业务收入比 2011 年增长了 154 亿元，增长额度与 2011 年相同，涨幅达到 50.99%。由此不仅可以看出信托业务收入正保持着稳定增长的态势，也显示出行业的收入主要来源于信托业务的收入，说明信托业务已经成为信托公司的主营业务。

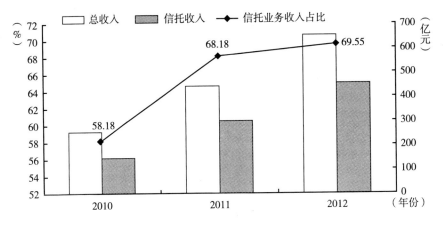

图 2　信托业务收入增长趋势

在信托收入前十名的名单中，排名第一的是中融信托（35.34 亿元），信托业务收入最低的是长城新盛信托（555 万元），行业平均信托业务收入为 6.9 亿元，行业内两极分化现象较为严重（如表 3 所示）。

表3　2012 年信托收入前十名公司

单位：万元

排名	信托公司	信托业务收入
1	中融信托	353381.10
2	中信信托	314073.25
3	平安信托	275543.71
4	长安信托	170567.08
5	华融信托	151250.95
6	新华信托	134582.95
7	中诚信托	127594.73
8	四川信托	125536.12
9	华润信托	116623.83
10	中航信托	109812.79
行业平均值		68975.55

（三）信托报酬率小幅提升

信托报酬是指受托人因管理和运作信托财产而获取的报酬。从表4可以看出，杭工商信托（2.65%）为2012年信托报酬率排名第一，该公司是一家主动管理特征明显的信托公司。此类公司虽然报酬率高，但其业务规模较小，信托资产排名仅为第63位，在信托行业中影响力也不强，反之如外贸信托（报酬率排名第38位）和兴业信托（报酬率排名第40位）之类规模较大的信托公司，虽然

表4　2012 年信托报酬率排名前十公司

排名	信托公司	2012 年信托报酬率（%）	信托资产规模排名
1	杭工商信托	2.65	63
2	爱建信托	2.24	59
3	新华信托	2.00	33
4	华信信托	1.88	46
5	苏州信托	1.75	54
6	东莞信托	1.68	52
7	中融信托	1.63	4
8	浙商金汇信托	1.63	64
9	大业信托	1.60	57
10	湖南信托	1.54	47

其信托报酬率普遍偏低，但因为业务规模庞大、产品涉及面广，在市场中所产生的影响力就不容小觑（如表5所示）。因此，没有一定资产规模作为支撑的信托报酬率，会缺乏对公司整体管理能力的代表性和未来经营活动的延续性。

表5　2012年信托资产排名前十公司的信托报酬率排名

信托资产排名	信托公司	2012年信托报酬率	信托报酬率排名
1	中信信托	—	—
2	建信信托	0.22	51
3	兴业信托	0.55	40
4	中融信托	1.63	7
5	中诚信托	—	—
6	长安信托	1.19	15
7	外贸信托	0.57	38
8	华宝信托	—	—
9	平安信托	—	—
10	英大信托	0.31	49

比较信托报酬率和信托资产规模前十名，我们发现在信托报酬率最高的前十家信托公司中只有中融信托的规模排在行业前十，其余九家公司的信托报酬率排名都远不及它们的信托资产排名，另除新华信托外，其余八家信托资产排名均在40名开外。同样信托资产最大的前十名信托公司中建信信托的信托报酬率仅为0.22%，排名第51位，中信信托、中诚信托和平安信托均未公布其信托报酬率，长安信托的信托报酬率为1.19%，排名第15位，外贸信托的信托报酬率是0.57%，排名第38位，已是前十大公司中报酬率第三名。而信托资产规模达到1000亿元以上的32家信托公司中只有7家公司的信托报酬率排名在30名以内。

以交银信托为例，交银信托的信托资产规模排名为第16位，但信托报酬率仅为0.44%，在所有信托公司中排名在50名以后，对其进行分析，我们可以发现该信托公司的业务结构中被动管理型业务占据了主导地位（被动管理资产为总信托资产的96.35%，而主动管理型业务资产只占到总信托资产的3.65%）。同时交银信托的单一类信托资金占总信托资金的93%，信托资金投向单一类信托产品的比重大于集合类信托产品，而大多单一信托产品也正是被动管理的"通道类"业务的产物。所以通过分析，如下结论再次得到了验证：信托公司的信托报酬率高低不在于信托资产规模的大小，而在于信托业务中主动管理能力的强弱，如果主动管理能力强，则信托报酬率就偏高，反之即使信托资产规模庞大，信托报酬率也不会高。

（四）主动管理信托占比上升

信托产品按照主动管理能力又可分为主动管理型和被动管理型。所谓主动管理类信托业务，是指"信托公司作为受托人，在信托管理过程中发挥主导性作用，在尽职调查、产品设计、项目决策和后期管理等方面发挥决定性作用并承担主要管理责任的营业性信托业务"[①]。在 2012 年的信托市场中，主动管理型信托产品规模达到 3.22 万亿元，占总信托业务规模的 61%，这一比例较 2011 年同期比例（57%）有小幅上升。而被动管理型信托产品规模也有 2.07 万亿元，占总信托业务规模的 39%（如图 3 所示）。与 2011 年相比，主动管理型信托产品占比上升，反映了信托公司在信托管理过程中主导地位的增强。

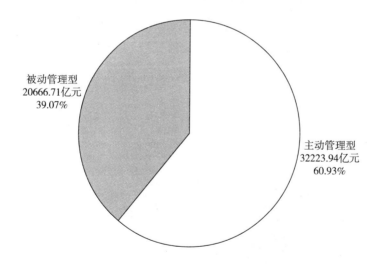

被动管理型
20666.71亿元
39.07%

主动管理型
32223.94亿元
60.93%

图 3　不同管理方式下的信托资产规模

资料来源：各公司年报分析。

2012 年主动管理型信托产品占据了整个市场的六成比重，较 2011 年主动管理产品比重（57%）有小幅上升。

---

① 摘自《中国银监会关于加强信托公司主动管理能力有关事项的通知》。

当然，我们也需注意到主动管理和被动管理的定义划分没有一个明确的指标，若以信托报酬率为标准对信托业务进行区分，将信托报酬率高于一定标准的视为主动管理业务，则一些报酬较高的平台通道类业务也将被归于主动管理项下。若用是否涉及集合信托计划的运用来区分主动管理和被动管理，则一些平台通道类业务如银信合作就会因为证券公司作为另一投资人身份的介入而变成"银证信"合作的集合信托计划而被归于主动管理项下。这些情况都使得部分被动管理业务被统计到主动管理业务中而产生误差。

（五）信托资产运用分布

在如图4所示的信托资产运用方式分布图中，我们不难看出2012年占据信托资产较大比重的运用方式是：贷款及应收款（42.32%）、持有至到期投资（10.57%）、长期股权投资（9.73%）和货币资产（9.34%）。由此也可以看出，在2012年贷款仍然是信托公司最主要的信托资产运用形式。这四种运用方式合占信托资产比例达71.96%，是信托资产的最主要运用方式。

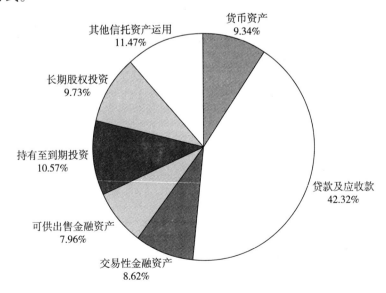

图4　信托资产运用方式分布

1. 贷款及应收款——最主要的信托资产运用方式

客户贷款是指核算信托项目管理运用、处分信托财产而持有的各项贷款。而应收款信托是基于委托人将对于某个企业或者某些企业的应收账款债权作为信托财产设立财产权信托。在 66 家有数据记录的信托公司中，贷款及应收款形式占信托资金运用比例超过平均水平（42.31%）的公司共有 37 家，而将贷款及应收款作为其最主要信托资产运用形式的信托公司共有 40 家，其中排名第一的是爱建信托，占比高达 89.45%。2011 年排名第一的英大信托其比例有所下降，为 80.98%（如表 6 所示）。

表6　2012 年贷款及应收款形式信托资金运用公司排名

排名	信托公司	贷款及应收款(%)
1	爱建信托	89.45
2	安信信托	81.89
3	英大信托	80.98
4	湖南信托	78.80
5	兴业信托	75.25
6	长城新盛信托	69.15
7	甘肃信托	68.36
8	中原信托	68.28
9	金谷信托	67.67
10	国投信托	66.01

2. 持有至到期投资

持有至到期投资是指企业购入的到期日固定、回收金额固定或可确定且企业有明确意图和能力持有至到期的国债和企业债券等各种债权[①]。新时代信托、吉林信托、昆仑信托和建信信托都以持有至到期投资作为最大的信托资产运用形式，其中，新时代信托和吉林信托的占比都超过了 50%（如表 7 所示）。

---

① 选自《企业会计准则应用指南》（2006）。

表7 2012 年持有至到期投资形式信托资金运用公司排名

序号	信托公司	持有至到期投资（%）
1	新时代信托	56.71
2	吉林信托	52.92
3	昆仑信托	48.78
4	建信信托	43.37
5	华信信托	42.94
6	苏州信托	42.32
7	方正信托	40.86
8	陕国投	37.35
9	新华信托	33.55
10	山西信托	32.84

3. 长期股权投资——追求业务创新和个性化特色

长期股权投资是指通过投出各种资产取得被投资企业股权且不准备随时出售的投资。进行长期股权投资后，信托公司成为被投资企业的股东，并有参与被投资企业经营决策的权利。

从 2012 年长期股权投资形式信托资金运用公司排名表中可见，超过行业平均水平（9.73%）的有 25 家公司（见表8）。但是，除了第一名西部信托以外，长期股权投资已经不再是信托公司最主要的信托资金运用方式。将来，随着信托公司逐渐注重拓展信托产品类型，鼓励业务创新，追求个性化特色，长期股权投资形式的信托运用方式比例可能会上升。

表8 2012 年长期股权投资形式信托资金运用公司排名

序号	信托公司	长期股权投资（%）
1	西部信托	48.45
2	苏州信托	31.13
3	重庆信托	29.52
4	新华信托	26.78
5	百瑞信托	22.99
6	北京信托	22.65
7	华融信托	22.48
8	中融信托	22.32
9	中江信托	21.24
10	昆仑信托	18.81

4. 货币资产

货币资产是指信托公司持有的现金及将以固定或可确定金额的货币收取的资产，类型包括现金、应收账款和应收票据以及准备持有至到期的债券投资等。货币资产形式占信托资金运用比重最大的信托公司共有中粮信托和华宝信托两家（如表 9 所示）。在不同公司之间，货币资产形式信托运用比例的差别巨大，呈现两极分化，除了 9 家信托公司以外，其他信托公司货币资产形式占信托运用比例均在 7% 以下。

表 9　2012 年货币资产形式信托资金运用公司排名

序号	信托公司	货币资产（%）
1	中粮信托	51.14
2	华宝信托	51.09
3	建信信托	42.24
4	江苏信托	39.62
5	紫金信托	25.59
6	中信信托	25.56
7	粤财信托	14.26
8	山东信托	11.51
9	交银信托	10.18
10	华润信托	6.62

二　业务结构分析

（一）信托业务结构转型，财产管理类信托增长迅猛

2012 年是信托业曲折发展的一年，受到政策监管的限制，全行业在信托计划发行数量和总规模上速度明显放缓，共发行信托计划 16878 个，相比 2011 年的 13389 个项目增长了 26.06%，募集资金规模超过 5.42 万亿元，同比增长 38.70%。从比例来看，单一资金信托业务规模继 2011 年跌破 70% 以后继续下降，占 67.52%，但仍然是信托资产规模的主要构成部分。同期集合信托规模占比也有所下降，从 29.25% 降至 25.16%，下降幅度高达 4.09%。

值得注意的是，作为之前一直被忽视的财产管理类信托，在2012年却发展迅速，新增规模占比从2011年的2%骤增至2012年的7.32%。但由于各家信托公司对财产管理类信托定义标准均有不同，因此无法明确指出是哪一类业务的增长起到了决定性作用。在信托起源的欧美国家，财产管理类信托是本源业务，以家族信托和遗嘱信托为主。我国这一领域相关法律和配套政策还不完善，因此仍具有巨大的发展空间。

1. 集合信托业务稳步增长

2012年，信托行业集合类信托产品成立了6327个，发行数量增长了9.82%，募集资金1.36万亿元，规模增长了37.50%，但与此同时，集合类信托规模在信托总规模中占比24.98%，相比2011年同期的28.08%降低了3个百分点。通过图5可以发现，自2010年第二季度开始，集合信托的业务无论是在规模上还是占比上均出现快速稳定的增长，各信托公司主动管理能力不断增强，但由于单一业务以更快速度增加，2011年下半年集合信托规模余额占比也维持在27.5%左右。而在2012年第二季度，集合类信托资金余额占比甚至出现了下降，并落至2011年第二季度以来的最低水平。

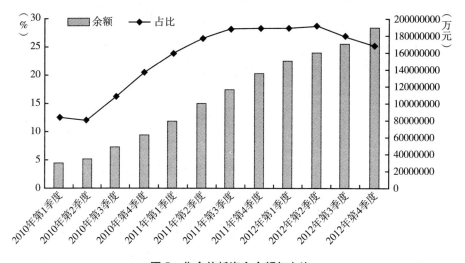

图5 集合信托资金余额与占比

报告期期末，集合类信托规模排名前十的信托公司集合类产品余额占全行业的40.40%，且除第二名的中信信托（19.24%）和第八名的华宝信托

（23.84%）外，其余8家公司集合类信托项目期末规模占比均远高于行业平均值24.98%。作为行业内长期领先的三家信托公司，中融信托、中信信托和平安信托，更是占据了前三甲，可见实力雄厚的信托公司对集合类自主管理类项目依旧重视。虽然前十名公司相比2011年集合类期末占比大部分下降较为严重，但如平安、华宝和粤财信托等信托公司也有一定的增长（如表10所示）。

表10　2012年集合期末余额公司排名

单位：万元

排名	信托公司	集合类期末余额	集合类期末占比(%)	2011年占比(%)
1	中融信托	12470795.94	41.64	55.82
2	中信信托	11378295.39	19.24	24.93
3	平安信托	9595458.12	45.26	43.65
4	外贸信托	9474670.39	44.03	54.15
5	华润信托	6110692.06	32.76	34.24
6	五矿信托	5577995.23	46.48	49.13
7	新华信托	5389092.52	57.14	65.13
8	华宝信托	5067714.29	23.84	11.62
9	中铁信托	5025417.00	47.57	58.56
10	粤财信托	5017993.18	30.32	18.56
	行业平均	2838985.32	24.98	28.08

2. 单一信托业务占比快速增长

2012年单一资金信托产品成立了9088个，发行数量增长了29.37%，资产管理规模为5.10万亿元，规模增长了56.42%。2012年年末单一类信托业务余额占比为68.46%，与2011年同期的68.40%基本持平（如图6所示）。

报告期期末，单一类信托规模排名前十的信托公司单一类产品余额占全行业的41.87%，且除第9名长安信托外，其余9家公司单一类信托项目期末规模占比均远高于行业平均值68.46%。2012年信托资产总规模排名前三的中信信托、建信信托和兴业信托，同样在单一类规模中名列前三甲，可见这三家公司信托资产的主要增长来源是以银信合作为主的单一类资金（如表11所示）。银行系信托公司单一类信托规模依旧居高不下，并且行业整体占比水平维持稳定。

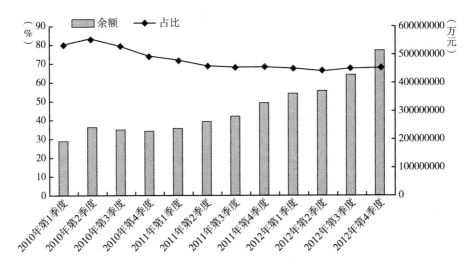

图6　单一信托资金余额与占比

　　虽然监管部门长期倡导信托行业回归本源业务，"受人之托，代人理财"，以集合类资金业务为主拉动主动管理型信托业务的发展，但就目前形势来看，伴随着资管时代竞争愈发剧烈，实体经济复苏速度缓慢，以被动管理为主的单一类信托项目可能还将长期成为信托资产来源的主要构成部分之一。

表11　2012年单一期末余额公司排名

单位：万元

排名	信托公司	单一类期末余额	单一类期末占比（％）	2011年占比（％）
1	中信信托	42002145.11	71.03	72.65
2	建信信托	31749169.32	90.51	90.62
3	兴业信托	29942127.00	89.10	75.97
4	中诚信托	21106744.42	77.78	64.37
5	英大信托	17142467.15	84.74	90.84
6	华宝信托	15899430.28	74.81	88.19
7	交银信托	14247804.05	90.20	80.36
8	北方信托	13778671.91	85.78	86.01
9	长安信托	13170650.51	60.23	57.22
10	山东信托	13017837.93	68.62	63.48
行业总规模		510147832.45	68.46	68.40

3. 财产管理类信托业务占比显著上升

　　2012年末，财产管理信托产品占比虽仍较低，但有了飞速的增长。全年全行业共新增财产管理类信托项目 1463 个，是 2011 年的（616 个）两倍之多。同时资产管理规模为 4843.09 亿元，比 2011 年年末财产管理类信托规模增长了近三倍。在资金类信托项目规模占比下降的同时，财产管理类信托项目占比却明显上升，从 2011 年的 3.52% 上升至报告期期末的 6.50%，上升了 3个百分点（如图 7 所示）。财产管理类信托规模的上升从 2012 年第一季度开始，平均每季度维持 5.2% 的增长速度。由于每家信托公司对财产权类信托定义不同，所以无法得知引起增长的准确业务类型。

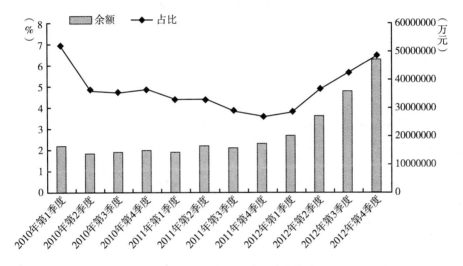

图 7　财产管理类信托资金余额与占比

　　根据行业内对财产管理类信托的通常理解，财产管理类信托又称财产权类信托或权利信托，以财产权为信托财产，由信托公司担任受托人，主要包括债权信托、有价证券信托和专利信托等。信托公司受托于单个委托人，单独管理、运用和处分财产信托。从其资金来源来看，财产管理类是单一类信托的一种，但与一般的单一类融资项目不同，由于财产权类信托项目可能涉及债权、收益权等较为复杂的设计，在监管上比简单的单一类信托适当宽松，因此相当一部分信托公司将单一类信托项目或融资类项目转变为财产权类项目进行设立，从而绕开了监管并简化了手续。2012 年单一类信托资产的占比基本维持稳定，集合类规模占比的下降，即为财产管理类占比迅速上升的直接结果。

2012 年年末财产管理类信托规模排名前十的公司该类信托总规模占全行业资产管理类的 63.40%，除了中诚信托、山东信托和中信信托外，其余 7 家公司财产管理类占比均远远超过行业平均值 6.58%，最高为中融信托，占 28.22%，是行业均值的四倍多（如表 12 所示）。通过比较近两年财产管理类信托期末余额占比情况可以发现，在国家加大对单一类银信产品和债务融资类产品的监管力度后，财产权类信托作为替代品规模迅速上升。

表 12 2012 年财产管理类期末余额公司排名

单位：万元

排名	信托公司	财产管理类期末余额	财产管理类期末占比（%）	2011 年占比（%）
1	中融信托	8452145.30	28.22	2.15
2	中信信托	5754473.68	9.73	2.41
3	长安信托	4024335.58	18.40	2.40
4	华能信托	3268987.64	18.83	6.87
5	英大信托	2580621.07	12.76	6.88
6	北京信托	1839496.70	14.88	15.95
7	山东信托	1622620.37	8.02	13.28
8	中诚信托	1489152.67	5.49	3.63
9	云南信托	1281282.22	16.42	2.05
10	天津信托	1152631.89	16.74	2.02
行业总规模		48514891.51	6.58	3.52

（二）新增信托业务分析

1. 新增信托项目数量和规模持续增长

2012 年，全行业共新增信托项目 16878 个，每家信托公司平均新增信托项目 256 个，相比 2011 年增速放缓。自 2009 年以来，已经连续三年实现数量增长。其中，外贸信托继 2011 年新增 1684 个信托项目后在 2012 年又新设立 1238 个信托计划，连续两年居行业最高，且远远领先第 2 位的兴业信托，发展态势极为迅猛。尤其值得注意的是，与第 2 名和第 3 名的兴业信托和粤财信托不同，外贸信托新增数量主要以集合类为大多数，充分体现了对自主管理类信托业务的发展，有效地提升了自主管理能力。而平安信托和中融信托项目增长数量主要来源于财产管理类，而财产管理又是单一类的替代品，因此可以断定这些公司单一类项目数量的上升仍然是增长的主要来源（如表 13 所示）。

表 13　2012 年新增信托项目公司排名

单位：个

信托公司	总新增数量	集合类	单一类	财产管理类
外贸信托	1238	1096	136	6
兴业信托	946	124	811	11
粤财信托	676	175	489	12
长安信托	670	249	298	123
平安信托	656	217	111	328
山东信托	630	224	395	11
中融信托	627	161	136	330
国元信托	493	111	371	11
新时代信托	480	288	192	0
甘肃信托	435	157	278	0

2012 年，信托行业信托公司新增项目总规模 5.45 万亿元，每家公司平均新增信托规模为 825.42 亿元，比 2011 年增长 30.85%，继续维持近几年的高增长态势。

其中，新增规模排名前十位的公司（如表 14 所示）占全行业新增信托业务总和的 41.63%，较低的行业集中度说明 2012 年 66 家信托公司在产品设立发行上尚未出现两极分化局面，全行业发展较为均衡。

2. 新增单一信托仍然居主导地位

无论是期末余额还是新增规模，2012 年的信托市场中单一信托产品均远远高于集合类信托和财产管理类信托产品。单一类信托产品对信托公司的风险直接管理和监控要求较低，近年来监管部门倾向于要求信托公司增加主动管理类的产品，以加大对项目的监管力和控制力，减少系统性的组合风险。受此影响，作为替代品的财产管理类信托项目占比有所上升，但主要体现信托公司经营管理能力的集合类信托项目反而下降。

表14　2012年新增规模公司前十名

单位：万元

排名	信托公司	新增规模
1	中粮信托	28884369.79
2	兴业信托	28526981.00
3	粤财信托	28251143.02
4	中信信托	23262833.04
5	山东信托	21134570.00
6	外贸信托	20772385.60
7	中融信托	20457636.10
8	长安信托	19784521.00
9	华能信托	17955881.22
10	北方信托	17746617.38

3. 新增集合项目占比不断提升，行业分化进一步加剧

据66家公布年报的信托公司数据，2012年全行业共发行集合信托产品6327个，信托规模共计1.36万亿元（如表15所示）。无论在发行数量还是募集资金规模方面，均延续了前几年的稳定增长，但新增集合项目占比有所回落，这与全行业竞争加剧、大资管混业经营有关。由于集合类信托项目对项目的寻找维护和自主管理能力较高，面对成本和经历，大部分信托公司宁可选择报酬率较低但规模较大的单一类资金信托。

表15　2012年信托新增项目占比

单位：万元

类别	项目数(个)	合计金额
集合类	6327	136272077.22
单一类	9088	365737202.03
财产管理类	1463	39672755.55
新增合计	16878	541682034.80
其中*：主动管理型		322239357.10
被动管理型		206667111.18

* 因为西藏信托和大业信托未在年报中披露主动管理和被动管理型信托规模，所以两者之和与新增规模总和不等。

从总体来看，整个行业依然呈现较高的市场集中度，募集规模上排名第一的外贸信托集合类信托资产新增 1209.68 亿元（如表 16 所示），而刚复业的长城新盛信托年内未新设立集合类信托计划。发行集合类信托规模最小的华鑫信托仅为 140.60 亿元，两极分化较为明显。排名前十的信托公司产品发行集合类数量占到行业整体的 48.37%，低于 2011 年相同统计口径下的 57.20%，募集资金规模占到行业整体的 44.88%，同样低于 2011 年的 56.7%，可见伴随着信托行业竞争的日趋激烈，行业内的市场集中度逐渐降低，信托业内正在开展有序的良性竞争。

表 16　2012 年新增集合类信托产品规模前十位

单位：万元

排名	信托公司	新增集合类	2011 年排名
1	外贸信托	12096844.19	2
2	中诚信托	10826904.85	1
3	中融信托	7351610.70	4
4	平安信托	6112541.36	5
5	五矿信托	4732600.00	
6	华能信托	4508834.82	10
7	中信信托	4410503.55	6
8	长安信托	4135141.00	8
9	粤财信托	4130867.00	3
10	上海信托	3736304.62	—
	行业平均	2838985.32	

与 2011 年相比，排名居于前列的信托公司基本未出现较大的变化，只有五矿信托和上海信托两家信托公司并未出现在 2011 年的排名表上，而 2011 年排名第 7 位的兴业信托在 2012 年大力发展单一类信托，其新增集合类信托规模仅为 139.25 亿元，排名第 35 位。另一个跌出排名前十的新华信托在 2012 年小幅下降，新增 295.71 亿元集合类信托。

从表 17 可以看出，排名后十位的公司中，仅有三家公司在 2011 年的排名在 40 位以内，其余七家排名最靠前的也仅为第 49 名。在绝对规模上，吉林信托、厦门信托、华宸信托和渤海信托 2012 年集合类规模甚至低于 2011 年的水

表 17　年新增集合类信托产品规模后十位

单位：万元

排名	信托公司	新增集合类	2011 年排名
57	吉林信托	609995.00	16
58	厦门信托	586904.00	25
59	西部信托	576552.00	57
60	西藏信托	574947.25	49
61	江苏信托	470791.00	52
62	华宸信托	282700.00	55
63	渤海信托	236660.00	37
64	国民信托	125798.00	63
65	英大信托	117319.00	56
66	长城新盛信托	—	

平，其余信托公司仅呈现出小幅的增加。排名最后一位的长城新盛信托于 2011 年复业，在 2012 年仅新增 5 笔单一类项目。不可忽视的是，一些新成立或复牌的信托公司表现异常活跃，在短时间内已取得相当的市场份额。例如同在 2011 年复业的浙商金汇信托，信托业务开展表现抢眼，2012 年度新增集合类项目 18 个，合计金额 812778 万元，排名第 49 位。这类信托公司的快速发展不仅给市场带来了新的活力，也在一定程度上影响了其他信托公司的行为。同时，由于资源禀赋的差异，信托公司形成了各具特色的经营模式和产品侧重领域，但在 2012 年行业发展背景下，随着银监会对银信类合作项目的监管和限制，那些以集合信托为主要经营领域的信托公司实际上获得了更大的发展空间。

4. 新增主动管理型比例大幅上升

2012 年，信托公司新增主动管理型信托资产项目，总规模为 3.22 万亿元，平均规模约为 488 亿元，占新增规模总额近 60.93%，较 2011 年的 57.16% 上升了近 4 个百分点。其中，东莞信托、杭工商信托、湖南信托、华信信托、昆仑信托、平安信托、苏州信托、中泰信托、华能信托、紫金信托和五矿信托等 11 家信托公司的新增信托资产项目 100% 都是主动管理型的，而在 2011 年，多达 18 家信托公司新增信托资产项目 100% 为主动管理型。另外，中粮信托新增信托项目中主动管理类只占 9.9%（如表 18 所示），甘肃信托只占 8.53%，主动管理类占比最低的为交银信托，只占 3.64%，这与其交通银行的股东背景有着直接的关系。

表18　2012 年新增规模前十位公司主动管理型占比

单位：万元

排名	信托公司	2012 年新增规模	其中：主动管理型	占比（%）
1	中粮信托	28884369.79	2859549.79	9.90
2	兴业信托	28526981.00	18686046.00	65.50
3	粤财信托	28251143.02	11367076.87	40.24
4	中信信托	23262833.04	7484127.23	32.17
5	山东信托	21134570.00	3624728.00	17.15
6	外贸信托	20772385.60	15220471.38	73.27
7	中融信托	20457636.10	20164344.84	98.57
8	长安信托	19784521.00	17976025.00	90.86
9	华能信托	17955881.22	17955881.22	100.00
10	北方信托	17746617.38	3927968.51	22.13
行业平均		397428383.76	227156800.59	59.78

（三）信托资金投向分析

1. 信托资金投向的行业分析

2012 年，信托公司的信托资金投向的整体结构与 2011 年未发生太多变动，首先，投向房地产和基础设施的信托业务资产规模占到全部资产规模的 34.18%，相比 2011 年同期小幅下降了 2.6 个百分点，依旧是信托公司的主要收入来源。投向工商企业的信托资产规模占比达到 26.01%，是 2012 年的单项新高，较 2011 年同期上升近 5 个百分点。金融机构类占比在 2012 年出现小幅下降，从 2011 年同期 12.11% 下降到 9.99%（如图 8 所示）。虽然 2012 年政府对房地产宏观调控持续深入，但由于房地产市场受外部金融危机影响最小，因此仍然是信托资金投资的热点行业。

2012 年按集合信托产品资金的投向口径统计，新发行的信托项目中房地产和基础产业依旧占据了绝大多数份额，两者合计募集规模占比达到

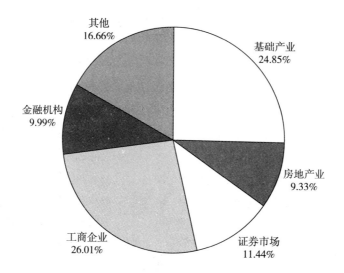

图8　2012年信托资金投向比例

52.41%，相比2011年同期58.80%降低了近6.4个百分点。其中投向房地产的规模降低近15个百分点，而基础产业迅速上升，取代房地产业成为最主要的集合类产品投资行业。其他投资去向包括工商企业、金融市场等规模占比同样有所变化，但幅度均在5个百分点以内，变化不大（如图9所示）。

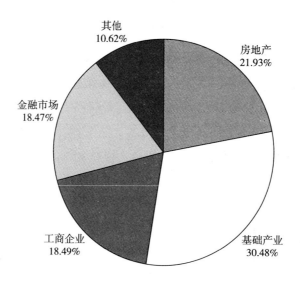

图9　2012年集合类信托资金投向比例

（1）房地产信托：规模、占比均快速下降

2012 年，集合类房地产信托共发行 734 个，规模共计 1743 亿元，较 2011 年分别降低了 28.73% 和 38.62%。经过 2011 年的迅猛增长过后，2012 年的房地产信托的发展追求稳定和风险可控。

与 2011 年相比，无论是发行量还是发行规模，2012 年房地产信托均有较大幅度的下滑，该现象一方面与银监会不断加强房地产信托的监管有关，另一方面也与房地产总体行业逐渐回暖，资金压力得到缓解有着紧密的联系。2012 年 4 月，银监会"窗口指导"房地产信托，强调房地产开发商的"四三二"合规，因此一些未达到合规标准的房地产开发商被拒之门外。另外，2 月颁布的包括"新国五条"在内的一系列加强房地产市场调控的政策并未对其造成过大影响，房价在年中出现止跌回升态势，再加上销售的上升也减缓了房地产商的资金压力，从而降低了房地产商通过信托开展融资的意向。

从信托公司层面来看，2012 年是房地产信托兑付的高峰，信托公司对新项目的设立更为谨慎，对具体项目的审查也更加严格，从而也降低了房地产信托的发行热度。从集合类信托的发行规模来看，2012 年房地产信托占所有信托规模的 21.93%，首次降至 30% 以下，规模占比达到了 2008 年以来的最低水平（如图 10 所示）。

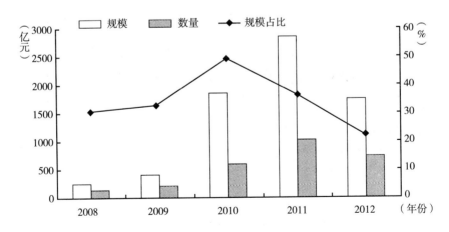

图 10　房地产集合类信托 2008~2012 年发行情况

资料来源：用益信托数据库。

随着国家对房地产行业调控政策的持续贯彻和新政策的颁布，房地产企业对信托的依赖程度依旧紧密，融资成本并未大幅降低。虽然房地产类信托发行规模降低，但其平均年收益率仍保持在10%以上的水平，相比2011年的10.04%，在考虑了通胀因素后出现了小幅降低（如图11所示）。

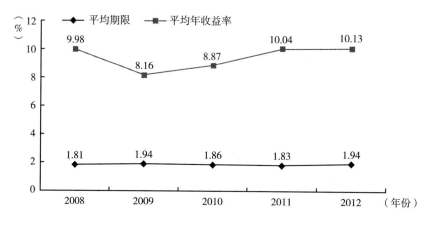

图11　房地产集合类信托平均期限及收益率

资料来源：用益信托数据库。

（2）工商企业信托和金融市场信托：稳健增长

据用益信托网统计，自2009年以来，集合类工商企业信托和金融机构信托的发行规模比重稳定在15%～25%（如图12所示），可见这两类信托的发行较为稳定且占比较低。虽然不是信托行业集合类资金的重点投向，但这两类信托产品的发行对信托行业主动管理能力的提升提出了较高的要求，也是未来发展方向之一。

工商企业类信托的发展与宏观经济形势联系紧密，而我国在2012年经济增速缓慢，复苏步伐依旧停滞，传统以出口业为主的工商企业经营艰难，相比2011年新发行信托规模有所下降。但相比2010年，投向工商企业的集合类信托资金已有大幅度增加，2011年工商企业领域集合信托产品合计募集资金1776亿元，约为2010年的三倍。即使在2012年银根有所放松，银行信贷资金增长的前提下，依旧有大约1470亿元集合类信托资金投向工商企业（如图12所示）。

同时，由于信托公司在具体企业和信托项目的筛选上具有一定的主动权，

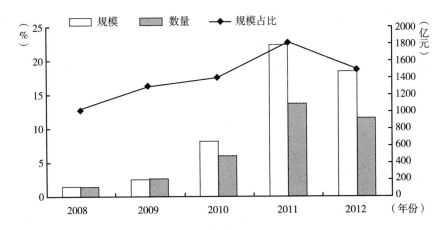

图 12　工商企业集合类信托 2008～2012 年发行情况

资料来源：用益信托数据库。

信托计划的平均年收益率较 2011 年有小幅上升，缩小了与基础产业类信托收益率之间的差距。而为了降低信托项目的风险，此类集合类信托计划的平均期限也相应下降，平均期限短于 18 个月，充分体现了信托公司对工商企业类信托的风险控制和自主管理能力的提升（如图 13 所示）。

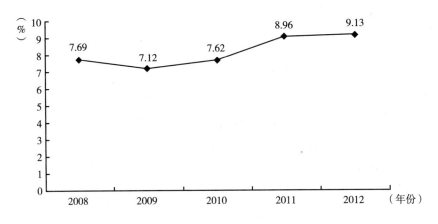

图 13　工商企业集合类信托平均期限及收益率

资料来源：用益信托数据库。

而投向金融市场的信托资金，在 2012 年同样出现小幅下降。全年共发行 1287 款集合类信托项目，同比下降了 22.5%；发行金额上也由 2011 年的 1675

亿元下降到 2012 年的 1468 亿元,降幅达 12.4%,低于发行数量的下降幅度,可见项目平均募集资金金额有所上升。虽然信托公司在金融市场的创新不断,各种资格牌照均有所放开,多家信托公司试水 QDII 和股指期货类业务,但由于缺乏相应专业人员和配套设计体系,投向金融市场的信托资产依旧较低,规模占比仅为 18.47%(如图 14 所示)。

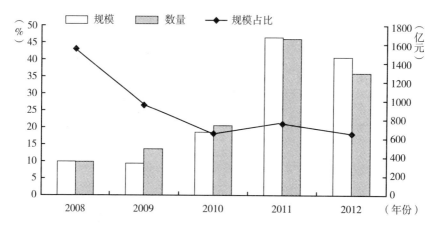

图 14　金融市场集合类信托 2008～2012 年发行情况

资料来源:用益信托数据库。

从投向金融市场领域的集合类信托产品的平均期限和年收益率(如图 15 所示)中可以发现,此类产品期限较长,长期保持在两年以上,但相应年收益率偏低,在四类投向中垫底。较长的信托产品期限和较低的收益率,也降低了此类产品的客户需求。但随着信托行业与基金、券商等金融机构合作的进一步加深,投向金融市场的信托产品可能会重新焕发巨大的生机和吸引力。

(3)基础设施信托

2011 年以来,集合类基础设施信托在规模和数量上都有较大突破,而在 2012 年增长速度极为迅猛,全年基础设施类信托发行规模超过 1607 亿元,增长了近两倍。从该业务对信托业务整体贡献度来看,基础设施类信托规模占比同样上升极为显著,2010 年和 2011 年新发行基础设施类信托仅占总规模不到 10.5% 的水平,但在 2012 年此类信托占总体规模一跃上升超过了 30%(如图 16 所示)。

基础设施类信托在 2012 年的猛增一方面得益于在中央指导下各地政府持续

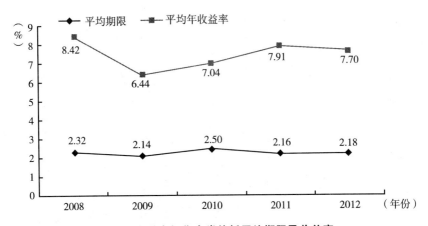

图 15　金融市场集合类信托平均期限及收益率

资料来源：用益信托数据库。

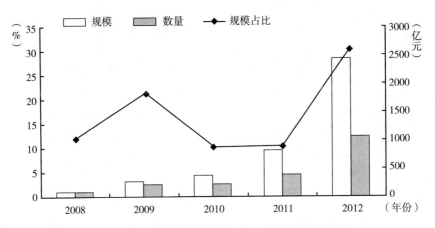

图 16　基础设施集合类信托 2008～2012 年发行情况

资料来源：用益信托数据库。

推出的地方经济刺激计划，另一方面也因为房产调控影响了一些地方政府的收入，因此，政信合作类基础设施项目作为地方政府融资渠道的一种，发行规模节节攀升。从销售上来看，由于有地方政府的隐性担保和财力支持，加上经营性基础设施项目回报较高且稳定，因此基础设施类信托产品受到了投资者的热捧。

2. 信托资产投向的公司分析

在基础产业资产规模排名中，中信信托和英大信托分别为 2011 年的第二名和第一名，而 2011 年第三名中海信托在 2012 年位列第六名，位居 2012 年

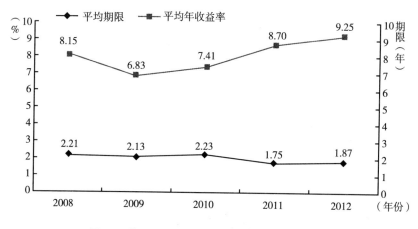

图 17 基础设施集合类信托平均期限及收益率

资料来源：用益信托数据库。

第三名的是发展极为迅速的兴业信托。房地产业资产规模前三名中仅第一名中信信托连续两年稳居榜首，2011 年的第二、第三名中融信托和中诚信托在 2012 年的排名上分别位列第四和第六，取代它们的分别为信托资产规模为 536 亿元的平安信托和 347 亿元的华润信托。证券市场资产规模差异化较为严重，建信信托连续两年遥遥领先，2012 年更是以 1.48 万亿元的规模领先第二名中诚信托近 530 亿元。前三名公司与 2011 年排名一致，建信信托和中诚信托分列第一、第二名，外贸信托紧随其后。实业资产规模排名中，2011 年榜首山东信托在 2012 年落后两个位次，以 977.68 亿元的规模排名第三。新时代信托连续两年业绩稳定位列第二，同时兴业信托以 1090.29 亿元的资产规模位列第一。在投向金融机构的规模排名上，位列第一、第二的建信信托和华宝信托分别是 2011 年排名的第二和第一，而排名第三的兴业信托在 2012 年已排在前十名开外，取而代之的是中粮信托，以 648.19 亿元的规模位列第三（如表 19 所示）。

行业内各信托公司投向基础资产的信托资产比重出现下降，2012 年占比 45.01%，排名第一的百瑞信托在 2011 年仅以 49.47% 排名第三，而当时第一名华信信托更是以超过一半的比重（55.35%）位居榜首。房地产业的投资占比在行业内也出现较大差异，普遍占比下降。杭工商信托的所有信托资金中，70.92% 投向房地产业，这对于新成立的信托公司来说是迅速扩张规模的有效

表19　2012 年度各项信托资产规模最大的前三名

项目	第一名	第二名	第三名
基础产业	中信信托	英大信托	兴业信托
房地产业	中信信托	平安信托	华润信托
证券市场	建信信托	中诚信托	外贸信托
实业资产	兴业信托	新时代信托	山东信托
金融机构	建信信托	建信信托	中粮信托

手段。排名第二的爱建信托投资占比仅为 34.82%，甚至不及杭工商信托占比的二分之一，并比 2011 年的占比下降了近 33 个百分点。可见全行业都有意识地下调了信托资产中房地产的投资比重，但在绝对规模上依旧保持稳定。对证券市场和金融机构的投资在 2011 年和 2012 年较为稳定，并未出现太大的波动，而实业投资方向的前三名均与 2011 年的排名不同，且占比最重的渤海信托（64.77%）也低于 2011 年的新时代信托（83.59%），而第二、三名均维持在稳定的 50% 左右（如表 20 所示）。

表20　2012 年度各项信托资产比例最大的前三名

单位：%

项目	第一名	第二名	第三名
基础产业	百瑞信托 （45.10）	甘肃信托 （42.87）	金谷信托 （40.87）
房地产业	杭工商信托 （70.92）	爱建信托 （34.82）	平安信托 （25.28）
证券市场	建信信托 （42.06）	北京信托 （24.44）	北方信托 （19.84）
实业资产	渤海信托 （64.77）	国元信托 （51.78）	华澳信托 （49.23）
金融机构	华宝信托 （49.93）	建信信托 （46.44）	江苏信托 （38.73）

（四）创新业务

信托公司自诞生以来就因其与生俱来的创新能力受到青睐，再加上可以横

跨货币市场、资本市场和实体经济三大市场的投资权限，更是赋予了其巨大的灵活性和生命力。但经过一段时间的快速扩张后，一些信托公司的业务又再次回归到发展相对成熟且收益较高的房地产和地方政府融资业务类，缺乏创新的动力和意愿。但在 2012 年券商和期货公司获得资管业务新牌照、基金和保险公司资管领域持续拓宽的背景下，金融混业竞争日趋激烈，这就对信托公司的业务创新提出了更高的要求。2012 年全行业 66 家信托公司中，大部分将"创新"列入公司的经营目标和经营方针中，其中 36 家信托公司提出了明确的创新方向，并已开展了一系列创新业务。具体的创新实践主要体现在以下三方面：第一类是业务资格的拓展，包括开展股指期货、资产证券化和合格境内机构投资者（QDII）等创新业务；第二类是在原有传统房地产信托和政信类信托产品的基础上，对业务结构和产品设计上的创新，主要围绕城镇化建设，采用城市发展基金和房地产投资基金等创新型资金信托产品推动城市化的进程；第三类是业务领域的拓宽，从传统的房地产、工商企业和基础设施类项目拓宽到一些未曾涉足的业务领域。

1. 业务资格的创新

（1）股指期货

自 2011 年 11 月华宝信托成为首家获得股指期货交易业务资格的信托公司以来，在 2012 年又有外贸信托、华润信托、兴业信托、平安信托、中信信托、中融信托和长安信托等七家信托公司先后通过资格审批，批准进入股指期货市场（如表 21 所示）。

表 21　截至 2012 年度股指期货交易业务资格获批公司

信托公司	获批时间
华宝信托	2011 年 11 月
外贸信托	2012 年 4 月
华润信托	2012 年 5 月
兴业信托	2012 年 9 月
长安信托	2012 年 9 月
平安信托	2012 年 10 月
中信信托	2012 年 10 月
中融信托	2012 年 10 月

根据 2012 年全行业 66 家信托公司年报统计，投放于证券市场的信托资产累计达 8513.27 亿元，占所有信托资产的 11.40%。在按证券信托业务规模的排名中，前 10 位公司中有 6 家已获得股指期货交易资格，可见股指期货作为对公司存量证券业务进行风险对冲的有效工具，已获得业内的普遍认可和追逐。以外贸信托为例，2012 年证券信托业务规模已超过 920 亿元，同时设立的投资于股指期货的信托产品规模也达 40 亿元，丰富了信托资产的风险控制方法。除了对冲避险功能外，股指期货业务的准入还为信托公司提供了更加多样化的主动管理策略，无论是在产品设计上还是在运行管理上都加大了创新的空间。例如，华润信托设立的"睿利 1 号集合资金信托计划"是国内首只由信托公司主动管理的量化对冲型证券投资基金，对信托管理人员的量化投资能力提出了较高的要求。外贸信托的"淘利多策略量化套利集合资金信托计划"不局限于股指期货的对冲功能，而积极发挥其跨期套利功能，是一款多策略量化套利基金产品。以上这些创新产品的设立和发行均在市场上受到广泛的关注，并受到了投资者的青睐。

信托公司对股指期货的积极反馈，为银监会批准其进入之后可能开展的国债期货等金融衍生品市场奠定了良好基础，同时信托公司在股指期货市场上的创新对整个市场的成熟发展也具有一定的推进作用。

（2）资产证券化

资产证券化是指通过金融机构的运作，将在未来能产生现金流但流动性不足的资产转变为可在二级市场上转让和流动的证券，这类资产包括信贷资产、信托受益权和基础设施收益权等非标准化资产。近年来银监会加大对银行的非标准化债券投资的审查，极大地限制了信托公司通道业务的开展，而资产证券化产品符合银监会的监管要求，是我国金融业目前一大热点，也是未来发展的重要方向。

在此次资产证券化重启之后，我国资产证券化业务主要仍停留在银监会主导的信贷资产证券化阶段，在证券化的过程中，银行处于主导地位，金融机构则主要扮演特殊目的实体（SPV）的角色，将银行转移过来的信贷资产转变为标准化证券再返售给银行，相当于通道业务。SPV 的设立可以有效地将原始权益人准备证券化的资产与其余资产风险隔离，这与信托财产的破产隔离制度具有一定的共通性，因此信托公司被认为是开展资产证券化业务的最合适的参与者。

截至 2012 年年底，已有国家开发银行、交通银行和中国银行陆续发行资产证券化产品，信托公司和券商也积极配合参与，以提升专业化能力。其中具有里程碑意义的是由国家开发银行作为发起机构、中信信托作为发行人兼受托人的 2012 年第一期开元资产证券化信托项目，通过对国开行信贷资产的组合与划分，使优先档资产在银行间市场上市交易成为可能，同时次级档证券也可以在认购人之间进行转让。该信托计划发行总额达 101.7 亿元，超过此轮资产证券化试点总规模的 20%。此外，上海信托也与上汽财务合作，开发了一款名为 2012 上元一期个人汽车抵押贷款支持证券的资产证券化产品，发行规模近 10 亿元，发行情况比较理想，利率也低于此前预期（如表 22 所示）。由于资产证券化产品具有充分的流动性和更加透明的信息披露以及信用评级体系，吸引了大量具有较高风险承受能力的高净值客户，因此，无论是在需求还是在供给层面都具有一定的市场。

表 22　2012 年发行的信贷资产证券化产品

单位：亿元

项目名称	发起机构	受托机构	发行日期	发行规模	基础资产
12 开元信贷①	国家开发银行	中信信托	2012 年 9 月	101.60	信用贷款
12 通元汽车抵押②	上汽通用金融	中粮信托	2012 年 10 月	16.51	汽车抵押贷款
12 交银信贷③	交通银行	中海信托	2012 年 10 月	30.33	信用贷款
12 上元汽车抵押④	上汽财务公司	上海信托	2012 年 11 月	10.00	汽车抵押贷款
12 中银信贷⑤	中国银行	中诚信托	2012 年 12 月	30.61	信用贷款

注：①项目全称为：2012 年第一期开元信贷资产证券化信托资产支持证券。
②项目全称为：2012 年第二期通元个人汽车抵押贷款证券化信托优先级资产支持证券。
③项目全称为：2012 年第一期交银信贷资产支持证券。
④项目全称为：2012 年第一期上元个人汽车抵押贷款支持证券。
⑤项目全称为：2012 年第一期中银信贷资产支持证券。
资料来源：《中国信托业发展报告（2013）》。

目前，在中信、外贸、百瑞、中原、平安和华信信托取得"特定目的信托机构资格"之后，中航、昆仑信托等信托公司也开始申请 SPV 资格，以期尽快投入资产证券化的创新浪潮中。

（3）合格境内机构投资者（QDII）

QDII 是指在目前人民币资本项目不可兑换、资本市场尚未完全开放的条件下，有控制地允许境内机构投资境外资本市场的股票、债券等有价证券投资业务的一种制度安排。截至 2012 年底，已有包括中诚信托、上海信托、中海信托、平安信托、华信信托、华宝信托和中信信托在内的 7 家信托公司获得了银监会批准开展 QDII 业务的资格，累计获得外汇投资额度 44.5 亿美元（如表 23 所示）。虽然早在 2011 年，有 5 家信托公司已获得投资资格，但由于缺乏的相应人才，一些信托公司一直未推出相应产品，而推出的 QDII 产品均为单一类信托，并且业务运作和赢利情况也远不如公募基金类的 QDII 产品。

表 23　截至 2012 年 QDII 交易业务资格获批公司及额度

单位：亿美元

信托公司	获批时间	获批额度
中诚信托	2009 年 12 月	10.00
上海信托	2009 年 12 月	10.00
中海信托	2009 年 12 月	2.00
平安信托	2011 年 9 月	3.00
华信信托	2011 年 12 月	3.00
华宝信托	2012 年 7 月	5.00
中信信托	2012 年 11 月	11.50

资料来源：国家外汇管理局。

　　但在 2012 年 11 月 2 日，由上海信托推出的首单受托境外理财集合信托产品——"上海信托铂金系列·QDII 大众化债券投资集合资金信托计划"成为创新业务的一个标杆。该信托计划共募集资金 10 亿元人民币，主要投资于境外债券。首次采用的集合类形式也刷新了信托类 QDII 业务的规模纪录。这一创新不仅为国内投资者提供了海外资产配置的渠道，也拓展了未来全行业 QDII 业务的发展空间，同时由于突破性地联合光大资产管理担任投资顾问，而非之前的国际性投资银行或国内基金、证券公司的海外分公司，这也在一定层面上加快了中资机构的国际化步伐。

　　并非所有获得创新业务资格的信托公司都积极开展了业务实践，由于对人才储备和相关系统要求的提高，以及前期研究成本的巨大投入，不少获得牌照的信托公司出于短期的利润考虑仍趋向于继续开展传统的房地产和政信类业

务，一些较晚拿到准入资格的信托公司只是象征性地发行了一两只新产品，甚至还有一些公司多年来一直未推出相应产品。与此同时，被高昂成本和众多限制条件挡在门外的中小信托公司一直未放弃对牌照的追逐，可见虽然目前短期内创新业务利润空间有限，但其依旧是未来信托业发展的新蓝海领域。

2. 原有产品设计的创新

2012 年在国外金融危机冲击、全球经济衰退的大背景下，国内实体经济增长明显放缓，直到 9 月底才开始触底回升，进入复苏阶段。囿于国外经济持续萧条和需求疲软，以及人民币升值压力的加大，传统上依靠出口带动的国内经济回暖尚需时日，我国下一轮经济增长点很有可能是步伐不断加快的城镇化建设。

在城市化进程中，城市发展和房地产建设扮演了极为关键的角色，虽然信托早已涉足相关发展领域，并且这两类信托业务已成为主营业务和主要利润来源，但长期以来信托公司的参与模式依旧停留在简单粗放的项目融资，缺乏长期稳定的投资管理。2012 年先后有信托公司加大了在这一领域的创新力度，试水城市发展基金和房地产投资基金，以长期化组合投资的方式管理信托资金池，通过对区域和项目的筛选，有效地分散了风险，在助推城市化进程的同时也为投资者带来了稳定、可观的收益。

苏州信托去年推出了行业内第一个城市发展基金——"苏信财富·恒源 1101 集合资金信托计划"，信托期限 10 年，首期募集期限 1 年，主要通过股权债权等方式投资苏州高新区的城市基础设施、科教文卫设施和综合改造等城市发展相关领域。该信托项目以基金的形式运作，具有一定的流动性并且可按约定开放申购。苏州信托通过与苏州政府建立长期战略合作关系，对不同的投资项目进行有效的组合投资，解决了项目类信托计划合作规模小、合作关系松散和合作期限过短等问题，有助于推动与地方政府之间的深度合作。

在房地产投资基金（REITs）领域，华宝信托成立了房地产投资基金"华宝金石长赢——铁狮门基金 1 号"，苏州信托也推出了两款产品。与城市发展基金类似，房地产投资基金也是一款中长期投资工具，通过期限错配，持续有效地为投资者提供参与房地产建设、分享城市化进程中产生收益的机会。与之前传统的房地产项目不同，房地产投资基金更具有流动性、更加标准化，这一类信托计划在美国、英国和加拿大等国家已基本发展成熟，但在我国尚处于起步试点阶段。不过近来频发的房地产信托风险事件和信托行业对回归本源自主管理业务的倡导，使得未来房地产投资基金的稳步发展成为大势所趋。

3. 投资领域的创新

随着全行业竞争越发激烈，传统信托投资类业务的赢利空间也受到了相应的压缩。受此影响，一些信托公司开始聚焦于之前未曾涉足的领域，例如重庆信托在 2012 年推出了一款名为"城乡统筹 6 号——林权投资集合资金信托计划"的产品，通过与重庆市兴荣国有资产经营管理有限公司共同出资设立项目公司，将信托资金投资于荣昌地区的林业资源，以支持地方经济建设。相比于之前艺术品和红酒类创新型业务产品，林权投资规模较大，风险可控，加快了森林资源的流转，符合国家城乡建设的政策方针。与之类似的土地资源，在城镇化发展过程中也可考虑类似的方式加速流转，以提高农用地的使用效率。

三　综合数据模型分析

（一）DEA 模型的建立

1. 数据包络分析（Data Envelopment Analysis，简称 DEA）

DEA 是一种最常用的非参数前沿效率分析法。它是由 A. Charnes 和 W. W. Cooper 等人创建的，以相对效率为基础对同一类型的部门的绩效进行评价。经济学理论认为，在生产技术条件一定的情况下，决策单元各种可能投入与产出所形成的集合，称为生产可能性集合。而各种可能投入组合的最大产出集合，构成了生产前沿面。描述各种可能投入组合与生产前沿面之间的数学关系的函数，被称为前沿生产函数。实际情况中，投入与最大产出之间并不一定存在明确的数学关系，寻求特定前沿生产函数并不容易。而 DEA 方法将所有决策单元的投入和产出项投影到几何空间中，并通过线性规划技术确定生产前沿面，不需要以参数形式规定前沿生产函数，也不用事先了解输入、输出之间的关联关系。若某个决策单元在生产前沿面上，则认为其为 DEA 有效，效率值为 1，表示该决策单元无法减少投入，或提高产出；若某决策单元在生产前沿面内，则认为其为 DEA 无效，并给出一个介于 0 到 1 之间的效率值，表示

若产出不变，可降低投入；或若投入不变，可提高产出。

2. DEA 模型

分析采用模型来对信托公司的数据进行测试，

$$\min\theta$$

$$\sum_{j=1}^{66} x_j \lambda_j + s^- \leq \theta x_0$$

$$\sum_{j=1}^{66} y_j \lambda_j - s^+ \geq y_0$$

$$\lambda_j \geq 0, j = 1, 2, \cdots 66, \theta \in E^1$$

$$s^- \geq 0, s^+ \geq 0$$

公式中：x_j 为所有信托公司的输入变量，是指人数、净资产、信托资产和自有资产 4 个输入量；y_j 为所有信托公司的输出变量，是指信托公司的营业收入和净利润；x_0，y_0 为评价目标信托公司的相应输入输出值；λ_j 为权系数；$.$ 为投入松弛变量；s^+ 为剩余变量；θ 为目标信托公司的 DEA 技术效率，即最后的结果。模型的含义是以权系数为变量，以所有决策单元（即信托公司）的效率指标为约束，以第 0 个决策单元的效率指数为目标。即评价第 0 个决策单元的生产效率是否有效，是相对于其他所有决策单元而言的。C^2R 模型假设信托公司在在固定规模报酬下运营，得出最优值扩展为信托公司的总技术效率。对 C^2R 模型进行改进，采用 BCC 模型将 C^2R 模型中的固定规模报酬的假设剔除，以衡量处于不同规模报酬状态下的相对效率值，将总技术效率分解为纯技术效率和规模效率。纯技术效率反映了信托公司当前的生产点与规模收益变化的生产前沿之间技术水平运用的差距，而规模效率则反映了规模收益不变的生产前沿与规模收益变化的生产前沿之间的距离。

（二）实证分析

以我国 2012 年度公开披露的 66 家信托公司为例，利用 DEA 模型对信托公司进行业绩效率的综合评价。

1. 指标体系建立和数据来源

使用 DEA 方法对信托公司进行评价，是将每个信托公司当作一个决策单元（DMU），而评价所采用的指标体系包含输入指标和输出指标。为了能够获得足够多的可供评价的数据，选择人数、净资产、信托资产和自有资产作为输入指标，信托公司完成的营业收入和净利润作为输出指标。信托公司的人数是对信托公司的劳动力投入，净资产反映了信托公司资本投入规模，而信托资产与自有资产则分别反映信托公司主营信托业务与自营业务的资产指标。信托公司实现的营业收入和净利润可以反映信托公司的经营和财务状况，因此可以作为信托公司的产出。按照该指标体系进行 DEA 方法评价的意义是计算信托公司在股东投入一定的人力和货币资本，管理一定规模的信托资产和自有资产，完成营业收入和净利润的效率，并通过这一效率的高低来评价信托公司的业绩情况。

2. 分析结果

我们分析的重点是信托公司的相对经营效率，使用 Tim Coelli 的 DEAP 2.1（DEA）程序对数据进行处理。

从 DEA 分析结果来看，2012 年重庆信托、国民信托、杭工商信托、华融信托、江苏信托、山东信托、四川信托、长安信托、中诚信托、中融信托、中铁信托、中信信托、大业信托 13 家信托公司是技术最有效的，技术效率与纯技术效率均等于 1，处于前沿面上。这表明在给定投入的情况下，这 13 家信托公司的运营效率较高，经营状况相对比较好。大多数信托公司属于规模效率递增区间，可见信托行业目前仍处于发展时期，绝大部分信托公司通过复制现有业务模式发展规模就能够提高赢利水平。但也有少数公司处在规模效率递减区间，如平安信托。平安信托的纯技术效率为 1，规模效率较小仅为 0.562，却处于规模效率递减区间，这表示平安信托经营效率较高，可以通过增加输入规模来增加总收入和利润输出，但输出提高的速度要慢于人力、净资产等投入要素变化（如表 24 所示）。

表 24　2012 年信托公司经营效率（DEA 模型分析结果）

信托公司	技术效率(总效率)	纯技术效率	规模效率	规模区间
爱建信托	0.495	0.544	0.909	递增
安信信托	0.877	1	0.877	递增
百瑞信托	0.744	0.759	0.981	递增
北方信托	0.808	0.858	0.942	递增
北京信托	0.896	0.896	0.999	递增

续表

信托公司	技术效率（总效率）	纯技术效率	规模效率	规模区间
渤海信托	0.731	0.783	0.934	递增
重庆信托	1	1	1	不变
东莞信托	0.839	0.926	0.906	递增
方正信托	0.902	0.974	0.925	递增
甘肃信托	0.541	0.821	0.659	递增
国联信托	0.549	0.656	0.837	递增
国民信托	1	1	1	不变
国投信托	0.449	0.537	0.836	递增
国元信托	0.497	0.529	0.939	递增
杭工商信托	1	1	1	不变
湖南信托	0.888	0.974	0.911	递增
华澳信托	0.947	0.999	0.948	递增
华宝信托	0.482	0.496	0.971	递增
华宸信托	0.755	0.854	0.885	递增
华融信托	1	1	1	不变
华润信托	0.631	0.853	0.74	递减
华信信托	0.812	0.996	0.816	递减
吉林信托	0.596	0.601	0.992	递增
建信信托	0.589	0.61	0.965	递增
江苏信托	1	1	1	不变
中江信托	0.625	0.653	0.956	递增
金谷信托	0.89	0.926	0.961	递增
交银信托	0.548	0.61	0.897	递增
昆仑信托	0.686	0.714	0.96	递减
平安信托	0.562	1	0.562	递减
厦门信托	0.862	0.923	0.934	递增
山东信托	1	1	1	不变
四川信托	1	1	1	不变
山西信托	0.44	0.503	0.875	递增
陕国投	0.805	0.89	0.904	递增
上海信托	0.981	1	0.981	递减
苏州信托	0.676	0.758	0.892	递增
天津信托	0.638	0.687	0.929	递增
外贸信托	0.833	0.842	0.99	递减
长安信托	1	1	1	不变
西部信托	0.49	0.594	0.824	递增

续表

信托公司	技术效率(总效率)	纯技术效率	规模效率	规模区间
新华信托	0.993	0.994	0.998	递增
新时代信托	0.459	0.534	0.859	递增
英大信托	0.764	0.797	0.959	递增
粤财信托	0.666	0.741	0.898	递增
云南信托	0.486	0.65	0.748	递增
中诚信托	1	1	1	不变
中海信托	0.968	0.969	0.999	递增
中航信托	0.921	0.932	0.988	递增
中融信托	1	1	1	不变
中泰信托	0.545	0.602	0.906	递增
中铁信托	1	1	1	不变
中投信托	0.514	0.573	0.896	递增
中信信托	1	1	1	不变
中原信托	0.617	0.675	0.915	递增
兴业信托	0.748	0.752	0.996	递减
华鑫信托	0.617	0.664	0.929	递增
华能信托	0.822	0.84	0.979	递增
紫金信托	0.664	0.83	0.8	递增
五矿信托	0.979	0.996	0.983	递增
西藏信托	0.686	1	0.686	递增
大业信托	1	1	1	不变
陆家嘴信托	0.439	0.56	0.785	递增
中粮信托	0.344	0.444	0.775	递增
长城新盛信托	0.346	1	0.346	递增
浙商金汇信托	0.527	0.811	0.651	递增

从行业平均数据的角度看，以上分析结果可以为信托公司进行综合评价提供一定的参考，同时，对于具体的公司还需综合其他指标分析。

通过研究信托资产排名前 10 位的公司经营效率情况，可以发现，信托资产最多的十家公司在经营效率上的排名呈现出两极分化的趋势，其中中信、中融信托、中诚信托和长安信托不仅信托资产规模排名占据行业的前六名之内，DEA 分析的技术效率也达到了 1，属于全行业经营效率最高的公司之一。而规模排名靠前的其他几家公司如建信信托、平安信托的效率排名则相对靠

后，华宝信托更是位居行业倒数十名以内（如表25所示）。反观有的信托公司如杭工商信托，虽然资产规模不大，但经营效率相当高。可见，经营效率的高低与资产规模的大小不存在显著联系。

以中融信托和平安信托为例作比较分析，两家公司在2012年实现的总收入和净利润（即DEA输出）相差不多，但中融信托的净资产仅为48.3亿元，远小于平安信托的净资产近140亿元的规模，同时，平安信托的自有资产为160.7亿元，也远大于中融信托62亿元的规模。在其他输入人口与信托资产规模相差不多的情况下，中融信托的经营效率获得的评价自然远高于平安信托。由此可以看出，在资源有限的情况下，如何利用现有的人力资源和资产，尽可能增加公司收入和利润，才是提高公司经营效率的途径。但是，一味片面地追求经营效率而忽视公司规模的扩大也不可取，蛋糕不仅要做强，也要做大。

表25　2012年信托资产排名前十名公司经营效率情况

单位：万元

信托资产排名	公司名称	2012年底信托资产	效率排名	总效率
1	中信信托	59134914.18	1	1
2	建信信托	35077677.25	48	0.59
3	兴业信托	33604933.68	34	0.75
4	中融信托	29948632.19	1	1
5	中诚信托	27136746.55	1	1
6	长安信托	21868194.55	1	1
7	外贸信托	21518617.76	28	0.83
8	华宝信托	21253160.62	60	0.48
9	平安信托	21202472.76	49	0.59
10	英大信托	20228460.50	32	0.76

利用模型将技术效率分解成纯技术效率和规模效率对总经营效率最后十名信托公司进行分析，其中纯技术效率反映了信托公司当前的生产点与规模收益变化的生产前沿之间技术水平运用的差距，而规模效率则反映了规模收益不变的生产前沿与规模收益变化的生产前沿之间的距离。大部分排名靠后的公司的纯技术效率要落后于规模效率，在排名后十名的信托公司中，有九家公司的纯

技术效率比规模效率差。这些公司通过优化人力和资产的输入配置能够达到增加总收入和利润的效果。唯一例外的是长城新盛信托，长城新盛信托的纯技术效率为 1，但规模效率很低，主要原因在于长城新盛信托的规模与其他信托公司相比极小，这也表示在规模收益不变的情况下，长城新盛信托能够通过复制现有输入输出比例来实现有效率的扩张。后十名公司全部处于规模效率递增区间，这表示经营效率排名最后的信托公司通过复制现有业务模式发展规模就能够提高赢利水平（如表 26 所示）。

表 26　2012 年经营效率后十名公司

信托公司	技术效率	纯技术效率	规模效率	规模区间
爱建信托	0.495	0.544	0.909	递增
西部信托	0.49	0.594	0.824	递增
云南信托	0.486	0.65	0.748	递增
华宝信托	0.482	0.496	0.971	递增
新时代信托	0.459	0.534	0.859	递增
国投信托	0.449	0.537	0.836	递增
山西信托	0.44	0.503	0.875	递增
陆家嘴信托	0.439	0.56	0.785	递增
长城新盛信托	0.346	1	0.346	递增
中粮信托	0.344	0.444	0.775	递增

Abstract：According to the annual reports of 66 trust companies, the scale of trust assets reached 7. 47 trillion RMB by the end of 2012, increased by 55. 3% from 2011, and the whole industry achieved a total income of 45. 53 billion RMB, among which more than 90 percent firms realized positive growth in the size of trust assets. Judging from the sources of trust assets, the size of collective trusts has been declining from the 2012 Q3, when the sum of single trusts and property trusts had a mild increase. As of the use of trust assets, the ratio of financing trust products is lower than 50% of the overall scale for the first time, on the other hand, the portion of investing trust is slightly decreasing, while the size of property management trust

has showed an obvious upward trend. For the use of collective trust funds, although the ratio of real estate product has decreased, it is still one of the main investment directions of collective trust products. Almost at the same time, the size of infrastructure trust funds rose significantly, which were also warmly welcomed by investors.

Key Words: Trust Business; Collective Trusts; Development

中国信托业 2012 年固有业务发展报告

庞斌峰　陈梓

摘　要：

2012 年，66 家信托公司固有资产总值增长了 25.7%。从固有资产的配置情况来看，2012 年度信托公司的固有资产配置更为谨慎，金融机构的同业存款以及其他金融产品投资是最主要的固有资产投向。在固有业务收入的构成上，投资收益依旧为主要收入来源，特别是股权投资收益，占全部投资收益的一半以上。从信托公司开展长期股权投资情况来看，共有 52 家信托公司披露了固有资产的配置情况，从投资领域来看，主要集中在银行、证券、基金等金融机构。

关键词：

固有业务　投资收益　长期股权投资

一　固有业务概述

1. 固有资产规模情况

截至 2012 年末，信托行业 66 家信托公司固有资产规模①总额为 2294.23 亿元，与 2011 年 64 家信托公司相比增长了 469.03 亿元，增长率为 25.70%。

从图 1 可以看出，信托行业固有资产规模逐年增长，从 2009 年的 1161 亿元增长到 2012 年的 2294.23 亿元，平均增长率为 27.97%/年。但固有资产规模总体增速趋于缓和，2012 年略有回升。

根据 2012 年末的数据，66 家信托公司的平均固有资产规模为 34.76 亿

---

① 固有资产规模取自信托公司母公司报表中的总资产数

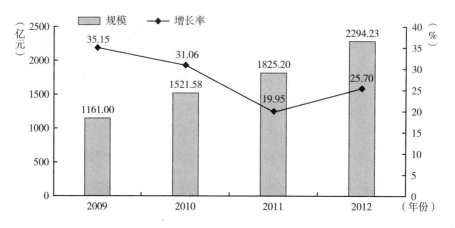

图 1 2009~2012 年信托行业固有资产规模

元，与 2011 年 64 家信托公司的平均固有资产规模相比增长了 6. 24 亿元。其中处于中位数的是中江信托 34. 97 亿元。

一般来看，信托公司固有资产的增长主要源自三个方面，首先是股东的投入；其次是信托公司内部的积累；最后是信托公司负债的增加（信托公司负债的增加主要为应付职工薪酬和应交税费等非主动性负债的增加）。从近三年信托公司增加注册资本的金额情况来看，2012 年为 94. 38 亿元，2011 年为 116 亿元，2010 年为 114 亿元，分别占当年信托公司固有资产增量的 20. 53%、37. 79% 和 31. 93%。

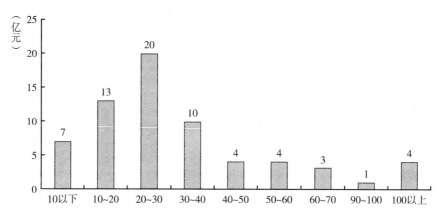

图 2 2012 年固有资产规模分布

从图 2 可以看出，100 亿元以上的信托公司有 4 家，相比 2011 年增加了 1 家；50 亿 ~100 亿元的信托公司有 13 家，相比 2011 年增加了 9 家；30 ~50 亿元的信托公司有 14 家，相比 2011 年增加了两家；10 亿 ~30 亿元的信托公司有 33 家，相比 2011 年减少了两家；10 亿元以下的信托公司有 7 家，相比 2011 年减少了 3 家。以上可以看出，信托公司固有资产规模呈现出正态分布的特点，且大多数信托公司的固有资产规模在 10 亿 ~50 亿元之间，说明这一固有资产规模基本可以满足大多数信托公司目前信托资产规模增长带来的净资本需求。

表 1   近两年固有资产规模排名前十位的信托公司

单位：万元

排名	2012 年	金额	排名变动情况	2011 年	金额
1	平安信托	1607236	—	平安信托	1538725
2	华润信托	1192954	↑1 位	中诚信托	1016501
3	中信信托	1182098	↑1 位	华润信托	1015638
4	中诚信托	1160125	↓2 位	中信信托	888878
5	重庆信托	970878	—	重庆信托	856924
6	江苏信托	645771	↑1 位	上海信托	561539
7	上海信托	631495	↓1 位	江苏信托	527012
8	中融信托	622619	NEW	建信信托	495208
9	华信信托	568995	NEW	昆仑信托	483063
10	建信信托	548852	↓2 位	中海信托	452982
	合　计	9131023		合　计	7836470

从表 1 可以看出，2012 年固有资产规模排名前十位的信托公司几乎没有太大变化，仅有中融信托、华信信托取代昆仑信托、中海信托进入前十位，分居第 8 位、第 9 位。其中，华信信托进入前十位是因为华信信托于 2012 年增加注册资本 9.43 亿元，如果剔除注册资本的影响，外贸信托将以 54.68 亿元的固有资产规模代替华信信托进入前十名单。平安信托、重庆信托的排名没有变动。平安信托仍以 160.72 亿元的固有资产规模排名第一，高出排名第二的华润信托 41.43 亿元，更是排名后十位的信托公司固有资产规模总额（84.03 亿元）的近 2 倍，领先优势依然明显。华润信托、中信信托、江苏信托的排名各上升了一位，这主要得益于这些公司 2012 年取得了良好的收益。2012

年，前述三家信托公司分别取得了 13.38 亿元、27.16 亿元、10.76 亿元的净利润。

表2　近两年固有资产规模排名后十位的信托公司

单位：万元

排名	2012 年	金额	排名变动情况	2011 年	金额
55				新时代信托	99596
56				杭工商信托	96299
57	华宸信托	117777	↓12 位	方正信托	80296
58	杭工商信托	114963	↓2 位	安信信托	79764
59	东莞信托	108531	↓5 位	华澳信托	76027
60	安信信托	95114	↓2 位	爱建信托	62767
61	华澳信托	92745	↓2 位	紫金信托	55549
62	大业信托	73473	—	大业信托	46894
63	西藏信托	72974	—	西藏信托	42571
64	紫金信托	72220	↓3 位	陆家嘴信托	28907
65	浙商金汇信托	60075	NEW	无	—
66	长城新盛信托	32465	NEW	无	—
	合　计	840337		合　计	668670

此外，2012 年固有资产规模排名前十位的信托公司的固有资产规模总额为 913 亿元，占 2012 年固有资产规模总额的 39.80%，而 2011 年、2010 年、2009 年这一比例分别为 42.93%、48.58% 和 49.94%。上述现象表明，固有资产规模的行业集中度虽然仍处于高位，但已呈现出较为明显的下降趋势。

从表 2 可以看出，华宸信托、东莞信托、浙商金汇信托、长城新盛信托代替新时代信托、方正信托、爱建信托、陆家嘴信托落到 2012 年固有资产规模排名后十位的信托公司名单中，其中，浙商金汇信托、长城新盛信托均系第一次公布年报。华宸信托、东莞信托 2012 年固有资产规模排名与 2011 年相比分别下降了 12 位、5 位，华宸信托 2012 年固有资产规模呈现负增长，增长率为 −14.68%。

66 家信托公司中，2012 年固有资产规模最大和最小的信托公司分别是平安信托和长城新盛信托，固有资产规模分别为 160.72 亿元和 3.25 亿元，二者相差 48.45 倍。

表3 近两年固有资产规模排名前十位的信托公司管理信托资产规模排名情况

单位：万元

序号	2012 年	信托资产规模	排名	2011 年	信托资产规模	排名
1	平安信托	21202473	9	平安信托	19621680	4
2	华润信托	18651922	12	中诚信托	20381635	3
3	中信信托	59134914	1	华润信托	12640245	12
4	中诚信托	27136747	5	中信信托	39996932	1
5	重庆信托	6376362	43	重庆信托	5090036	33
6	江苏信托	7616230	38	上海信托	7734413	20
7	上海信托	12028616	24	江苏信托	5179313	32
8	中融信托	29948632	4	建信信托	19072621	6
9	华信信托	5643940	45	昆仑信托	6450505	28
10	建信信托	35077677	2	中海信托	15020876	11
	合 计	222817513		合 计	151188256	

从表3可以看出，2011年固有资产规模和管理信托资产规模同时排名前十位的信托公司有4家，分别为平安信托、中诚信托、中信信托、建信信托。而2012年，固有资产规模和管理信托资产规模同时排名前十位的信托公司有5家，分别为平安信托、中信信托、中诚信托、中融信托、建信信托，其中中融信托为新晋"双十"成员。2012年固有资产规模排名前十位的信托公司中，有4家信托公司（重庆信托、江苏信托、上海信托、华信信托）管理信托资产规模排名在中后位。

同时，从66家信托公司管理信托资产规模的排名情况来看，2012年排名前十位的信托公司依次为中信信托、建信信托、兴业信托、中融信托、中诚信托、长安信托、外贸信托、华宝信托、平安信托、英大信托，这十家信托公司的固有资产规模排名依次为第3、10、15、8、4、29、11、13、1、20位。由此可见，管理信托资产规模排名前十位的信托公司，固有资产规模排名均比较靠前，受限于《净资本管理办法》的约束，信托公司从事信托业务对固有资产存有一定依赖。

如表4所示，固有资产规模增长率排名前十位的信托公司中，除方正信托、吉林信托、长安信托外，另外7家信托公司都曾于2012年进行增资。方正信托、长安信托已经连续两年进入固有资产规模增长率前十名单，方正信托、

表4 2012年信托公司固有资产规模增长率排名前十位的信托公司

排名	2012年	增长率(%)
1	爱建信托	362.99
2	陆家嘴信托	327.37
3	陕国投信托	193.78
4	方正信托	138.85
5	华鑫信托	113.17
6	苏州信托	92.18
7	新时代信托	76.15
8	西藏信托	71.42
9	吉林信托	69.13
10	长安信托	68.33

长安信托2011年分别实现152.24%、77.04%的固有资产规模增长率。

此外,66家信托公司中有3家信托公司呈现负增长,这三家信托公司分别是山东信托、中海信托、华宸信托,增长率依次为 -8.36%、-11.69%、-14.68%。

2. 固有业务收入情况

从2011年64家信托公司447.60亿元的经营收入(含信托业务收入和固有业务收入)到2012年66家信托公司658.86亿元的经营收入,信托行业2012年继续保持跨越式发展,增长额达211.26亿元,增长率达47.20%。

2012年66家信托公司658.86亿元的经营收入中,信托业务收入[①]为458.07亿元,占比为69.52%,固有业务收入[②]为198.80亿元,占比为30.48%。2011年64家信托公司447.60亿元的经营收入中,信托业务收入为298.59亿元,占比66.71%,固有业务收入为149.01亿元,占比33.29%。由

---

① 信托业务收入数值取自信托公司利润表,等于手续费及佣金收入中的信托手续费收入、其他业务收入中其他信托业务收入部分之和。如果信托公司利润表中只记手续费及佣金收入而未做细分,则以手续费及佣金收入为信托手续费收入。如果信托公司利润表中只记其他业务收入而未做细分,则以其他业务收入为其他固有业务收入。

② 固有业务收入数值取自信托公司利润表,等于手续费及佣金收入中的投资银行业务收入和其他手续费及佣金收入、利息收入、股权投资收益、证券投资收益、其他投资收益、公允价值变动损益、其他业务收入中其他固有业务收入部分以及营业外收入之和。信托业务收入 + 固有业务收入 = 经营收入。

此可见，2012 年信托业务收入增长了 159.48 亿元，增长率为 53.41%，固有
业务收入增长了 49.79 亿元，增长率为 33.41%。信托业务收入增速高于固有
业务收入增速，固有业务收入占经营收入比重继续下行。

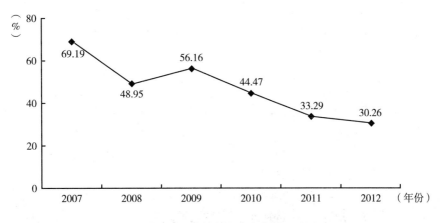

图 3 2007～2012 年固有业务收入占比

从图 3 可以看出，固有业务收入占经营收入的比重呈现出明显的下行趋
势，下行速度趋于缓和。与此同时，对照信托公司固有资产规模和管理信托资
产规模的增长情况来看，信托主业地位业已确立。

表 5 近两年固有业务收入排名前十位的信托公司

单位：万元

排名	2012 年	金额	排名变动情况	2011 年	金额
1	中诚信托	144259.04	—	中诚信托	142352.20
2	上海信托	142194.83	↑6 位	中信信托	131213.01
3	中信信托	133378.69	↓1 位	平安信托	102676.86
4	平安信托	97445.28	↓1 位	华润信托	90884.02
5	重庆信托	91031.82	↑1 位	中海信托	79443.71
6	华润信托	90718.16	↓2 位	重庆信托	78692.26
7	中海信托	85385.74	↓2 位	江苏信托	70438.44
8	江苏信托	82931.56	↓1 位	上海信托	55823.88
9	外贸信托	64262.12	↑1 位	陕国投	52238.54
10	昆仑信托	57667.86	↑2 位	外贸信托	50530.97
	合　计	989275.10		合　计	854294

表6　近两年固有业务收入排名后十位的信托公司

单位：万元

排名	2012 年	金额	排名变动情况	2011 年	金额
55				紫金信托	2418.87
56				湖南信托	1989.00
57	浙商金汇信托	6943.84	NEW	江西信托	1774.88
58	云南信托	6503.51	↓4 位	陆家嘴信托	1626.70
59	湖南信托	4028.00	↓3 位	大业信托	1412.84
60	长城新盛信托	3605.26	NEW	方正信托	-538.21
61	大业信托	3539.42	↓2 位	安信信托	-842.00
62	紫金信托	3443.35	↓7 位	西藏信托	-883.24
63	甘肃信托	1760.69	—	甘肃信托	-5124.02
64	中江信托	1509.17	↓7 位	新时代信托	-6214.48
65	陆家嘴信托	1488.00	↓7 位	无	/
66	西藏信托	743.37	↓4 位	无	/
	合　计	33564.61		合　计	-4379.66

如表5所示，2012年，仅昆仑信托取代陕国投信托进入固有业务收入前十名单，其他9家信托公司位次未改变。66家信托公司中，固有业务收入超出10亿元的有3家，这3家信托公司分别是中诚信托、上海信托、中信信托，固有业务收入分别是14.43亿元、14.22亿元、13.34亿元。

2011年64家信托公司中，有5家信托公司的固有业务呈现出不同程度的亏损，这5家信托公司分别是方正信托、安信信托、西藏信托、甘肃信托、新时代信托，固有业务亏损金额分别是 - 538.21万元、- 842.00万元、- 883.24万元、- 5124.02万元、- 6214.48万元。2012年66家信托公司的固有业务全部实现赢利，无一亏损。如表6所示，固有业务收入排名末位的西藏信托实现固有业务收入743.37万元，但与排名首位的中诚信托仍有较大差距。

2012年固有业务收入排名前十位的信托公司实现固有业务收入总额98.93亿元，占信托行业固有业务收入总额的49.76%，行业集中度仍然居于高位。这一比例在2011年、2010年、2009年分别为57.49%、57.15%、56.10%，可以看出其呈现出小幅下滑的趋势。

表7　2012 年固有业务收入排名前十位的信托公司信托业务收入排名

单位：万元

序号	2012 年	信托业务收入	信托业务收入排名
1	中诚信托	127594.73	7
2	上海信托	76098.22	19
3	中信信托	314073.25	2
4	平安信托	275543.71	3
5	重庆信托	41756.82	41
6	华润信托	116623.83	9
7	中海信托	30731.58	48
8	江苏信托	44186.98	38
9	外贸信托	100633.33	12
10	昆仑信托	68510.51	22

表8　2012 年信托业务收入排名前十位的信托公司固有业务收入排名

单位：万元

序号	2012 年	固有业务收入	排名
1	中融信托	28725.86	22
2	中信信托	133378.69	3
3	平安信托	97445.28	4
4	长安信托	9658.20	49
5	华融信托	16640.85	37
6	新华信托	9531.16	50
7	中诚信托	144259.04	1
8	四川信托	29213.26	21
9	华润信托	90718.16	6
10	中航信托	19350.68	31

结合表7和表8可以发现，信托公司固有业务创收能力与信托业务创收能力并不存在明显的勾稽关系。中诚信托、中信信托、平安信托、华润信托等 4 家信托公司固有业务收入与信托业务收入均排名在前 10 位。

二　固有资产配置情况

（一）固有资产运用方式

信托公司固有资产的运用方式主要分为 7 种，分别是货币资产、贷款及应

收款、交易性金融资产、可供出售金融资产、持有至到期金融资产、长期股权投资和其他资产①。

从图4可以看出，信托公司固有资产运用方式占比由高到低依次是可供出售金融资产543.28亿元，占比为23.68%；长期股权投资489.87亿元，占比为21.35%；货币资产474.75亿元，占比为20.69%；贷款及应收款399.11亿元，占比为17.40%；其他资产运用178.87亿元，占比为7.80%；交易性金融资产106.99亿元，占比为4.66%；持有至到期投资101.35亿元，占比为4.42%。

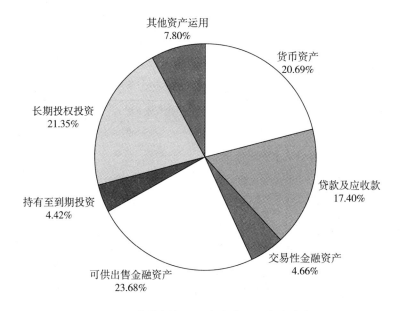

图4 2012年信托行业固有资产运用方式分布图

从图5可以看出，2012年较2011年，固有资产运用方式并未发生大的变动。贷款及应收款、交易性金融资产、持有至到期投资、其他资产运用占比小幅上升，货币资产、可供出售金融资产、长期股权投资占比小幅下降。

---

① "其他资产"主要包括公司资产负债表中的固定资产、无形资产、其他应收款项、递延资产和长期待摊费用等。

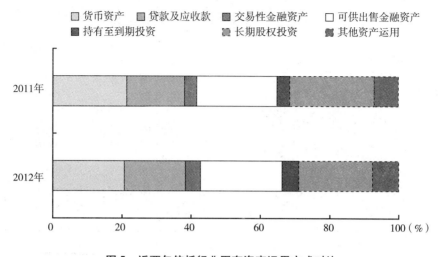

图 5　近两年信托行业固有资产运用方式对比

由于"其他资产运用"往往是非经营性的资产，这里不作讨论。根据剩余 6 种资产的天然属性，我们可以根据流动性、收益性和安全性三个类别进行归纳和区分。首先，货币资产具有最强的流动性和安全性，但是收益性最低，可以归为流动性资产类；其次，交易性金融资产和可供出售金融资产主要以证券投资为主，具有较强的收益性和流动性，但是安全性欠缺，可以归为收益性资产类；最后，贷款及应收款、持有至到期金融资产和长期股权投资的流动性最弱，收益性和安全性为中等，可以归纳为安全性资产。根据这类资产的配置情况我们可以整体判断一家信托公司固有业务的经营风格。

截至 2012 年末，66 家信托公司固有资产中，流动性资产为 474.75 亿元，占比为 20.69%；收益性资产为 650.28 亿元，占比为 28.34%；安全性资产为 990.34 亿元，占比为 43.17%。从上述三类资产的占比情况可以看出，整个行业固有资产运用较为谨慎，安全性资产占比近 50%。以下分别为 66 家信托公司中流动性资产、收益性资产和安全性资产排名前十位的情况（如表 9 ~ 表 11 所示）。

鉴于收益性资产主要为证券资产，对市场行情的判断和投资标的的选择尤为考验一家公司的证券投资能力。除中航信托、浙商金汇信托实现证券投资收益外，其他 8 家信托公司均未实现证券投资收益。

表9　2012年流动性资产占比前十位的信托公司

单位：万元

排名	信托公司	流动性资产	占比（%）
1	中融信托	493700.00	79.29
2	云南信托	88760.00	69.57
3	五矿信托	143409.61	67.35
4	大业信托	48039.00	65.38
5	长城新盛信托	21109.85	65.02
6	方正信托	117964.84	61.51
7	长安信托	154196.78	54.04
8	陆家嘴信托	66208.00	53.59
9	中粮信托	118798.37	52.07
10	粤财信托	135360.34	48.75

表10　2012年收益性资产占比前十位的信托公司

单位：万元

排名	信托公司	收益性资产	占比（%）
1	国民信托	140294.49	82.54
2	华能信托	288358.59	77.35
3	昆仑信托	365770.00	69.59
4	中航信托	161993.24	58.93
5	国投信托	135662.60	57.45
6	紫金信托	40766.63	56.45
7	华宝信托	273373.49	56.20
8	浙商金汇信托	33101.80	55.10
9	新时代信托	96584.83	55.05
10	建信信托	296252.88	53.98

表11　2012年安全性资产占比前十位的信托公司

单位：万元

排名	信托公司	安全性资产	占比（%）
1	国元信托	344695.41	89.83
2	江苏信托	541229.79	83.81
3	北方信托	191534.77	75.45
4	中诚信托	863059.50	74.39
5	厦门信托	131226.00	72.30
6	甘肃信托	99580.41	71.70
7	中原信托	150536.00	70.98
8	湖南信托	114016.00	68.98
9	国联信托	166245.00	68.23
10	陕国投	239389.00	67.23

（二）固有资产投向

按照银监会的分类标准，信托公司固有资产投向主要分为基础产业、房地产业、证券市场、实业、金融机构和其他行业等六种。除安信信托、吉林信托、陕国投信托未公布固有资产投向外，2012 年其余 63 家信托公司固有资产投向分布情况如图 6 所示。

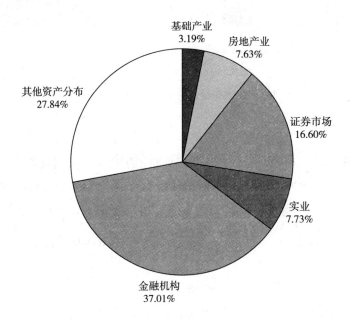

图6　2012 年信托行业固有资产投向分布

从图 6 可以看出，信托公司固有资产投向占比由高到低依次是金融机构 815. 22 亿元，占比 37. 01%，其他资产分布 613. 06 亿元，占比 27. 84%，证券市场 365. 54 亿元，占比 16. 60%，实业 170. 33 亿元，占比 7. 73%，房地产 168. 14 亿元，占比 7. 63%，基础产业 70. 17 亿元，占比 3. 19%。投向金融机构的固有资产主要表现为同业存款以及其他金融产品投资等，该类资产流动性较好且收益较为稳定，这一投向占比较高，可以看出信托公司在固有资产的投向上较为谨慎。

从图 7 可以看出，2012 年较 2011 年，固有资产投向并未发生大的变动，核心差别在于 2012 年投向房地产、证券市场的占比略有上升，投向金融机构

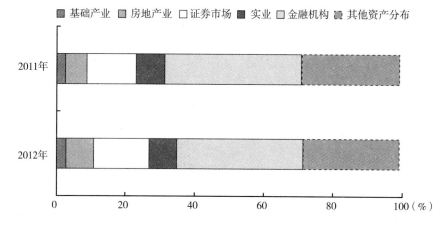

图7 近两年信托行业固有资产投向比较

的占比略有下降。值得注意的是，在房地产行业遭受严厉宏观调控的形势下，其占比反而出现了小幅上升，这从侧面反映出房地产企业目前较难从银行获得融资，信托公司固有资产灵活运作的优势得以体现。

三 固有业务收入构成情况

2012年66家信托公司实现的198.80亿元固有业务收入中，投资收益为92.04亿元，占比为46.30%，利息收入为53.84亿元，占比为27.19%，其他手续费及佣金收入为23.90亿元，占比为12.02%，投资银行业务收入为10.20亿元，占比为5.13%，公允价值变动损益为9.65亿元，占比为4.85%，其他固有业务收入为5.35亿元，占比为2.69%，营业外收入为3.96亿元，占比1.99%。

如表12所示，在固有业务收入排名前十位的信托公司中，有三家公司的主要收入来源为利息收入，同样有三家主要为股权投资收益，此外各有一家信托公司固有业务的主要收入来源于其他手续费及佣金收入、投资银行业务收入、证券投资收益和其他投资收益。除了中诚信托、重庆信托、中海信托和外贸信托，其余前十名的信托公司固有业务中主要收入一项便占所有固有收入的50%以上，特别是江苏信托，凭借其股权投资收益实现了93%以上的固有业务收入。

表 12 固有业务收入排名前十位主要收入来源及占比

单位：万元

序号	2012 年	固有业务收入	固有业务主要收入来源	收益	占比(%)
1	中诚信托	144259.04	利息收入	60021.73	41.61
2	上海信托	142194.83	其他手续费及佣金收入	79142.20	55.66
3	中信信托	133378.69	利息收入	77955.23	58.45
4	平安信托	97445.28	股权投资收益	51542.08	52.89
5	重庆信托	91031.82	利息收入	28685.36	31.51
6	华润信托	90718.16	股权投资收益	55449.62	61.12
7	中海信托	85385.74	投资银行业务收入	29580.07	34.64
8	江苏信托	82931.56	股权投资收益	77132.70	93.01
9	外贸信托	64262.12	证券投资收益	23770.09	36.99
10	昆仑信托	57667.86	其他投资收益	38285.05	66.39

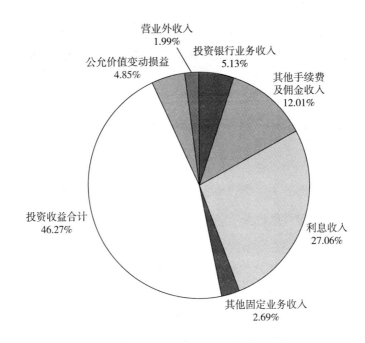

图 8 2012 年信托公司固有业务收入分布

结合近两年固有业务收入构成情况可以看到，投资收益和利息收入占比始终位于前两位，两者合计占比约 75%，是信托公司固有业务最为重要的收入来源（如图 8 所示）。2012 年较 2011 年，投资收益、公允价值变动损益实现

表13　近两年信托公司固有业务收入构成及占比变化情况

单位：亿元

收入类型	2012 年		2011 年		收入增减	占比变化（%）
	金额	占比（%）	金额	占比（%）		
投资收益	92.04	46.27	65.57	43.94	26.47	2.33
利息收入	53.84	27.06	52.37	35.10	1.47	-8.04
其他手续费及佣金收入	23.90	12.01	13.82	9.27	10.08	2.74
投资银行业务收入	10.20	5.13	13.77	9.23	-3.57	-4.10
公允价值变动损益	9.65	4.85	-9.79	-6.56	19.44	11.41
其他固有业务收入	5.35	2.69	9.32	6.24	-3.97	-3.55
营业外收入	3.96	1.99	4.15	2.78	-0.19	-0.79
合　计	199.80	100.00	149.21	100.00	50.59	0.00

较大提高，投资银行业务收入、其他固有业务收入、营业外收入呈现出一定幅度的减少。

信托公司投资收益一般由股权投资收益、证券投资收益和其他投资收益组成。2012 年 66 家信托公司投资收益构成情况如下图 9 所示。[①]

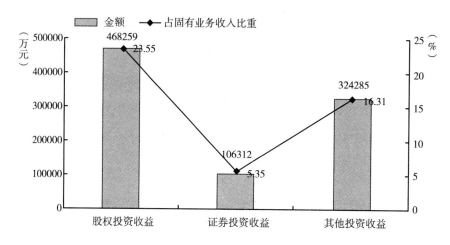

图9　2012 年信托公司投资收益构成

---

① 华能信托、五矿信托、粤财信托、资金信托 4 家信托公司未披露 2012 年投资收益构成，因此，股权投资收益总额＋证券投资收益总额＋其他投资收益总额＝投资收益总额－前述 4 家信托公司投资收益合计金额。

从图 9 可以看出，股权投资收益为 46.83 亿元，占固有业务收入比重为 23.55%，仅次于利息收入，证券投资收益为 10.63 亿元，占比 5.35%，其他投资收益为 32.43，占比 16.31%。

作为固有业务收入中经常被忽略的营业外收入，更多代表的是公司一次性的、与信托公司经营活动没有直接关系的各种收入。包括非流动资产处置利得、非货币性资产交换利得、出售无形资产收益、债务重组利得、企业合并损益、盘赢利得、因债权人原因确实无法支付的应付款项、政府补助、教育费附加返还款、罚款收入、捐赠利得等。如表 14 所示，在营业外收入排名前十的公司中，仅吉林信托在 2012 年年报中公布了营业外收入内容，为处置旧办公楼清理收入，其余九家公司均未披露具体收入来源。除前十名以外，此类业务与总收入占比均在 2.6% 以内，而前十名中也仅六家占比超过 2.6%，占比最高的是浙商金汇信托，为 14.17%。

表 14　信托公司营业外收入排名前十位

单位：万元

信托公司	2012 年营业外收入	2012 年营业外收入／总收入占比（%）
吉林信托	5812.51	6.78
昆仑信托	4920.00	3.90
中海信托	4824.83	4.16
渤海信托	3423.72	4.36
华宝信托	3079.81	3.02
浙商金汇信托	2200.00	14.17
中铁信托	2146.00	1.73
北京信托	1709.00	1.25
安信信托	1364.98	2.48
中融信托	1213.84	0.32

四　固有资产赢利能力情况

固有资产的赢利能力体现为固有资产的收益率，这里我们以固有收入与固有资产平均值①的比值作为收益率指标。2012 年 66 家信托公司平均固有资产收益率为 9.65%。

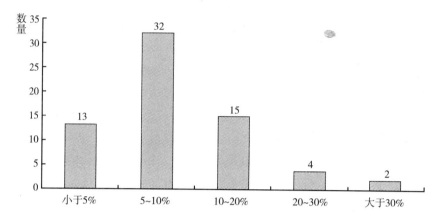

图 10　2012 年信托公司固有资产收益率分布

从图 10 可以看出，2012 年 66 家信托公司中，固有资产收益率大于 30% 的有 2 家，分别是华澳信托 30.81%、国民信托 30.58%；20%~30% 的有 4 家，分别是上海信托 23.84%、浙商金汇信托 23.12%、长城新盛信托 22.21%、中海信托 20.02%；10%~20% 的有 15 家；5%~10% 的有 32 家；小于 5% 的有 13 家。

表 15　信托公司固有资产收益率排名前二十位及其主要收入来源

单位：万元

排名	公司名称	固有资产收益率（%）	主要收入来源	收益	占比（%）
1	华澳信托	30.81	其他手续费及佣金收入	20902.00	80.40
2	国民信托	30.58	公允价值变动损益	40546.40	89.79
3	上海信托	23.84	其他手续费及佣金收入	79142.20	55.66
4	浙商金汇信托	23.12	营业外收入	2200.00	31.68
5	长城新盛信托	22.21	利息收入	2277.26	63.16
6	中海信托	20.02	投资银行业务收入	29580.07	34.64
7	安信信托	17.08	股权投资收益	8237.47	55.17
8	金谷信托	16.57	利息收入	15986.11	46.53
9	江苏信托	14.14	股权投资收益	77132.70	93.01

---

① 固有资产的平均值 =（固有资产年初余额 + 固有资产年末余额）/2。

排名	公司名称	固有资产收益率(%)	主要收入来源	收益	占比(%)
10	山东信托	13.99	股权投资收益	39017.83	96.46
11	四川信托	13.39	其他手续费及佣金收入	20448.85	70.00
12	中诚信托	13.26	利息收入	60021.73	41.61
13	外贸信托	13.22	证券投资收益	23770.09	36.99
14	中信信托	12.88	利息收入	77955.23	58.45
15	五矿信托	12.02	其他手续费及佣金收入	9207.92	43.33
16	北京信托	11.64	利息收入	15558.00	40.32
17	昆仑信托	11.43	其他投资收益	38285.05	66.39
18	中泰信托	10.85	股权投资收益	12106.41	58.04
19	建信信托	10.60	其他投资收益	24801.18	43.53
20	华鑫信托	10.08	利息收入	13993.83	64.48

如表 15 所示，上述固有资产收益率排名前二十位的信托公司中，收入占比最大的利息收入的有 6 家；收入占比最大的为股权投资收益、其他手续费及佣金收入的各有 4 家，收入占比最大的为其他投资收益的有两家，收入占比最大的为公允价值变动损益、投资银行业务收入、营业外收入、证券投资收益的各有 1 家。这一情况与固有业务收入中利息收入、股权投资收益、其他手续费及佣金收入占比排名前三的情况基本吻合。

五 固有资产长期股权投资情况

近几年来，利息收入和股权投资收益一直是信托公司固有业务的主要收入来源，而这两部分中，利息收入只是信托公司将自有资金直接贷给融资企业获得的固定收入，并不体现信托公司对融资公司的主动管理能力。相比之下，由于股权投资业务要求信托公司运用自有资金参股到其他公司中，有些甚至拥有所投公司的绝对控股权，因此固有资产的长期股权投资情况更能反映信托公司的经营管理能力。

（一）长期股权投资规模

根据 2012 年 66 家信托公司年报披露的数据，有 52 家开展了长期股权投

资业务，另外，安信信托在 2012 年清理完之前年度对实业的股权投资，获得了 8237. 47 万元的收益，年末长期股权投资余额为 0。2012 年末 52 家信托公司的长期股权投资账面价值合计为 489. 9 亿元，较 2011 年增加了 65. 6 亿元，增幅为 15. 46%，平均每家的投资金额为 9. 42 亿元。2012 年，上述 52 家信托公司外加安信信托共实现股权投资收益 46. 83 亿元，较 2011 年的 37. 57 亿元增长了 9. 26 亿元，增幅为 24. 65%。平均每家实现的股权投资收益为 0. 88 亿元，投资收益率为 10. 54%，较 2011 年的 9. 07% 上升了 1. 47 个百分点。

如表 16 所示，2012 年固有资产运用中长期股权投资金额排名前十位的信托公司合计投资金额为 326. 70 亿元，占全部信托公司股权投资金额的 66. 69%，平均每家投资规模都超过 30 亿元。

表 16　信托公司固有资产长期股权投资排名前十位

单位：万元

序号	公司名称	金额
1	平安信托	616501. 90
2	华润信托	588045. 40
3	江苏信托	475592. 53
4	国元信托	276795. 42
5	重庆信托	263322. 13
6	中诚信托	246617. 95
7	上海信托	242299. 08
8	中江信托	218878. 43
9	中信信托	179759. 56
10	华信信托	159148. 49
合　计		3266960. 89

在所有开展长期股权投资业务的 52 家信托公司中，投资规模基本呈对称分布。如图 11 所示，长期股权投资金额从 2 亿元到 5 亿元的最多，有 17 家公司，而 5 亿元到 10 亿元的也有 10 家公司，因此投资规模在 2 亿元到 10 亿元之间的公司占了所有 52 家中的大多数。另外两极分化现象也较为明显，投资规模在 5000 万元以下和 20 亿元以上的分别有 6 家和 8 家，可见在各公司间股权投资业务规模存在较大的差异。

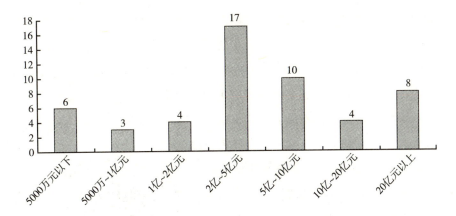

图11　2012 年信托公司股权投资规模分布

（二）长期股权投资收益

根据 2012 年的自营资产分布表，在年末取得长期股权投资收益的 53 家信托公司中，收益最高的是平安信托，为 7.71 亿元，最低的为长安信托，亏损 4325 万元，还有 9 家公司在报告期内未实现股权投资收益。收益排名前 10 位的信托公司共实现投资收益 36.04 亿元，占全部信托公司股权投资收益的 77.08%，平均每家投资收益金额约为 3.6 亿元。

表17　近三年信托公司固有资产长期股权投资收益排名前十位变化

单位：万元

排名	公司名称	2012 年股权投资收益	2011 年排名	2010 年排名
1	江苏信托	77132.70	1	3
2	华润信托	55449.62	2	1
3	平安信托	51542.08	3	4
4	上海信托	39871.94	4	2
5	山东信托	39017.83	—	—
6	中海信托	26934.09	9	—
7	中诚信托	24781.39	5	5
8	重庆信托	22109.80	7	—
9	中泰信托	12106.41	8	10
10	粤财信托	11406.44	6	6
合　计		360352.30		

结合 2010 年和 2011 年的数据可以看出，如表 17 所示，排名前十位的信托公司中有江苏信托、华润信托、平安信托、上海信托、中诚信托、中泰信托和粤财信托等 7 家连续三年均处于行业的前十位，这充分地说明了股权投资所形成收益的稳健性。尤其是由地方政府出资控股的信托公司，例如江苏信托、重庆信托和粤财信托，长期投资于几家地方性的经营稳健、能够产生稳定现金流的公司，因此，获得了持续的较高投资收益。

而在排名的另一端，长期股权投资收益后五位的信托公司均报告了投资损失，分别为中融信托（ - 16. 31 万元）、山西信托（ - 58. 11 万元）、新华信托（ - 251. 42 万元）、天津信托（ - 1095. 40 万元）和长安信托（ - 4325. 20 万元）。其中天津信托持有 48% 的天弘基金股权，连续五年报告较大亏损。

在全行业内，长期股权投资收益对公司固有业务的贡献仅次于利息收益，占 23. 55%，具有十分重要的作用。如图 12 所示，在取得股权投资收益的 53 家公司中，股权投资收益占固有收入比重基本呈正态分布，大部分公司占比集中在 0 ~ 20% 之间。由此可见，整个信托行业的长期股权投资已趋于成熟，各家信托公司已形成一定的经营风格。有些公司即使在报告期内出现亏损，但也是公司长期战略布局的一部分，因此不能过于简单地仅凭收益来判断信托公司股权投资的经营能力。

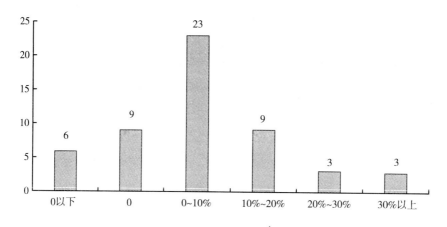

图 12　2012 年信托公司股权投资收益率分布

通过观察表 18 可以发现，净利润排名前十的公司中，有六家信托公司的股权投资收益排名在前十位。特别是江苏信托，2012 年股权投资收益为 7.71

亿元,占净利润的 71.70%,远远超过公司当年信托业务收入的 4.42 亿元,也是 2012 年唯——家股权投资收益高于信托业务收入的公司。其余五家信托公司除平安信托外,其股权投资收益与信托业务收入比例均在 1:2 左右,巨大的股权投资收益已成为不少信托公司的一大利润来源。与之相反,中融信托和四川信托虽然 2012 年度股权投资收益不到 200 万元甚至为负,但这两家公司净利润也名列前十,它们依托的是公司稳定增长的主营信托业务。2012 年中融信托实现了 35.34 亿元的信托业务收入,排名第一;同期四川信托的信托业务收入为 12.55 亿元,排名第八。由此可见净利润前十名的信托公司主要利润来源有两方面,一种是凭借投资于能产生稳定现金流企业的长期股权投资收益,另一种是凭借自身强劲经营能力带来的主营信托业务收入。相比于前一种,依托信托业务的增长带来净利润的提高更具有持续性,并且更能凸显信托公司的稳健经营能力。

表 18 2012 年净利润排名前十位公司的股权投资收益情况

单位:万元

排名	公司名称	2012 年净利润	股权投资收益	股权投资收益排名
1	中信信托	271551.58	10945.88	11
2	中诚信托	160728.63	24781.39	7
3	平安信托	152955.96	51542.08	3
4	中融信托	151532.59	- 16.31	55
5	华润信托	133802.01	55449.62	2
6	江苏信托	107581.20	77132.70	1
7	外贸信托	105733.00	9456.39	14
8	上海信托	96102.03	39871.94	4
9	重庆信托	87349.57	22109.80	8
10	四川信托	83276.25	162.18	37

(三)长期股权投资收益来源

如表 19 所示,根据 52 家开展长期股权投资的公司年报中披露的投资收益信息,对银行的投资回报占全行业所有股权投资收益的 34.72%,且主要集中在地方和农村商业银行;另两大主要收益来源是基金公司和证券公司,分别占

22.33%和21.85%。投资于保险公司的信托公司大部分未披露当年投资损益，仅有粤财信托和英大信托报告了当期投资收益，其中粤财信托投资两家保险股份公司，共亏损2775.86万元，而英大信托则报告了77.32万元的小幅收益。

表19 信托公司各类股权投资收益来源及占比

单位：万元

股权投资收益来源	投资收益	占比（%）
保险公司	-0.27	-0.70
证券公司	8.46	21.85
银　行	13.44	34.72
期货公司	0.10	0.26
基金公司	8.65	22.33
投资公司	4.93	12.72
其他	3.41	8.82
合　计	38.72	100.00

表20 2012年固有资产长期股权投资收益排名前十位信托公司主要收益来源

单位：万元

序号	公司名称	股权投资收益	主要投资收益来源
1	江苏信托	77132.70	江苏银行10%股份，投资收益70357.51万元
2	华润信托	55449.62	国信证券30%股份，投资收益55449.62万元
3	平安信托	51542.08	平安创新资本投资有限公司100%股份，投资收益40000万元
4	上海信托	39871.94	上投摩根基金51%，投资收益9282万元；浦发银行5.23%股份，投资收益为29277.71万元
5	山东信托	39017.83	富国基金16.68%股份，投资收益3152万元
6	中海信托	26934.09	四川信托30%股份，投资收益26025.03万元
7	中诚信托	24781.39	嘉实基金40%股份，投资收益22410.59万元；国都证券15.35%股份，投资收益2101.47万元
8	重庆信托	22109.80	重庆三峡银行34.79%股份，投资收益14469.70万元
9	中泰信托	12106.41	大成基金48%股份，投资收益11424万元
10	粤财信托	11406.44	易方达基金25%股份，投资收益14182.29亿元
	合　计	360352.30	

从表20可以看出，股权投资收益排名前十的信托公司中，其主要股权投资收益全部来源于金融机构。其中，主要依赖于基金公司投资回报的有5家，

对应的基金公司分别为上投摩根基金、富国基金、嘉实基金、大成基金和易方达基金；主要依赖于银行投资回报的有 3 家，对应的银行为江苏银行、浦发银行和重庆三峡银行；主要依赖于证券公司投资回报的有两家，对应的证券公司为国信证券和国都证券；主要依赖于信托公司的有 1 家，对应的信托公司为四川信托；主要依赖投资公司投资回报的有 1 家，对应的投资公司为平安创新资本投资有限公司。

表 21　近三年信托公司固有资产长期股权投资数量变化

年　份		银行	证券公司	基金公司	投资公司	保险公司	期货公司
2012 年	信托公司数量	23	26	29	12	13	6
	参股数量	38	29	35	15	15	6
2011 年	信托公司数量	22	26	21	15	13	8
	参股数量	36	26	21	18	14	8
2010 年	信托公司数量	21	26	17	11	11	8
	参股数量	29	24	16	15	10	8

2012 年，有股权投资的 52 家信托公司对外投资的企业数量总共有 178 家，扣除实业及其他类[①]的企业外，投资到银行、证券公司、基金公司、投资公司、保险公司和期货公司等标的企业的有 136 家（含多家信托公司投资同一标的的企业 4 家）。从近三年参股数量的增长情况来看，如表 21 所示，投资到基金公司的数量增长较快，银行和证券公司的数量保持相对稳定，而参股到保险公司和期货公司的有所下降，对投资公司的投资下降最为严重。信托公司对基金公司投资数量的增长尤为明显，这主要与上年 10 月和 11 月分别颁布的《证券公司客户资产管理业务管理办法》和《证券投资基金管理公司子公司管理暂行规定》有关。这两项规定的实施允许基金管理公司的投资领域拓展到非上市股权、债券、收益权等实体资产，因此信托公司希望通过借助基金公司拓宽自身的财富管理渠道，在"混业资管大战"中可以占有宝贵的一席之地。

---

① 按照银监会关于信托公司股权投资的要求，一般不允许进行实业投资。目前信托公司所持有的实业公司股权一般为历史遗留的股权投资资产，其他类包括财务公司、小贷公司和信托公司等。

1. 参股证券公司仍以财务投资为主

按照控股比例细分，在26家信托公司参股的29家证券公司中，仅有3家信托公司拥有绝对的控股权，分别为中江信托持国盛证券53.36%的股份，四川信托持宏信证券57.09%的股份，控股比例最高的是平安信托，其持平安证券86.77%的股份，其余24家①财务投资的信托公司平均持证券公司10.40%的股份。值得注意的是，不少信托公司虽然仅持有证券公司不到30%的股份，但两者均从属于同一母公司，因此在同一集团下两者之间的合作较为紧密，并不直接体现信托公司股权投资对参股公司的选择和投资能力，比如国联信托与国联证券（26.80%），国元信托与国元证券（15.69%），西部信托和西部证券（12.50%）等。

2012年证券公司股权投资收益合计为8.46亿元，在行业所有股权投资收益中占21.85%，受2012年一级、二级市场低迷的影响，无论是绝对控股抑或仅财务投资，证券公司给信托公司带来的收益虽小幅下降，但仍较为稳定。在公布收益的15笔对证券公司的股权投资中，信托公司的年末平均收益为5640万元，其中收益超过1000万元的共有10笔。

2. 对基金公司的参股数量上升

在对35家基金公司的投资中，绝对控股比例远高于对证券公司的投资，共有国投信托（国投瑞信基金）、华宝信托（华宝兴业基金）、建信信托（建信投资基金和建新财富股权投资基金）、平安信托（平安大华基金）、山西信托（汇丰晋信基金）、上海信托（上投摩根基金）、中铁信托（宝赢基金）和中粮信托（中粮农业产业基金）等8家信托公司具有相应基金管理公司的绝对控股，此外重庆信托、吉林信托和山东信托等13家公司虽然对基金公司的持股比例不及50%但仍为其第一大股东。

根据各家信托公司的年报可以看出，对基金公司的股权投资收益差异化已十分明显，但受2012年底通过的《中华人民共和国证券投资基金法》的影响，信托公司对基金公司的绝对控股在2013年将可能继续扩大，已有包括厦门信托和中融信托等信托公司申请出资设立基金公司，以期抢占混业经营的先

---

① 四川信托除了绝对控股宏信证券之外，还对华西证券进行财务投资，并持其0.81%的股份。

机率先完成大资管时代的战略布局。

3. 商业银行已成信托公司股权投资热点

近几年来信托公司对地方商业银行和农村商业银行的投资数量不断增加，选择参股商业银行的信托公司数量也稳步上升。虽然在股权占比上信托公司并未超过 50%，但由于地方商业银行和农村商业银行的资金来源极为分散，股东主要以民营企业为主，再加上规模较小，大部分持有不到 20% 股权的信托公司已成为其第一大股东，在银行的日常经营中具有一定的话语权。相比于基金和证券公司的高溢价和高进入门槛，地方和农村商业银行的参股则较为经济，并且投资标的公司选择范围较广，例如中航信托在 2012 年长期股权分别投资于四家商业银行，并为其中两家的第一控股人如表 22 所示。

表 22　中航信托持有银行股权情况

单位：万元

参股银行	持股比例（%）	投资收益	参股类别
南昌农村商业银行	4.97	—	财务投资
景德镇农村商业银行	9.86	—	第一大股东
景德镇市商业银行	9.52	458.9	财务投资
吉安农村商业银行	4.50	225	第一大股东

对地方和农村商业银行的参股不仅给信托公司带来稳定的投资收益，同时也有助于银行业和信托业之间的合作，易产生巨大的协同作用。因此，对地方和农村商业银行的股权投资较能体现信托公司对投资标的的主动选择能力。

4. 对其他金融机构的股权投资不升反降

在对银行、基金和证券公司的投资比重不断上升的同时，信托公司降低了对投资、期货和保险公司的投资布局。相比于 2010 年和 2011 年，参股于上述公司的信托公司数量不断下降，最为明显的是投资公司，无论是参股数量还是信托公司数量均减少了 3 家，这与 2010 年信托公司参股投资公司的热潮出现鲜明对比。前两年我国 IPO 市场空前繁荣，带来投资公司的全行业快速增长，从而也成为当时信托公司股权投资的热门选择。但随着市场竞争的加剧，外资机构的涌入，以及一级市场 IPO 的停滞，投资公司的暴利时代告一段落，信托

公司也相应地从投资公司撤资退出。

信托公司对期货公司的股权投资比重较低，并且数量较少，主要为财务投资类。2012 年披露投资收益的三家公司仅实现了 1000 万元的收入，占全行业所有长期股权投资收益的 0.26%。在银监会批准信托公司开展国债期货和股指期货业务后，期货公司与信托公司的合作可能会更加紧密。但在现阶段由于我国期货市场不够成熟，信托公司尚未大规模开展相关业务。

保险公司的股权也曾受不少信托公司的青睐，并有 5 家信托公司为其第一控股股东。但此类股权投资大多与信托公司母公司的金融混业布局有关，与信托公司自身发展战略并无直接联系。不过保险业和信托业在产品开发、销售渠道和资金来源等方面确有广阔的合作空间，未来可能会重新成为信托公司的投资热点。

Abstract：In 2012, the size of 66 trust companies' inherent assets increased by 25.7%. Judging from the allocation of inherent assets, trust companies are more cautious, as the interbank deposits within financial institutions and other low-risk financial products are the major investment domains. In the composition of inherent business income, investment return is still the main income source, especially equity investment income, which accounted for more than 50% of the whole investment returns. 52 trust companies disclosed the distribution of inherent assets, and the investment domains concentrate on financial institutions such as banks, securities firms and mutual fund companies.

Key Words：Inherent Business; Investment Return; Long-term Equity Investment

B.6
中国信托业 2012 年财富管理发展报告

佘 伟

摘 要：

近年来，财富管理逐渐成为信托公司的共识。就当前信托开展财富管理的情况来看，从战略规划到具体的部门设置与落实已经开始了初步的探索，但当前信托公司的财富管理尚处在主要以信托产品销售为主的初级阶段，未来信托公司将为客户提供资产配置顾问式服务，利用自身的专业能力和制度优势，在授权统筹管理客户的整个投资组合服务方面将会有较大的上升空间。

关键词：

财富管理 市场竞争 制度优势

改革开放以来，中国经济持续了 30 余年的高速增长，随着物权法等法律制度的颁布实施，中国私人财富得到了极大的增长和保护。而根据中西方经济学者较为普遍的观点，中国经济高速增长可再持续 20 年①，随着"藏富于民"执政思路的逐步确立，中国私人财富未来增长空间将会越来越大。

一 中国私人财富市场概述

虽然 2012 年中国 GDP 增速降至 8% 以下，但随着中国宏观经济保持的长期高速增长以及居民财富管理意识的日益增强，如图 1 所示，2012 年中国个

---

① 前世界银行首席经济学家兼负责发展经济学的高级副行长林毅夫指出，中国经济还可持续 20 年高速增长。根据中国社会科学院的预测，中国经济总量预计将于 2020 年超越美国居世界第一。

人持有的可投资资产①总体规模仍达到 80 万亿人民币，相比 2008 年的个人可投资资产规模，其已实现翻番。由于近年来资本市场长期维持熊市的态势以及受房地产市场宏观调控的影响，从增速上来看，近三年个人可投资资产规模增速较前三年已有所放缓，年均复合增长率从 28% 降至 14%。另外，银行理财产品以其风险相对较低、收益稳健以及认购便利的特点成为居民相对青睐的投资渠道，增速强劲，年均复合增长率超过 40%②（见图 1）。

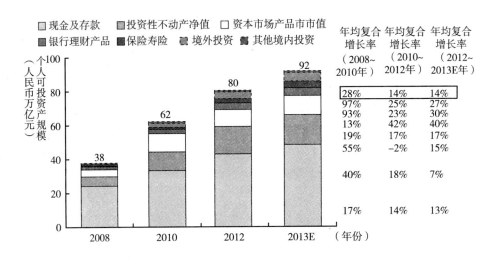

图 1　中国 2008～2013 年个人持有的可投资资产总体规模

资料来源：招商银行、贝恩资本《2013 中国私人财富报告》。

注 1："资本市场产品"包含个人持有的股票、基金、交易型开放式指数基金、开放式基金、债券和新三板。

注 2："其他境内投资"包含个人持有的信托、私募股权、阳光私募、黄金和期货等。

随着私人财富的不断积累增长，中国高净值人群③的数量也在逐年增加。2012 年，中国的高净值人群数量超过 70 万人；与 2010 年相比，增加了约 20

---

①　可投资资产：个人投资性财富（具备较好二级市场，有一定流动性的资产）总量的衡量指标。可投资资产包括个人的金融资产和投资性房产。其中金融资产包括现金、存款、股票（指上市公司流通股和非流通股，下同）、债券、基金、保险、银行理财产品、境外投资和其他境内投资（包括信托、私募股权、阳光私募、黄金和期货等）等；不包括自住房产、非通过私募投资持有的非上市公司股权及耐用消费品等资产。

②　上述数据源自《2013 年中国私人财富报告》，招商银行、贝恩资本。

③　高净值人士是指可投资资产超过 1 千万人民币的个人。

万人，并已超过 2008 年人群数量的两倍。其中，个人可投资资产超过 5 千万元的超高净值人群①规模占比逐渐上升，根据图 2 可以看出，其规模占比已由 2008 年的 13.3% 升至 14.1%②。

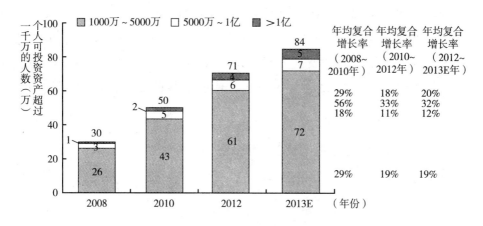

图 2　中国 2008～2013 年高净值人群的规模及构成

资料来源：招商银行、贝恩资本《2013 中国私人财富报告》。

2013 年，随着中国经济的结构化调整及利率市场化改革的推进，财富市场将继续保持稳健的发展势头。首先，信托产品以其较为市场化的产品定价能力和自身的制度优势会越来越受私人投资者的青睐，尤其是品牌信誉和风控能力较强的信托公司会越来越得到客户的认可；其次，随着资本市场 IPO 的重启以及新三板市场的不断扩大，资本市场的"造富"能力将再次得到体现；最后，根据我们的判断，房地产市场的宏观调控局势短时期内不会有太大变化，这将进一步促进私人财富配置的结构优化。

二　财富管理市场的竞争状况

（一）财富管理市场群雄混战

随着中国私人财富的日益增长与积累，人们的理财需求逐渐迫切。国内财

---

① 超高净值人士是指可投资资产超过 5 千万人民币的个人。

② 上述数据源自《2013 年中国私人财富报告》，招商银行、贝恩资本。

富管理市场发展加快,包括商业银行私人银行部门、信托公司、证券公司、基金公司、保险公司、第三方理财机构和 PE 股权管理公司等各类机构纷纷加入,呈现出群雄混战之势。

近几年来,信托行业处于快速增长期,2008～2010 年全行业管理的信托资产规模连续突破了 1 万亿元、2 万亿元、3 万亿元和 4 万亿元。2012 年末,信托资产规模更是突破了 7 万亿元,达到历史性的新高——7.47 万亿元[①],其所服务的客户数量大幅增长,越来越多的高净值群体开始关注信托。

(二)各财富管理机构优劣势比较分析

目前来看,私人财富市场从事财富管理的主流机构有商业银行的私人银行、证券公司、保险公司、第三方理财机构和信托公司等五大类。为了更好地了解各类财富管理机构的优势和劣势,我们对私人银行、证券公司、保险公司、第三方理财机构和信托公司这五大机构进行了对比,如表 1 所示。

表 1　私人财富管理市场主流机构优势和劣势对比

理财机构	优势	劣势
私人银行	渠道优势、客户基础、品牌价值	政策限制、产品设计开发能力较低
保险公司	客户基础、产品的附加功能	产品线和客户群单一、投资能力较弱
证券公司	渠道优势、专业能力、客户较为成熟	专注于证券市场,产品线单一
第三方理财机构	机制灵活、客户体验较好	制度劣势、产品主要依赖于信托产品
信托公司	制度优势、产品优势	渠道劣势、客户基础较弱、刚性兑付

1. 私人银行

中资商业银行的私人银行以其强大的品牌优势和客户基础,在财富管理市场拥有一定的先天优势,客户的信任度一般都较高,与其他各类合作伙伴的合作也较为强势,渠道优势明显。但由于政策限制,目前大部分的私人银行还是隶属于各下属分行和支行层面,未有统一的事业部管理机制,与国外真正的私

---

① 信托公司管理的信托资产中,面对私人客户主要是集合资金信托产品,约占总体信托资产规模的 30%,按照 2012 年底的数据计算,约为 2.24 亿元。

人银行理念仍有一定的差距。此外，中资银行目前自主的产品设计与开发能力较为有限，主要集中于货币市场、外汇市场和债券市场，私人银行更多提供的是代销其他金融机构的产品，例如信托产品、基金产品和保险产品等。私人银行也推出了一些顾问咨询类服务和增值服务等，如移民、子女留学、机场贵宾服务、高尔夫、高端俱乐部等，这些服务能在一定程度上弥补私人银行金融服务的不足，但并非私人银行留住客户的关键。

外资银行具有长期服务私人银行客户的经验，但是在中国对外资金融机构获取牌照限制的大环境下，外资银行原来的产品设计优势难以发挥，大部分外资银行除了与外汇、黄金等挂钩的结构性产品外，其他产品乏善可陈，加上2008 年金融风暴导致的普遍性亏损，国内客户对外资私人银行的信任度降至最低点。

2. 保险公司

保险公司主要提供一些低风险、低收益的保障型理财产品，并不是真正意义上的财富管理机构。保险公司的主要优势在于它的客户基础极为庞大，同时，其所提供的产品往往与保险的保障功能进行结合，从而提供较强的附加功能。但是，保险公司的劣势也较为明显，其受限于负债经营和保障功能的模式，并且投资管理能力相对较弱，其客户群虽然庞大，但较为单一，对风险的偏好极弱，所以该类客户往往成为其他竞争对手争抢的对象。

2012 年底，保监会通过了《关于保险资产管理公司有关事项的通知》，允许保险资产管理公司除受托管理保险资金外，还可以受托管理养老金、企业年金、住房公积金等机构资金和合格投资者的资金，还允许保险资产管理公司作为受托人，设立资产管理产品，为受益人利益或者特殊目的，开展资产管理业务。至此，保险资产管理公司也具有了类信托的牌照功能，若能发挥其在客户资源和营销渠道上的优势，其未来在私人财富管理市场上亦有一定的竞争力。

3. 证券公司

在财富管理业务上，证券公司拥有的优势是庞大的存量客户资源，以及遍布全国各地的网点渠道资源。另外，证券公司在证券投资领域较强的专业能力，使得其发行的产品更多与证券投资类相关。由于近年来资本市场的长期低迷以及产品线过于单一，证券公司的客户亏损较为严重，因此出现了一定程度

的客户流失。

2012年底，中国证监会对《证券公司集合资产管理业务实施细则》进行了修订，主要修订内容包括取消集合资产管理计划行政审批并改为备案管理、对资产管理计划可投资范围进行放宽等。同时，证监会还颁布了《证券公司代销金融产品管理规定》，允许证券公司代销在境内发行，并经国家有关部门或者其授权机构批准或备案的各类金融产品。这一修订使得证券公司集合资产管理业务具备了类似信托的功能。在未来展业的过程中，证券公司可以依托较为成熟的研究机制，设计被市场所接受的类似固定收益类的产品。同时，证券公司获准代销各类合规金融产品后，可以效法私人银行，全市场采购产品，为高端客户提供资产配置服务。

4. 第三方理财机构

近两三年来，以诺亚财富、恒天财富等为代表的第三方理财机构（以下简称为"第三方"）在高端财富管理市场上异军突起，成为继私人银行、保险公司、证券公司和信托公司之外的另一支新兴力量。一般该类机构主要以民营资本性质为主，机制较为灵活，比较注重客户体验，从而获得了一定的市场份额。

第三方的劣势较为明显。首先其号称完全站在投资人的立场，帮助投资人选择投资品，但从另一个角度来看，国内第三方普遍的赢利模式都是从产品端收费，这种模式本身就存在道德风险，在相同的条件下，第三方重点推介的一定是收费较高的产品，即产品端收费本身有可能扭曲产品选择，损失客户利益，丧失第三方的客观立场；其次，由于第三方不是金融机构，不具备产品设计能力，目前市场上绝大多数第三方的产品来源主要是金融机构的产品代销，例如信托产品、PE基金等，其对产品的选择能力相对较弱。

5. 信托公司

信托制度本身便是一种财富管理制度，"一法两规"颁布之初便将信托公司的功能设定为"受人之托、代人理财"。目前，只有信托公司根据法律授权，享有信托牌照，从事财富管理业务。信托公司在财富管理市场的竞争优势主要体现为制度优势和产品优势。

●制度优势

（1）风险隔离制度。风险隔离是信托公司区别其他竞争对手最核心的制度优势，体现在信托财产与委托人其他财产的隔离、信托财产与受托人固有财产的隔离、委托人财产与受益人受益权的隔离等方面。风险隔离制度有利于信托公司取得客户的充分信任和委托。

（2）信托存续连贯性。信托不因委托人或者受托人的死亡、丧失民事行为能力、依法解散、被依法撤销或者被宣告破产而终止，也不因受托人的辞任而终止。信托存续连贯性有利于客户进行长期规划。

（3）信托财产多元化。凡具有金钱价值的东西都可以作为信托财产设立信托，信托财产多元化有利于信托公司接受客户的全权委托，对客户各种形态的个人可投资资产进行整合管理。

●产品优势

《平安信托财富管理报告（2012）》显示，高净值人士对财富管理机构的忠诚度低，55.1%的高净值人士在选择财富管理机构时首要考虑的是财富管理机构能否提供好的产品，而收益率是评判产品好坏最直接、最简单的标准。

同时，信托产品投资范围广泛、设计方式灵活。信托通过不同的投资组合，能够把股权、债权投资的优势相结合，从而实现横跨资本市场、货币市场和实业市场的独特优势。

（三）信托公司财富管理现状分析

信托作为一种财产管理制度，核心内容是"受人之托，代人理财"，其中，"理财"处于重要的地位，也是信托公司的核心业务，而"托"则是业务实施的方式。理财可以分为三个层次，第一个层次是产品推介模式，表现为在客户的投资组合中增加一种产品；第二个层次是资产配置顾问模式，表现为利用自身的专业能力，为客户的资产配置提供顾问服务；第三个层次是真正意义上的财富管理，表现为利用自身的专业能力和制度优势，受权统筹管理客户的整个投资组合。

从当前信托公司的经营实践来看，绝大部分的信托公司目前仍停留在第一个层次上，即以产品推介为导向的财富管理模式，主要体现为信托公司以提升公司优质项目的获取能力、资产管理能力、投融资能力为核心的战略规划或经营目标，在具体经营上表现为产品研发投入较大、注重产品包装和定价策略、

激励绩效政策向信托业务部门倾斜等。当然，产品研发能力与产品的销售能力密切相关，倘若没有在第一个阶段积累足够的客户，也就无法在真正的私人财富管理阶段处于竞争的优势地位。

1. 财富管理战略规划的设定情况

2012年，66家披露信托年报信息的信托公司当中，有29家信托公司在制定2012年战略规划时在提到"资产管理"能力建设的同时也将"财富管理"纳入其中，占信托公司总数的43.9%，另有平安信托、百瑞信托、国民信托、华润信托和江苏信托等5家信托公司将"财富管理"或"向财富管理转型"作为重点的战略规划，二者合计占信托公司总数的51.5%，说明目前信托公司对未来财富管理方向的认识已逐步成为主流。

打造一流的品牌是提升财富管理能力的重要手段，66家信托公司中有11家在未来战略规划中提及了"品牌建设"或"改善品牌效应"，这一侧重有利于信托公司在未来财富管理的市场格局中取得领先。

值得注意的是，昆仑信托和中融信托在公司战略规划中还对未来高端客户开发的数量制定了目标，昆仑信托的目标是到2015年，公司高端客户数量达到1万名；而中融信托的目标是争取单笔委托资金1000万元以上的高端客户数量上升20%。

2. 财富管理的组织架构情况

2012年，66家信托公司中，绝大多数信托公司的财富管理部门均由公司副总经理进行分管，仅有两家信托设有独立的营销总监，分别是爱建信托和新华信托。

从财富管理职能部门数量与信托业务部门数量比较情况来看，信托业务部门占比过半，而财富管理部门占比相对较低。

3. 信托公司财富管理运营管理模式

信托公司财富管理的运营管理有三种模式。一种是设立子公司，例如新华信托和中融信托除有自身的财富管理中心外，还另设有专门的财富管理子公司；第二种是设立财富管理总部制，即采用两级部门的模式，在各财富中心之上设有财富管理总部，有平安信托、兴业信托、长安信托和中信信托4家信托公司采用了该种架构；第三种是单一部门模式，即公司层面设有多家财富中心，各财富中心均为平级部门，相对独立。根据设置财富管理职能部门的数量，我们对信托公司设置财富管理部门的情况进行了简单汇总，如表 2 所示。

表 2　信托公司设置财富管理部门情况

设置财富管理职能部门数量	信托公司数量
0 个	9 家
1～3 个	52 家
3 个以上	5 家

财富管理职能部门已成为信托公司的常设部门，个别信托公司在财富管理职能部门的专业化分工、精细化管理方面有更进一步的尝试。例如，平安信托在财富管理事业部下设有培训部，兴业信托在财富管理总部下设有业务管理中心，中投信托设有财富运营部等。

从以上信托公司组织架构和财富管理职能部门设置等情况可以看出，目前信托公司的财富管理仍处于第一层次阶段，但已有部分信托公司开始逐步搭建未来财富管理的架构，且开展了一些有益的尝试，这对信托公司未来财富管理的发展起到了一定的促进作用。

Abstract： Wealth management has gradually become a new battlefield for trust companies for the recent years. Judging from the current condition of how they conduct their business in wealth management, many trust companies have begun preliminary explorations, from strategic planning to department setup and business implementation. But it is important to notice that the current wealth management business of trust companies is still in its early stage of simply selling trust products, therefore, there is plenty room for trust companies to utilize their speciality and institutional advantages to provide advisory services of allocating assets and managing clients' whole portfolios.

Key Words： Wealth Management；Market Competition；Institutional Advantage

B.7

中国信托业 2012 年风险管理报告

崔彦婷　袁路　陈梓

摘　要：

在信托资产规模快速增长的同时，国际国内的宏观经济形势日趋复杂。越来越多的信托项目，包括新兴矿产能源类、艺术品投资类信托项目甚至包括近几年来迅猛发展的房地产信托业务等对风险控制的需求日益增长。如何在保持信托业务快速发展的同时有效地管理随之而来的风险，已经日益成为业内的关注焦点。为此，各家信托公司在完善公司治理结构、内控机制的基础上，更加注重风险指标管理。从风险管理组织结构设置，净资本管理与风险控制，不良资产，资产减值准备计提与信托赔偿准备金，诉讼案件等几个方面，可以对信托公司的风险管理现状有进一步的了解。

关键词：

风险控制　管理机构　不良资产　减值计提　诉讼

2012 年，我国信托行业经历了飞速的发展，2011 年底信托资产规模超过了 4.8 万亿元，到 2012 年底则达到了 7.47 万亿元，较上一年增长了 56%。信托资产规模的迅速扩张一方面反映了我国国民经济快速发展带来的资金需求不断增长，以及人民日益增长的财富对于投资领域拓宽的迫切需求；另一方面也反映了信托公司创新能力、营销能力的不断进步。不过，在信托资产规模快速增长的同时，国际国内的宏观经济形势也日趋复杂，自 2009 年以来迅猛发展的房地产信托业务日益成为风险控制的焦点，新兴矿产能源类、艺术品投资类信托项目也时有风险发生。如何在保持信托业务快速发展的同时有效地管理随之而来的风险，已经日益成为业内的关注焦点。为此，各家信托公司在完善公司治理结构、内控机制的基础上，应更加注重风险指标管理。

一 风险管理组织结构设置

1. 董事会层面

董事会是承担公司全面风险管理工作的最高领导机构，对全面风险管理的有效性负最终领导责任。主要职责为确定公司全面风险管理总体目标、风险偏好、风险承受度，审批公司风险管理策略和重大风险解决方案；了解和掌握公司面临的各项重大风险及其风险管理现状，以及审批公司重大风险管理解决方案等。

截至 2012 年年底，共有存续信托公司 67 家，除了 2011 年 7 月才获得金融许可证的万向信托，其余 66 家均进行了年报信息披露。从风险管理情况披露的信息来看，66 家信托公司均将风险管理纳入董事会职责范围内，董事会成为最终风险责任主体。董事会下设专门负责风险管理与审计职责的委员会，对董事会负责，风险管理委员会主要职责为领导、指导和监督全面风险管理工作，审计委员会全面负责领导、指导和监督公司内部审计工作。

2. 部门层面

从年报披露情况来看，各家信托公司风险管理职能部门的设置方式主要有两种：

一种是下设风险合规部，将风险管理与合规管理职责集于一身。如表 1 所示，行业内采取此种模式的信托公司共有 27 家。

表 1　27 家风险管理与合规部门合并设置的信托公司

信托公司	风险机构	风险合规机构类型
爱建信托	风控审计委员会；风控合规总部，稽核审计部	合并
方正信托	风险与关联交易管理委员会，审计委员会；合规与风险管理部，审计稽核部	合并
甘肃信托	风险管理委员会，审计委员会；风控合规部，审计稽核部	合并
国投信托	审计与风险管理委员会；合规与风险管理部，稽核审计部	合并
国元信托	审计与风险管理委员会；风险及合规管理部，稽核审计部	合并
杭工商信托	合规与风险管理委员会；合规与风险管理部，稽核部	合并
湖南信托	风险控制与审计委员会；风险合规管理部，稽核审计部	合并
华宝信托	合规和风险管理部，稽核监察部	合并

续表

信托公司	风险机构	风险合规机构类型
华融信托	风险管理委员会,审计委员会;风险合规部,审计部	合并
华润信托	风险管理委员会,审计委员会;合规风险部,审计部	合并
华信信托	风险控制委员会,审计委员会;合规风控部,审计部	合并
江苏信托	风险管理委员会,审计委员会;风控合规部,审计部	合并
中江信托	风险管理委员会,制度与审计委员会;法律风险监督部	合并
金谷信托	风险控制与审计委员会;合规风控部,稽核审计部	合并
交银信托	风险管理委员会,审计委员会;合规风险部,审计部	合并
山西信托	风险控制委员会,审计委员会;合规风控部,审计稽核部	合并
外贸信托	风险控制委员会,审计委员会;风险法规部,内控稽核部	合并
西部信托	风险管理委员会,审计委员会;风控合规部,审计稽核部	合并
英大信托	风险管理委员会,审计委员会;法律与合规管理部,审计部	合并
中泰信托	风险管理与审计委员会;合规风险管理总部,稽核审计部	合并
中原信托	风险控制与合规管理委员会,审计委员会;风险与合规管理部,内部审计部	合并
兴业信托	审计以及风险控制与关联交易委员会;风险与合规部,审计部	合并
华能信托	风险管理与审计委员会;合规与风险管理部,审计稽核部	合并
大业信托	风险管理委员会,审计委员会;合规与风险管理部,稽核审计部	合并
长城新盛信托	风险控制委员会,审计委员会,合规部;风险管理部,审计部	合并
浙商金汇信托	风险管理委员会;风险管理部,法律及合规部,内部审计部	合并
中粮信托	风险管理与审计委员会,合规风控部	合并

另一种为风险管理部门与合规管理部门分别设立,风险管理部门负责公司风险管理相关工作,承担风险管理职责;合规管理部门负责法律与合规管理相关工作,承担合规管理职责。如表2所示,行业内采用这一方式的信托公司共有24家。

除以上51家信托公司外,剩余的15家信托公司中有安信、北方、渤海、东莞、四川、天津、粤财、中诚、中海和中航共10家信托公司没有明确合规管理部门设置情况,国联、华宸、吉林和云南共4家信托公司没有明确风险管理部门设置情况,另外西藏信托尚未披露公司的组织结构。

相较2011年同口径统计结果,北京、陕国投、新时代和五矿4家信托公司将原本合并设置的风险管理与合规部门进行了拆分,同时中泰和中粮信托对原本分设的部门进行了合并,而之前未明确两部门设置情况的安信和山东信托

表 2　24 家风险管理与合规部门分立设置的信托公司

信托公司	风险机构	风险合规机构类型
安信信托	风险控制与审计委员会;稽核审计部,风险管理部,法律合规部	分设
百瑞信托	合规及风险管理委员会,审计委员会;合规法律部,风险稽核部	分设
北京信托	风险管理委员会,审计委员会;合规法律部,风险管理部	分设
重庆信托	风险控制委员会,审计委员会;风险管理部,合规管理部,法律事务部,审计稽核部	分设
国民信托	风险控制委员会,审计委员会;风险管理部,法律合规部,审计部	分设
华澳信托	审计与关联交易委员会,投资风险控制委员会;风险管理部,法律合规部,审计稽核部	分设
建信信托	风险控制委员会,审计委员会;风险管理部,法律合规部,审计部	分设
昆仑信托	内控与风险管理委员会,审计监督委员会,风险控制委员会;风险管理部,法律合规部,稽核审计部	分设
平安信托	审计委员会;法律合规部,风险管理部,稽核监察部	分设
厦门信托	审计委员会;风险管理部,法务合规部,审计部	分设
山东信托	风险控制委员会,财务与审计委员会;合规审计部,风险控制部	分设
陕国投	风险管理与审计委员会;风险管理部,法律合规部,监察审计部	分设
上海信托	风险管理委员会,审计委员会;风险管理部,合规部,审计稽核部	分设
苏州信托	风险管理委员会,审计委员会;风险控制部,合规管理部,法律事务部,内审稽核部	分设
长安信托	风险管理委员会,审计委员会;审计部,风险控制部,合规法务部	分设
新华信托	风险管理委员会,审计委员会;风险管理部,合规法律部,内审稽核部	分设
新时代信托	战略及风控委员会,审计委员会;风险管理部,合规法务部,审计部	分设
中融信托	风险控制委员会,审计稽核委员会;稽核审计部,法律事务部,风险管理部,合规管理部,法律事务部	分设
中铁信托	风险管理与审计委员会;风险管理部,审计稽核部,法律事务部	分设
中投信托	风险管理与审计委员会;风险管理部,法律合规部,内审稽核部	分设
中信信托	审计与风险管理委员会;风险管理部,合规管理部,稽核审计部	分设
华鑫信托	风险管理委员会,审计委员会;风险管理部,合规管理部,稽核审计部	分设
紫金信托	审计与风险控制委员会;风险管理部,法律合规部,稽核审计部	分设
五矿信托	审计与风险管理委员会;风险控制部,合规法务部,审计稽核部	分设
陆家嘴信托	风险管理委员会,审计委员会;合规部,风控部,稽核部	分设

也分别合并和分设了相应部门。

　　如图 1 所示,按信托公司信托资产规模,前 33 家中有 12 家采用了风险管理与合规部门合并设置的方式,14 家采用了分别设置的方式,后 33 家中有 15

家采用了合并设置的方式，10 家采用了分别设置的方式。其中，信托资产规模排名前 10 位的信托公司中，兴业信托、外贸信托、华宝信托和英大信托共 4 家公司采用了风险管理与合规部门合并设置的方式，中信信托、建信信托、中融信托、长安信托与平安信托 5 家公司采用了分别设置的方式。从采用两种不同机构设置方式的公司数目和公司规模排名来看，信托公司风险管理与合规管理部门的设置方式与其信托资产规模的大小并无必然联系。

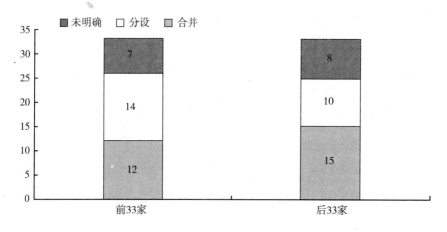

图 1　风险管理机构类型分布（按信托资产规模排序）

在内部审计职能部门的设置上，《信托公司治理指引》第四十六条规定："信托公司应当设立内部审计部门，对本公司的业务经营活动进行审计和监督。信托公司的内部审计部门应当至少每半年向公司董事会提交内部审计报告，同时向中国银监会或其派出机构报送上述报告的副本。"67 家公布年报的信托公司中，有 64 家设置了内部审计部门，或单独设立，或与风险管理部门合并为一个部门。剩余 3 家信托公司中，中江信托、四川信托在董事会层面设置了相关审计委员会，但未在部门层面专门设置审计部；另 1 家西藏信托由于未披露组织结构，因此，相关职能部门是否设立并不明确。

国际内部审计协会（IIA）在《内部审计实务标准》中将内部审计定义为一种独立、客观的保证工作和咨询活动，其目的在于为组织增加价值并提高组织的运作效率，采用系统化、现代化的方法来对风险管理、控制和治理程序进行评价和改善，从而帮助组织实现目标。就世界范围看，风险管理已成为内部审计的主要内容。在风险管理总体框架之中，内部审计承担了监督、分析、评价、检察、报告和改进等任务，是信托公司风险管理不可或缺的组成部分。

与一般的风险管理部门进行的风险管理相比，内部审计部门所进行的风险管理既与其有紧密的联系又有区别，二者都是为了降低信托公司的风险，目的是统一的，但在风险管理中的角色不同，内部审计部门所进行的风险管理是在一般部门所进行的风险管理基础上的再监督。

综合年报披露的情况来看，现存 67 家信托公司基本按照企业风险管理框架设置了相应的风险管理部门，并进行了清晰的职责权限划分，对风险进行全流程管理监督，风险管理与内部审计在风险管理工作中的角色突出，形成了彼此交融、相得益彰的局面。

二 净资本管理与风险控制

为确保信托公司固有资产充足并保持必要的流动性，以满足抵御各项业务不可预期损失的需要，2010 年 8 月 24 日中国银行行业监督管理委员会下发了《信托公司净资本管理办法》（以下简称"《净资本管理办法》"）。《净资本管理办法》颁布后，信托公司纷纷加强本公司净资本管理，按照规定的标准计算公司各项净资本控制指标。如图 2 所示，2012 年 66 家公布年报的信托公司中，有 37 家披露了净资本管理风险控制指标，与 2011 年同期相比增加了 10家，占所有信托公司的 56%。其余 29 家中有一些公司在年报中提及了加强净资本管理，但没有揭示具体数字。披露净资本金额公司数量的上升，显示了信托行业对《净资本管理办法》的贯彻执行，并加强了净资本管理的力度。

38 家披露净资本的信托公司净资本总额为 11796810.52 万元，平均净资本额为 310442.38 万元，比 2011 年的平均水平增长了 28.66%。如图 3 所示，其中净资本额最高的平安信托为 124.12 亿元，最低是 2011 年复业的长城新盛信托，为 2.87 亿元，均符合《净资本管理办法》2 亿元的监管指标控制要求。从净资本数额的披露情况可以看出，信托行业集中度较高，两极分化明显，净资本额第一名的平安信托遥遥领先于其他信托公司。平安信托净资本规模不仅位居第一，并且比第二名华润信托的 85.58 亿元高出了 45.02%，并且是后五

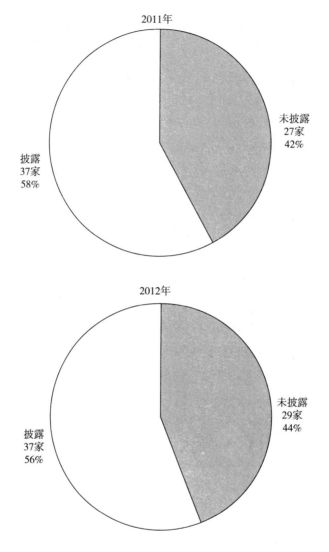

图2 信托公司净资本管理风险控制指标披露情况

名国民信托（13.24亿元）、云南信托（10.58亿元）、甘肃信托（9.93亿元）、杭工商信托（8.03亿元）和长城新盛信托（2.87亿元）净资本额之和的3.46倍。前五名平均净资本额为79.27亿元，后五名平均净资本额为8.93亿元，前五名的规模是后五名的约10倍。

在公布净资本金额的38家信托公司中，同比增长率超过50%有华信信托

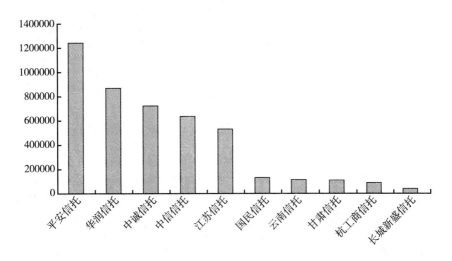

图 3 净资本额前五名与后五名对比

（59%）和英大信托（51%），增加的净资金主要来源于 2011 年完成的增资扩股，增资比率分别为 45.84% 和 21.47%。同期只有一家信托公司——华能信托的净资本金额减少，主要由于该公司各项业务风险资本总额的巨幅上升。与 2011 年相比，华能信托风险资本增长了 38841.91 万元，增资比率达 19.62%，由此导致净资本金额从 2011 年末的 268467.17 万元下降到 2012 年末的 244779.79 万元。

37 家披露净资本与各项风险资本之和比重的信托公司，均符合《净资本管理办法》100% 的监管指标控制要求。中江信托虽然公布了 2012 年净资本总额，但并未披露各项风险资本的总额。37 家信托公司中 2011 年复业的长城新盛信托比值最高，为 996.81%，最低的是华能信托，比值为 103.36%，行业平均值为 239.19%。如图 4 所示，比值最大的前五名为长城新盛信托（996.81%）、国民信托（604.55%）、华信信托（403.15%）、云南信托（397.12%）和国联信托（343.16%），比值最小的五家信托公司为国投信托（130.99%）、金谷信托（130.35%）、长安信托（124.40%）、中航信托（112.65%）和华能信托（103.36%）。

决定这一比值的变量因素主要为信托公司净资本额与各项风险资本之和的比值。通过与图 3 数值相结合，我们可以看到，净资本额不占优势的长城新盛

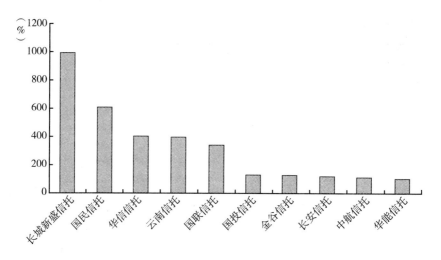

图4　净资本与风险资本之比前五名与后五名对比

信托、云南信托和资金信托分列净资本与风险资本的比值排序中的第一、第三和第五名，这说明这三家公司风险资本之和数额较小，从侧面反映出这些公司业务发展速度较为缓慢，风险承受能力有待进一步考察。特别是2011年才复业的长城新盛信托，在两个排名中一个居首一个居尾，这与其尚处在创业初期不无关系。在净资本排名中名列一、二位的平安信托和华润信托，在净资本与风险资本比率排名中也较为领先，分列第9和第7位。这两家公司一方面净资本额较充裕，另一方面风险资本比重较小，其风险承受能力可见一斑。

信托公司净资本管理的另一个风险控制指标是净资本与净资产的比值。根据38家信托公司披露的信息，各家信托公司均符合监管40%的要求，并且比值都在94.25%到63.11%之间，平均比值为84.75%，与最高值和最低值之间差异不大，说明行业整体对净资本与净资产的比值要求执行效果较好。

三　不良资产情况

根据2012年披露年报的66家信托公司对固有资产进行的五级分类，如图5所示，其中不良资产总额为163208.74万元，较2011年的206924.09万元下降了21.13%，较2010年的186651.61万元也下降了12.56%。同时，信托公司资产规模的逐年高速增长，平均不良资产率呈现出逐年下降的趋势，2009年为 3. 27% ，2010 年下降到了 2. 93% ，2011 年又下降到了 2. 10% ，2012 年跌至 1. 34% 。

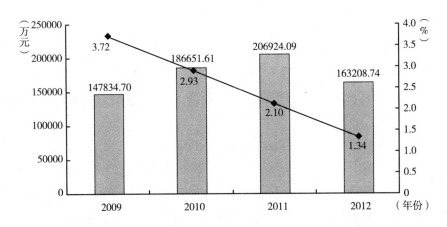

图 5 2009 ~ 2012 年不良资产总额与平均不良资产率变化趋势

截至 2012 年底，共有 38 家信托公司不良资产余额为零，较 2011 年的 37家相差不大，占信托公司总数的 57. 57% ；剩余的 28 家信托公司产生了全行业 100% 的不良资产，占信托公司总数的 42. 43% 。28 家存有不良资产的信托公司中，不良资产规模最大的前五名与去年相差不大，如图 6 所示，分别为中信信托（70，731. 61 万元）、中泰信托（35416. 06 万元）、中铁信托（7156 万元）、山东信托（7122. 45 万元）和华能信托（5647. 17 万元），其中只有前两家超过亿元。不良资产亿元以上公司较 2011 年减少了 1 家。中信信托的不良资产规模在 2011 年出现大幅增长，超过 2010 年的首位中泰信托，2012 年依然是行业中不良资产规模最大的信托公司。总的来说，信托公司不良资产分布两极分化严重，个别信托公司的不良资产风险管理能力有待进一步提高。

不良资产余额反映了集聚风险的资产数额情况，但因为信托公司资产管理规模差异较大，其风险承受能力也各有差异。相对而言，不良资产率能够更为全面地反映在一定资产管理规模范围内信托公司的资产管理能力与风险防控能力。

不良资产率排名靠前的公司与不良资产规模靠前的公司存在一定差异，如图 7

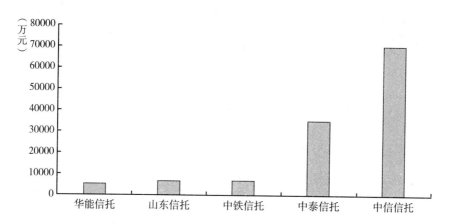

图6 不良资产总额前五名的信托公司

所示，分别为中泰信托（80.29%）、西部信托（20.55%）、新时代信托（16.75%）、中信信托（7.77%）和华能信托（7.37%）。其中中泰信托不良资产率连续三年位居第一，其他几家不良资产率较高的公司，其不良资产率较去年也有较大幅度上升，反映出其资产质量有待改进，风险管理能力有待进一步提高。

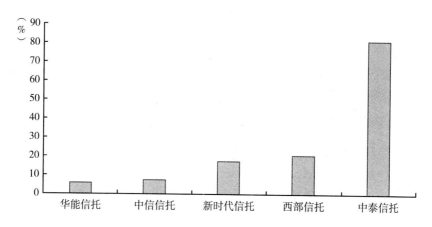

图7 不良资产率前五名的信托公司

从各家公司不良资产率的变化趋势来看，2010年较2009年有上升趋势的公司有15家，其中上升幅度较大的有：湖南信托较上年增加了8.85%、中泰信托增加了7.00%、中信信托增加了4.02%、渤海信托增加了3.34%；2011年较2010年有上升趋势的公司有6家，其中上升幅度较大的有：中信信托增加了 10.56%、中泰信托增加了 3.96%。2012 年较 2011 年有上升趋势的公司有 11 家,其中上升幅度较大的有:西部信托增加了 16.69%、新时代信托增加了 16.25%。2010 年不良资产率较 2009 年有下降趋势的公司有 22 家,其中降幅最大的是:中原信托下降了 10.03%、华能信托下降了 6.75%、厦门信托下降了 5.80%、山东信托下降了 5.30%。2011 年较 2010 年有下降趋势的公司有 29 家,其中降幅最大的是:渤海信托下降了 19.06%、湖南信托下降了 14.30%、陕国投下降了 7.53%、华能信托下降了 6.86%。2012 年较 2011 年有下降趋势的公司有 15 家,其中降幅最大的是:中信信托下降了 8.53%、山东信托下降了 3.44%、中泰信托下降了 3.18%、陕国投下降了 2.29%。

通过选取不良资产率变动较大的 10 家信托公司进行比较发现,如图 8 所示,2011 年出现大幅增长而 2012 年又大幅回落的信托公司有中泰信托和中信信托;而相反地,2011 年出现下降而 2012 年又出现上升的信托公司有华能信托和西部信托;资产质量连年好转,不良资产率连续两年都呈下降趋势的有 12 家,分别为杭工商信托、江苏信托、中江信托、百瑞信托、平安信托、英大信托、粤财信托、中铁信托、天津信托、长安信托、爱建信托和陕国投;而连续两年资产质量出现下滑,不良率呈上升趋势的只有昆仑信托。

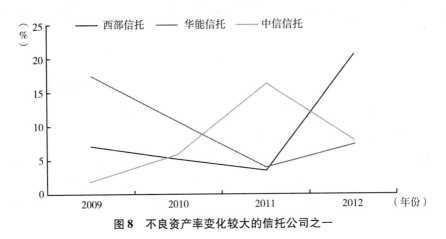

图 8　不良资产率变化较大的信托公司之一

总体来讲,信托行业不良资产率呈逐年下降趋势,仅有个别公司出现上升态势,反映行业整体资产质量较好,资产管理能力较强,具有一定的风险承受能力(如表 3 所示)。

表 3 不良资产率连年下降的信托公司

单位：%

	2009 年	2010 年	2011 年	2012 年
杭工商信托	0.85	0.86	0.75	0.63
江苏信托	0.45	1.03	0.35	0.20
中江信托	1.28	0.63	0.58	0.42
百瑞信托	2.83	2.08	1.28	1.09
平安信托	0.82	1.12	0.42	0.21
英大信托	1.40	1.32	1.04	0.72
粤财信托	3.81	2.36	0.59	0.07
中铁信托	4.54	3.47	2.40	1.83
天津信托	7.53	2.39	1.07	0.32
长安信托	6.39	4.05	1.85	0.87
爱建信托	7.17	3.06	1.75	0.01
陕国投	8.27	10.76	3.23	0.94

四 资产减值准备计提与信托赔偿准备金提取情况

由于资产减值准备计提数额与不良资产规模正相关，所以资产减值准备计提数与不良资产规模一样，都与 2011 年相比有较大幅度下降。2012 年，信托行业全年共计计提资产减值损失准备金额为 160006.28 万元，平均每家 2424.34 万元，计提总额较 2011 年的 369657.21 万元大幅下降了 209650.93 万元，下降幅度达 56.71%。其中共计提贷款损失准备金额 56022.22 万元，其他资产减值准备金额 103984.06 万元。

66 家信托公司中，有 21 家信托公司未计提资产减值准备，剩余 45 家均有计提。如图 9 所示，2012 年资产减值准备总额计提前五位分别为吉林信托（34595.73 万元）、中信信托（31952.17 万元）、华融信托（15531.55 万元）、新华信托（8882.01 万元）和平安信托（8104.18 万元）。

45 家计提减值准备的公司中，前 20 名总计提金额为 149811.7 万元，后 25 名总计提金额为 10214.56 万元，前 20 名计提累积额度占所有计提金额的 93.63%。除未计提资产减值准备的信托公司以外，计提数额最低的为上海信

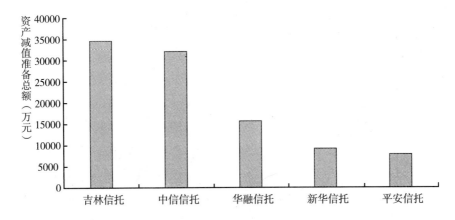

图 9　资产减值准备前五名的信托公司

托，总额为 8.38 万元，与计提金额靠前的公司相比相差悬殊。

信托公司计提企业一般风险准备金或者计提资产减值准备，是根据信托公司自有资产风险情况进行的风险准备计提。除此之外，按照《信托公司管理办法》的规定，信托公司每年应当从税后利润中提取 5% 作为信托赔偿准备金，但该赔偿准备金累计总额达到公司注册资本的 20% 时，可不再提取。除了按照公司规定计提资产减值准备以外，信托公司针对这一规定，每年计提信托赔偿准备金。信托公司的赔偿准备金应存放于经营稳健、具有一定实力的境内商业银行，或者用于购买国债等低风险高流动性证券品种。

2012 年，所有信托公司都在年报中披露了信托赔偿准备金当年的计提金额情况，与上一年相比有了很大进步，共有 46 家信托公司同时公布了年初余额与年末余额。2011 年，只有 46 家信托公司在年报中披露了信托赔偿准备金的提取情况，包括当年计提金额，年初余额与年末余额。

信托公司 2012 年信托赔偿准备金计提总额为 291146.8 万元，46 家披露了信托赔偿准备金年初余额与年末余额的信托公司年末总余额为 596273.3 万元，较年初增长了 231847.9 万元，增长了 38.88%。其中 2012 年度提取数额较高的前五家为中海信托（75113.13 万元）、江苏信托（22667.85 万元）、交银信托（16917.24 万元）、中信信托（13577.58 万元）和华润信托（11435.31 万元）（见图 10）。

由于信托公司年报中对银信合作信托贷款余额、银信合作不良信托贷款

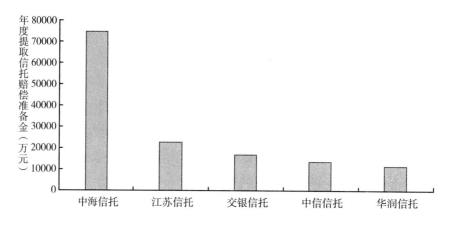

图10　2012年信托赔偿准备金提取前五名的信托公司

余额的数据并没有进行披露，且财务报表中各公司将信托赔偿准备金计提的数目也不同，因此无法通过年报信息判断信托公司是否按照《中国银监会关于进一步规范银信理财合作业务的通知》的要求进行了信托赔偿准备金计提。

五　诉讼案件情况

如表4所示，2012年，在66家披露年报的信托公司中，有10家披露了诉讼案件情况，占全行业家数的15.15%。这10家公司共涉及诉讼案件28起，总涉案金额约24.8亿元，平均每起案件涉案金额8860.168万元。全行业平均每2.35家公司就有1起诉讼案件。而2011年，有12家信托公司共涉及诉讼案件44起，平均每1.45家公司就有1起诉讼案件。与之相比，2012年信托行业涉案情况有了很大改善。

从涉案数量来看，涉案最多的前三家分别为中泰信托（8件）、新华信托（6件）和国联信托（3件）。从涉案金额来看，金额最大的前三家分别为中泰信托（128600万元）、百瑞信托（45515万元）和国联信托（35520万元）。涉案金额最大的三家公司涉案金额之和为209635万元，约为披露了诉讼案件情况的10家公司中涉案金额最小的三家公司（总计6229.7万元）的33.65倍。

表 4　10 家信托公司涉案情况

单位：万元

信托公司	涉案数(件)	涉案金额
中泰信托	8	128600
新华信托	6	12720
国联信托	3	35520
国投信托	2	700
甘肃信托	2	3529.7
爱建信托	2	5000
百瑞信托	2	45515
东莞信托	1	5000
方正信托	1	2000
长安信托	1	9500

由此可见，信托行业诉讼相关风险分布较为集中，全部案件发生于占行业 15.15% 的 10 家公司中，金额主要集中在涉案金额最大的几家公司，其中中泰信托金额最大，其涉案金额为 12.86 亿元，占行业全部涉案金额的 51.84%。

综上所述，从信托公司年报披露的各项风险管理控制指标的情况来看，风险有向少数公司集中发展的趋势。随着信托公司经营能力差距的拉大，这一趋势有可能将更加明显。信托公司应努力提高自己的风险管理能力，按照法律和监管机构的规定完善风险管理工作。

由于我国信托行业受政策和经济形势影响较大，投资热点此起彼伏，先后出现证券投资类、政信合作类、银信合作类、房地产投资类等信托项目的热潮，信托公司应顺势而为，顺应宏观经济政策和形势的变化，适时调整自己的业务方向，谨慎开展风险积聚的行业相关项目，有效防控系统性风险。

Abstract：While the size of the trust assets is growing rapidly, both international and domestic macroeconomic situations are becoming more complicated. A growing number of trust projects, including emerging mining and energy, art investment and even some real estate trusts projects, are all demanding a higher level of risk controls. How to maintain the rapid growth and effectively carry on risk control, has become

the key concern of the whole industry. As a result, trust companies have paid more attention to risk indicators management, while continuing to improve corporate governance structure and internal control mechanism. People could have a better understanding of the current situation of risk control management in the Trust industry from the structure of risk management, the net capital management and risk control, risk indicators such as non-performing assets, asset impairment provisions and the compensation reserves, lawsuits and some other aspects.

Key Words: Risk Control; Non-performing Assets; Asset Impairment Provisions; Lawsuits

B.8
中国信托业 2012 年人力资源发展报告

吴 朋 王苗军

摘 要：

信托行业作为以人才资源为核心资源的行业，随着近几年信托新规的颁布和实施，信托行业业务得到了快速发展，同时，信托行业对人才资源的依赖程度有所加大，信托行业人员数量增长幅度较为明显，从2006年的3376人已发展到2012年的11545人，信托公司人才队伍呈现出较为明显的高学历、年轻化的增长态势，随着信托行业业务面的不断扩大，对各类人才的需求将会不断增加，未来信托公司人才战略定位显得至关重要。

关键词：

核心资源 依赖战略 定位

一 信托行业 2012 年度人员概况

（一）信托行业从业人员增长情况

据2012年66家信托公司披露的年报统计，66家信托公司总人数为11545人，较2011年增加了2145人，同比增长22.82%。2012年信托公司总人员平均值也从2011年的145.75人上升至174.92人，增幅为20.01%。自第五次行业整顿以来，信托行业呈现出迅猛发展的态势，各信托公司亦将人力资源作为公司发展战略的重要组成部分，据2012年度各信托公司披露的战略情况来看，共有28家信托公司将人力资源发展作为公司战略实现的主要途径，人力资源成为仅次于业务创新与风险控制之外，与产品营销并列的第三大战略发展要点。2006年以来，信托公司人员总数呈现了高速增长的态势，具体情况如图1、图2所示。

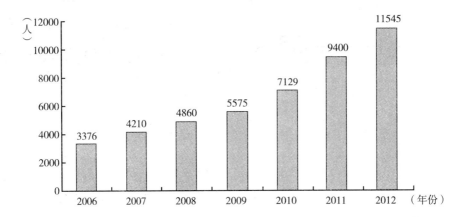

图1 2006～2012年信托从业人员数量

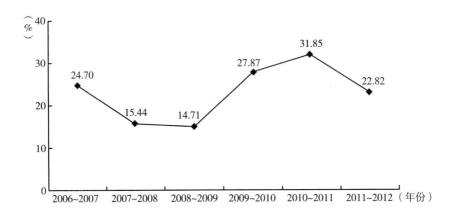

图2 2006～2012年信托公司从业人员增长率

从图1、图2可以看出，自2006年以来，信托从业人员总数呈现了高速增长的态势，这种增长不仅体现在人员总数绝对值的持续增长上，更体现在增长率的持续高位。从图2可以看出，自2006年以来，除2007～2009年外，其他年份中信托从业人员增长比例均持续保持在20%以上，自2011年信托从业人员快速增长后，2012年信托从业人员数量增速有所放缓，但仍处于较高增速。截至2012年末，信托行业人员数量达1.1万余人，整个信托行业在专业人员储备方面已经迈出了较为坚实的步伐。

（二）各信托公司人员变动情况

2011～2012 年度，在有可比数据的 64 家信托公司中，共有 58 家信托公司人员数量增加，具体情况如表 1 所示。

表 1　2011～2012 年度信托公司人员变动情况

人员变动情况	数量	信托公司名称
减少	3 家	重庆信托、山西信托、西藏信托
未变动	0 家	
增加 1～10 人	15 家	渤海信托、国联信托、国民信托、江苏信托、中江信托、昆仑信托、西部信托、英大信托、粤财信托、云南信托、中诚信托、中铁信托、中投信托、中原信托、天津信托
增加 11～20 人	16 家	杭工商信托、北方信托、国投信托、国元信托、湖南信托、华宸信托、华信信托、厦门信托、上海信托、苏州信托、中海信托、中泰信托、华鑫信托、吉林信托、华能信托、大业信托
增加 21～30 人	8 家	百瑞信托、北京信托、东莞信托、方正信托、甘肃信托、建信信托、交银信托、紫金信托
增加 31～50 人	9 家	爱建信托、安信信托、华澳信托、华宝信托、华融信托、金谷信托、陕国投、中粮信托、山东信托
增加 51～100 人	11 家	华润信托、平安信托、外贸信托、长安信托、新时代信托、中航信托、中信信托、兴业信托、五矿信托、陆家嘴信托、中融信托
增加 100 人以上	2 家	四川信托、新华信托

表 2　信托公司员工数量增幅前 10 名

序号	信托公司	2012 年人数（人）	2011 年人数（人）	增加人数（人）	增幅（%）
1	陆家嘴信托	104	53	51	96.23
2	安信信托	101	59	42	71.19
3	新华信托	578	357	221	61.90
4	华澳信托	126	79	47	59.49
5	中粮信托	103	65	38	58.46
6	爱建信托	105	69	36	52.17
7	新时代信托	204	139	65	46.76
8	金谷信托	133	91	42	46.15
9	四川信托	333	228	105	46.05
10	长安信托	320	221	99	44.80

从表1、表2中可以看出，在全行业从业人员规模持续增长的大背景下，2012年度绝大多数信托公司均实现了人员规模的较快增长。在人员规模增速排名前10位的信托公司中，既有四川信托、新华信托等人员基数较大的信托公司，也有中粮信托、爱建信托、安信信托等人员基数较小的信托公司。

上述人员变动的信托公司中，值得关注的是中融信托和平安信托两家2011年末人员规模排名前两位的信托公司，前者在2012年实现人员规模稳定增长，增幅为5.62%，而后者却在2011年大幅减少人员数量后，于2012年有了小幅上升趋势。2007～2012年，中融信托与平安信托的人员变动情况如图3所示。

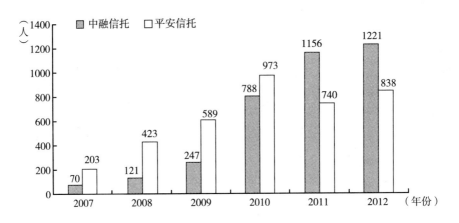

图3 2007～2012年中融信托与平安信托人员变动情况

从图3可以看出，中融信托自2007年以来，人员规模保持了高速增长，尤其是2009～2010年度，增长速度为219%，净增541人，2010～2011年度增速虽有所放缓慢，但净增加人数仍高达368人，居信托公司当年度净增加人数首位，而2012年，中融信托人员规模增速有所放缓，增速为5.62%；反观平安信托，2007～2010年度每年保持了200左右的净增加数，但进入2011年后人员结构进入调整期，净减少233人，2012年人员数量有小幅度增加。从中融信托的人员学历结构分析，2011年中融信托硕士及以上学历人员占比为30.84%，合计约355人；本科学历占比为55.78%，合计约642人。而2012

年人员中硕士及以上人员占比为 42.10%（合计约 514 人），较 2011 年度略有上升；本科学历占比 49.06%，合计约 599 人，小幅度下降约 7 个百分点。可见其在经历了人员数量的高速增长之后，中融信托逐步进入人员结构优化调整的阶段。

（三）信托行业人员集中度变化情况

从 2012 年 66 家信托公司年报披露的信息来看，每家信托公司平均人数为 174.92 人，66 家信托公司高于平均值的仅为 17 家，49 家信托公司低于平均值。可见信托行业在人员分布情况上呈现出了较高的集中度，且集中度呈现出一定的扩大趋势。

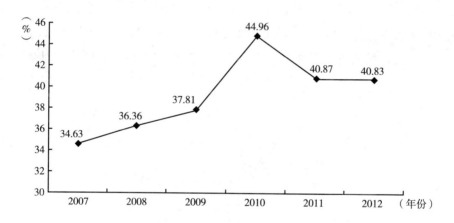

图 4　2007～2012 年人员数量排名前 10 信托公司占比情况

从图 4 可以看出，2007 年以来人员数量排名前 10 的信托公司占从业人员总数比例整体呈上升趋势，2011 年、2012 年占比较 2010 年度有所下降，主要原因是 2011 年度与 2012 年度新增的信托公司较多，新开业信托公司在上一年度未披露年报信息，故而在上一年度统计时未纳入统计范围，而在 2011、2012 年度纳入了统计范围，因新开业信托公司人员规模普遍较少，因而导致信托从业人员总量增速远远超过了排名前十的信托公司人员总数增速。而从人员数量排名前 10 位与后 10 位的人员总数对比情况来看，2010 年人员数量排名前 10 位的信托公司人员总数为 3205 人，而人员总数排名后 10 位的信托公

司人员总数为 568 人，前者为后者的 5.64 倍，而这一数据在 2011 年、2012 年扩大为 6.67 倍和 7.30 倍。

二 信托公司人员结构分析

（一）信托从业人员岗位分布

从 2012 年披露岗位分布的 55 家信托公司年报数据来看，55 家信托公司高级管理人员（含董事会、监事会、经营管理层人员）、自营业务人员、信托业务人员、其他人员分别为 509 人、585 人、5807 人和 3333 人，分别占比 5%、6%、57% 和 32%。根据披露岗位分布的 55 家信托公司各岗位人员占比情况的同比例折算，以 2012 年人员总数 11464 人为基数，2012 年 66 家信托公司中，上述四类人员分别约为 577 人、662 人、6495 人和 3730 人。具体情况如图 5 所示。

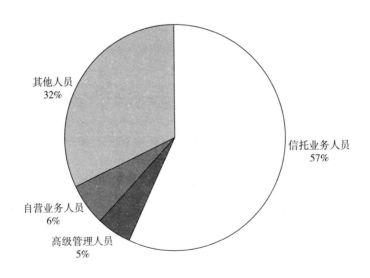

图 5 2012 信托公司岗位分布

通过与信托公司历史数据比较，信托业务人员占比的变化更为明显，具体情况如图 6 所示。

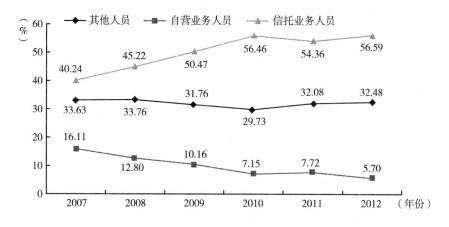

图 6　2007～2012 年各类型人员占比

从图 6 可以看出，2007～2012 年信托业务人员占比从 2007 年的 40% 左右增长到 2012 年的近 57%，增长了近 17 个百分点，其在 2012 年创造了最高值，为 56.59%。而 2011 年相较于 2010 年下降的主要原因为其他业务人员占比的增长，从 2010 年的 29.73% 增长到 2011 年的 32.08%，如此变化的原因主要可能为以下两个方面。一个原因可能是在信托业务人员高速增长之后，各信托公司逐步加大了中后台业务支持部门的人员建设力度；另一个原因可能是各信托公司加大了信托直销力度，信托产品销售人员队伍不断扩大。而与信托业务人员占比高速增长相反的是，自营业务人员占比从 2007 年的 16.11% 下降到 2012 年的 5.70%，下降了超过 10 个百分点，在一定程度上体现了信托行业近几年发展过程中信托主业的回归。

（二）信托公司员工年龄结构

1. 信托公司员工逐步趋于年轻化

据 51 家具有可比性的年报数据分析来看，25 岁以下员工占比为 5.67%，25～29 岁的员工数量占比为 34.69%，30～39 岁员工数量占比为 38.70%，40 岁以上员工数量占比为 20.94%，为了与历史数据进行对比，故将 25 岁以下与 25～29 岁的员工进行合并。如图 7 所示为 2009 年、2010 年、2011 年和 2012 年信托行业员工年龄比例结构汇总。

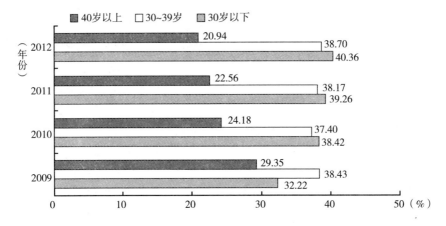

图7 2009～2012年各年龄段人员占比

从图7中可以看出，从2009～2012年员工年龄年轻化趋势明显，40岁以上员工从2009年占比29.35%，下降到2012年的20.94%，下降幅度为8.41%，同时，30岁～39岁的员工比例有所波动，但对比2009年也有所下降，上升幅度最大的为30岁以下的员工，从2009年的32.22%，上升到2012年的40.36%，成为信托行业员工数量最多的年龄段。可见，近两年信托公司的发展吸引了更多的年轻人加入，从业人员年轻化趋势较为明显。

2. 股东背景对信托公司年龄结构的明显影响

表3 30岁以下、40岁以上的员工在公司比重前10位统计

排名	信托公司	注册地	30岁以下员工比例（%）	信托公司	注册地	40岁以上员工比例（%）
1	中航信托	南　昌	81.18	山西信托	太　原	60.47
2	中融信托	哈尔滨	52.99	国元信托	合　肥	55.47
3	五矿信托	西　宁	49.52	西部信托	西　安	55.24
4	外贸信托	北　京	49.36	天津信托	天　津	53.24
5	新时代信托	包　头	48.53	厦门信托	厦　门	49.57
6	新华信托	重　庆	46.89	中原信托	郑　州	47.01
7	渤海信托	石家庄	46.39	北方信托	天　津	45.05
8	兴业信托	福　州	45.53.	江苏信托	南　京	43.66
9	华信信托	大　连	45.39	英大信托	北　京	42.86
10	华宝信托	上　海	45.34	中江信托	南　昌	40.48
	行业平均值		40.36	行业平均值		20.94

从表 3 中可以看出，30 岁以下占比较大的 10 家信托公司中除中融信托、新时代信托和兴业信托为民营和银行控股背景外，其余 7 家信托公司股东均为央企背景，而 40 岁以上的员工占比较大的前 10 位信托公司中，除了英大信托为央企背景外，其他 9 家信托公司均为地方国企背景。可见，中央企业股东控股信托公司之后，在一定程度上推动了信托公司的年轻化，而地方国企背景的信托公司在第五次整顿过程中股东变动相对较小。另一方面，从人员的总数上看，40 岁以上人员占比较大的 10 家信托公司人员规模均低于行业平均值 174.92，可见地方国企背景的信托公司在人员的增长方面相对较为保守。

（三）信托公司员工学历结构分析

从图 8 中可以看出，硕士及以上学历的员工占总员工的比例从 2008 年的 31.91% 上升到 2012 年的 44.25%，合计上升比例幅度超过 12.34%，仅 2010 年上升幅度较小，上升 1.50% 左右，其他年份都保持增幅在 3% 以上。从拥有硕士及以上学历人员绝对值来看，人数最多的前 5 位信托公司分别为中融信托（514 人）、平安信托（375 人）、中信信托（260 人）、长安信托（184 人）和新华信托（180 人）。硕士及以上的员工占本公司员工总数比重最高的前 5 位信托公司分别为中粮信托（68.93%）、百瑞信托（68.42%）、中海信托（66.37%）、大业信托（64.47%）和金谷信托（63.91%）。

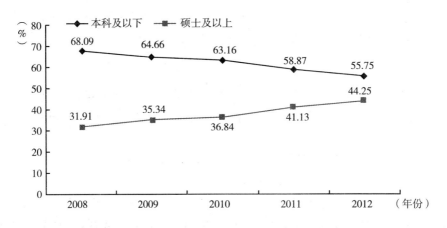

图8　2008~2012 年信托公司人员学历占比走势

三 信托行业人力资源发展与业务发展

（一）人员规模增长与业务发展

2007 年以来，信托行业业务规模与从业人员数量实现了双向高速增长，信托规模的快速增长拉动了信托行业人员规模的增长，同时信托从业人员的增长也在一定范围内对信托业务规模的增长呈现出一定的扩大效应，如表 4 所示。

表 4　2007～2012 年度信托业务规模与从业人员变动情况

	2007 年	2008 年	2009 年	2010 年	2011 年	2012 年
信托规模（万亿）	0.95	1.22	2.01	2.04	4.81	7.37
从业人员（人）	4210	4860	5575	7129	9400	11545
人均受托规模（亿）	2.25	2.5	3.61	4.26	5.12	5.89

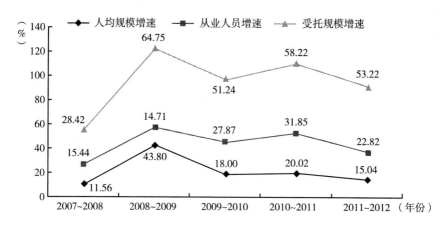

图 9　2007～2012 年信托公司从业人员、受托规模、人均受托规模增长率走势

从图 9 可以看出，在过去的五年，从业人员的增速和信托行业受托规模增速基本上实现同步增长。同时，人均规模增速也与从业人员增速和受托规模增速基本保持同样的增长趋势。

（二）人员配置与公司发展阶段

表 5　其他人员占比前 5 位的信托公司一览

排名	信托公司	总人数（人）	其他人员数量（人）	其他人员占比（%）	开业时间
1	华澳信托	126	72	57.14	2009.08
2	爱建信托	105	59	56.19	2012.05
3	紫金信托	85	46	54.12	2010.11
4	中投信托	105	54	51.43	2007.11
5	中泰信托	99	49	49.49	2009.04

表 6　规模排名前 10 的信托公司其他人员占比情况

排名	信托公司	受托业务规模（万元）	总人数（人）	其他人员数量（人）	其他人员占比（%）
1	中信信托	59134914.18	436	95	21.79
2	建信信托	35077677.25	149	71	47.65
3	兴业信托	33604933.68	235	116	49.36
4	中融信托	29948632.19	1221	387	31.69
5	中诚信托	27136746.55	178	57	32.02
6	长安信托	21868194.55	320	125	39.06
7	外贸信托	21518617.76	235	58	24.68
8	华宝信托	21253160.62	236	116	49.15
9	平安信托	21202472.76	838	147	17.54
10	英大信托	20228460.50	126	48	38.10
行业平均					32.48

从表 5、表 6 中可以看出，在其他人员占比排名前 5 位的信托公司中，4 家信托公司为 2009 年及 2009 年以后开业的信托公司，在一定程度上说明了在公司开业初期对中后台部门的人员依赖程度较高，以维持公司业务的正常开展。而中后台人员对业务的支撑具有一定的弹性，可以在一定范围内支撑公司的业务发展。而当公司业务规模发展到一定程度后，中后台职能部门人员占比将随之下降，如在业务规模排名前 10 位且披露人员分布情况看，中信信托、外贸信托、平安信托、中融信托等 4 家信托公司均低于行业平均值。而中诚信托、华宝信托明确地将财富管理作为公司业务发展方向，其他人员中应包含了

信托产品销售人员，其中后台人员占比应低于此数据。可见在一定范围内，业务规模较大的信托公司对中后台的业务支持能力提出了更高的要求。

Abstract：Trust industry is a talent-intensive industry, so human resource is the core resource. With the promulgation and implementation of new laws and regulations, this industry has achieved rapid growth, meanwhile, the reliance on human resources have been increased. One of the indicators is the number of employees, which has risen from 3, 376 in 2006 to 11, 545 in 2012, increasing by 241.97%. The trend of human resources in the trust industry is becoming higher-educated and younger. As the trust industry continues to expand, the demand for different kinds of talents will increase as well, therefore the future human resource strategy of trust company will become crucial.

Key Words：Core Resource; Reliance; Strategic Position

B.9
中国信托业2012年专题研究报告

崔彦婷

摘 要:

近年来,我国信托行业步入快速发展时期。本文对我国信托行业近几年的发展状况及其特点进行了回顾与总结,对驱动其快速发展的关键因素分别从宏观和微观两个角度进行了分析,提出可持续化集约发展模式应是信托行业未来的发展方向这一观点,并就未来展业模式提出了具体建议。

关键词:

信托 战略 驱动因素 展业模式

我国信托行业自1979年至今,共经历了6次大规模行业整顿,信托业近几年业务规模迅速膨胀,这些起伏波动背后具有复杂的内在和外在原因。信托行业能否稳定发展,其发展的关键因素在哪里,仍有待研究。本文拟对信托行业近几年来的发展状况进行回顾,以期分析影响信托行业发展的关键驱动因素,并尝试对信托行业未来展业模式进行思考。

一 中国信托行业近几年来的发展状况

1. 信托公司资产管理规模迅速增长,但信托报酬率呈下降趋势

近年来,我国信托行业快速发展,截至2010年底,信托资产规模超过了3万亿元,到2011年底达到了4.8万亿元。根据2011年信托公司年报的统计,2010年信托行业管理资产规模快速增长,平均资产达到了574.08亿元,比2009年增长了48.64%;平均信托收入达到了302168万元,比2009年增长了48.26%;平均信托利润达到了256142万元,比2009年增长了47.64%。从信

托公司经营业绩来看，平均利润和人均净利润一直呈增长态势。

我们选取 2003～2011 年的集合资金信托计划作为样本进行分析。2003 年集合资金信托计划发行总规模为 2681820 万元，经过逐年递增，到 2011 年，总规模达到 81302900 万元。从图 1 可以看出，2003～2011 年集合资金信托计划的规模和个数都呈递增趋势，尤其自 2009 年开始，呈现出突飞猛进的发展态势。

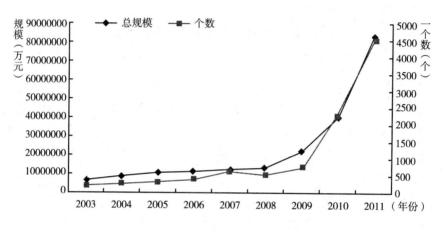

图 1　2003～2011 年集合信托计划规模与数量

资料来源：用益信托网。

但是，在信托公司资产管理规模不断扩张的同时，信托报酬率却出现了下降的趋势。从信托公司年度报告披露情况来看，截至 2011 年下半年，共有 42 家信托公司公布了信托报酬率。2010 年信托行业平均信托报酬率为 0.69%，比 2009 年降低了 0.17%。实际上，信托报酬率在经历 2006 年和 2007 年的高速增长之后，自 2008 年开始逐年下降，2010 年的信托报酬率是 0.69%，为 2004 年以来的最低点，如图 2 所示。

2. 资金投向领域不断延伸，但主要集中在四大领域

信托资金投向的传统领域为房地产、证券、基础设施，近年来信托资金投向领域不断扩展，涉及工矿企业、物流、新能源、小企业、黄金、艺术品和酒类等领域，如 2010～2011 年国投信托推出的"国投飞龙艺术品投资基金集合资金信托计划系列"、2011～2012 年中融信托推出的"融美艺术品集合资金信

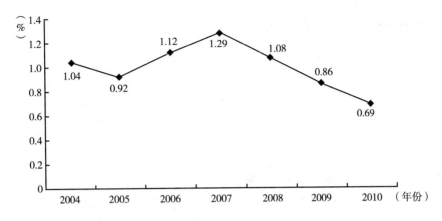

图 2   2004～2010 年行业平均信托报酬率

资料来源：《2011 年中国信托公司经营蓝皮书》。

托计划系列"、2011 年中航信托推出的"天启 189 号红酒投资集合资金信托计划"、2012 年四川信托推出的"茅台红钻酒收益权投资集合资金信托计划"等。与此同时，信托投资标的物从房产、公路等，向多样化的产权延伸，包括应收账款、上市公司股权收益权、上市公司定向增发股票、非上市公司股权收益权以及特定资产收益权等。

用益信托网相关数据显示，自 2003～2011 年，集合信托计划以金融、房地产、工矿企业、基础设施、能源、交通运输、商贸物流、科教文卫、农林牧渔、旅游餐饮为主要资金投向，其中，金融、房地产、工矿企业、基础设施类的投资占总投资的 80% 以上。尽管近年来信托资金投向领域有不断扩大的趋势，但总体来讲，并没有改变金融、房地产、工矿企业、基础设施等四大投向为主体的主导地位。

2009 年是信托业务规模开始剧增的转折点，我们尝试以 2008～2011 年为时间阶段，对四大投资方向分别进行较为深入的分析。从图 3 我们可以看出，2008 年集合信托资金投向为金融类的规模最大，经过 2009～2011 年的规模扩张，房地产信托规模剧增，跃居集合信托投向的第一位并遥遥领先于其他种类的信托资金规模。而在 2008～2009 年与基础设施基本持平发展的工矿企业信托，到 2010 年几乎赶上了金融类的信托计划规模，并于 2011 年超越了金融类信托计划规模，成为了第二大类投向。

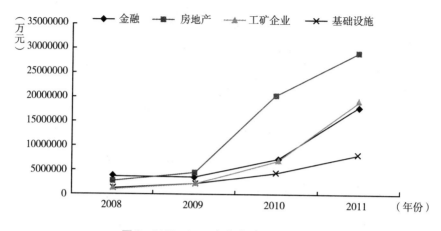

图3　2008～2011年集合信托计划投向

资料来源：用益信托网。

3. 信托公司之间竞争日趋激烈，行业集中度显著提升

由于信托业务领域的各种资源的稀缺性，信托公司之间的竞争日趋激烈，主要表现为对银行资源的争夺、对项目资源的争夺、对人才资源的争夺以及对业务领域和区域的占领。2010年曾出现个别信托公司为争取银行客户资源，采取不正当竞争手段，从而遭到多家银行抵制的案例。近几年，信托公司一直存在招聘热的现象，一些公司不仅打出招聘广告，而且聘请专业猎头公司大举挖掘高级人才，公司内部也通过调整薪酬激励政策、提高业务提成比例等方式吸引和留住人才。行业内人才流动频繁，业内团队从一家信托公司向另一家信托公司集体跳槽的事件屡见不鲜。由于资金、项目、渠道等资源主要集中于大城市，各信托公司分别在北京、上海、深圳等地设立办事处，以争取更好的发展机会，其中，2010年6月英大信托直接将注册地由山东济南迁至北京。

随着信托公司之间竞争的日趋激烈，信托行业项目、资金等资源分布不平衡，信托公司之间业绩差距逐渐扩大，行业集中度不断提升，出现了业务逐渐向少数大型公司集中、而多数较小的公司业务占比较小的状况。2010年数据显示，如图4所示，信托资产规模集中度十分显著，排名第一的中信信托年末信托资产规模为3328亿元，占全行业资产规模的10.95%，而行业排名靠后的22家信托公司资产规模总和是3304亿元，还不到中信信托一家的资产规模。行业排名前十名的中信、中融、中海、中诚、英大、平安、粤财、山东、华宝和外贸信托平均资产规模为 1482 亿元,后十名的华宸、安信、金谷、杭工商、爱建、西部、甘肃、华澳、云南和国民信托平均资产规模为 82 亿元。行业集中度的另一个体现就是信托公司营业收入的巨大差距。如图 5 所示,2010 年的数据显示,行业排名前十名的中信、平安、中融、华润、中诚、上海、中海、江苏、华融和重庆信托的平均营业收入为 137896.1 万元,而后十名的兴业、云南、金谷、陕西、湖南、中航、甘肃、爱建、国民和华澳信托的平均营业收入仅为 13173.3 万元,前十名的平均营业收入是后十名平均营业收入的十倍还要多。

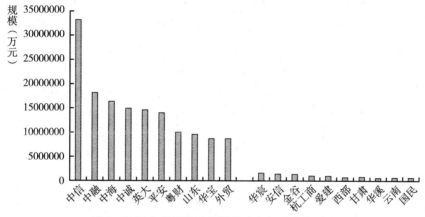

图 4　2010 年信托资产规模前十名与后十名对比

资料来源:《2011 年中国信托公司经营蓝皮书》。

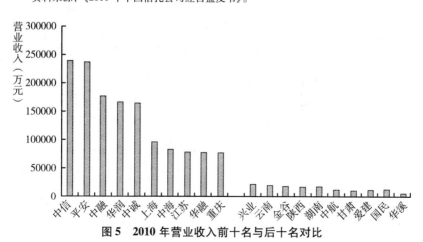

图 5　2010 年营业收入前十名与后十名对比

资料来源:《2011 年中国信托公司经营蓝皮书》。

4. 投资热点此起彼伏，同时法律监管制度滞后

近年来信托行业投资热点此起彼伏，先后出现了证券投资类、政信合作类、银信合作类、房地产投资类等信托项目的热潮。同时，由于法律制度的相对滞后，监管部门不得不针对各项业务的不同特点，适时地发布相应监管规定，因而一定程度上他们充当了消防员的角色。

（1）证券投资信托业务

根据用益信托网的数据，由于股市的单边上涨，2006 年证券类信托产品经历了爆发式增长，产品数量和资金规模都有大幅提高，2007 年达到峰值，产品规模占全部集合信托计划规模的 69.48%，产品个数占全部集合信托计划个数的 70.09%。随着证券市场的波动，证券类信托产品的规模也开始回落，2011 年数据显示，其规模和个数占比分别降到了 8.19% 和 14.22%，如图 6 所示。

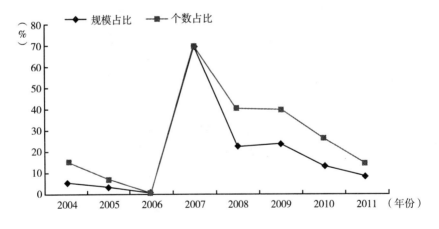

图 6 2004～2011 年证券投资类信托占比

资料来源：用益信托网。

证券投资类信托业务开展一年后，监管部门于 2004 年下发了《关于信托投资公司开设信托专用证券账户和信托资金专用账户有关问题的通知》，规定信托公司应为信托计划开设信托财产专户和专用证券账户，在操作细节上实现信托财产与固有财产相分离，实行各部分单独管理、单独记账的管理措施。同年，银监会下发《关于规范信托投资公司证券业务经营与管理有关问题的通知》，强调进一步贯彻落实《关于信托投资公司开设信托专用证券账户和信托资金专用账户有关问题的通知》。经过 2007 年证券投资类信托业务的爆发式增长，2008 年银监会下发《关于加强信托公司房地产、证券业务监管有关问题的通知》，强调信托公司在开展此类业务时应遵循"组合投资、分散风险"的原则。2009 年 1 月，银监会进一步下发了《信托公司证券投资信托业务操作指引》，规范此类业务，使原有投资顾问模式证券业务增长放缓。证监会和中国证券登记公司暂停证券信托产品开户后，银监会于 2009 年 8 月下发《关于信托公司信托产品专用证券账户有关事项风险提示的通知》，要求信托公司对现有产品投资账户进行筛查，并注销结束产品的账户。此后，信托公司存量证券账户更加短缺，于是在选择新的合作私募机构时采取了更加审慎的态度，致使私募机构体现出强者愈强的态势，业内知名的几家机构在产品发行和扩募上都占据绝对优势地位，证券投资类信托业务也日趋放缓。

（2）政信合作信托业务

我国政信合作类信托业务主要在 2008 年开始大规模发展，当时国家"4万亿经济刺激计划"启动后，地方政府为了配套中央资金进行地方基础设施建设，纷纷加快成立地方政府融资平台，采用直接从银行贷款或者发行债券等方式进行融资。在 4 万亿经济刺激计划的背景下，一方面信托公司作为重要的金融机构寻求与地方政府在基础设施建设项目上的合作，另一方面银行为了规避监管，纷纷选择暂时将贷款售予信托公司，从而将贷款从其资产负债表上转移，银行也因此能够达到信贷额度或资本充足率的要求，因此在产品设计中，信托公司基本都是与银行一道为地方融资平台提供融资。

随着地方政府融资平台风险日益受到关注，银监会于 2009 年 4 月 14 日下发了《中国银监会办公厅关于信托公司政信合作业务风险提示的通知》（以下简称"《通知》"）。《通知》强调信托公司在开展政信合作业务时应高度重视合规经营的问题，采取有效措施防范合规性风险和法律风险。在项目选择中应严格遵守国家宏观经济政策各项要求，选择国家重点支持的行业领域进行合作，严禁向国家限制的行业、企业和项目提供投融资服务，并要求"在开展政信合作业务中，信托公司应加强对合作方资金实力、信用程度和综合偿债能

力的跟踪分析，及时、全面地掌握借款人的各类授信信息，按照统一授信要求，结合地方政府实力与实际负债状况，核定信用等级和风险限额，在符合信贷条件、权衡风险与收益的情况下，审慎选择服务支持对象"。可见，当时政信业务中存在的风险已经引起了监管部门的警觉。

政信合作信托业务的真正强有力的监管措施来源于财政部的388号文，即2009年11月财政部下发的《财政部关于坚决制止财政违规担保向社会公众集资行为的通知》，该通知对地方财政担保的做法持否定态度，并要求立即停止财政违规担保向社会公众集资的行为；财政担保正在向社会公众集资的，要立即终止；拟由财政担保向社会公众集资的，要及时终止集资计划；已经使用财政资金提供担保并集资的，要按照有关规定抓紧组织资金予以清退，依法保证干部群众等社会公众的集资款不受侵害。自此，信托公司开始审慎开展政信合作类信托业务，此类业务量因而开始大规模下降。

（3）银信合作理财信托业务

国内银信理财业务起始于20世纪90年代中期，其一度成为信托公司大规模发展的业务类型。自2008年以来银信合作业务逐渐成为信托公司主要的利润来源之一。从用益信托网2008年以来对银信理财业务的数据统计来看，该类业务涉及的机构从2008年的29家银行、25家信托公司扩展到2011年的65家银行、41家信托公司。其中信托公司数量在2010年曾达到54家，但在2011年有所减少。产品发行数量和发行规模也在逐年不断增多，2008年该类业务共开展三千多笔，到2011年已达到将近九千笔（如图7、图8所示）。

自2004年以来，银行业监管机构出台并实施了一系列新的银行业监管政策和法规，其中针对银信合作理财业务专门制定了相应的政策，使银行理财产品被不断创新和加速发展。

2008年12月4日，银监会出台了《银行与信托公司业务合作指引》（简称"《指引》"），《指引》明确了银行与信托公司在银信合作理财业务中各自的角色和职责，并且明确了几类银信合作业务具体的操作规范。《指引》的出台在政策层面上既是对银信合作的肯定也是对银信合作业务发展的规范，从而在宏观政策层面上推动了银信合作的发展。

2009年底，银监会为配合宽松政策的逐步退出，对银信合作业务做出了

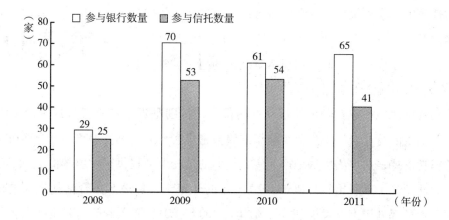

图 7   2008～2011 年银信理财业务参与机构统计

资料来源：用益信托网。

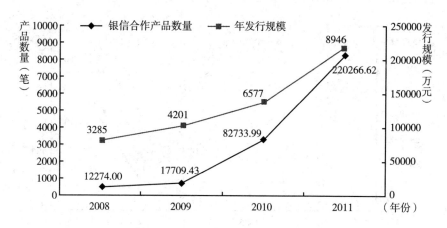

图 8   2008～2011 年银信理财业务产品情况

资料来源：用益信托网。

适时监管，先后出台了《关于进一步规范银信合作有关事项的通知》（以下简称"111 号文"）和《关于规范信贷资产转让及信贷资产类理财业务有关事项的通知》（以下简称"113 号文"）。111 号文规定，信托公司在开展银信合作业务中要自主管理，不得将尽职调查职责委托给其他机构，在开展信贷资产转让、票据资产等业务时应遵循实际转让原则，并要求权益类金融产品的投资者应按《集合资金信托计划管理办法》中规定的合格投资者的标准执行。113 号文要求在开展信贷资产转让及信贷资产类理财业务时，要严格遵守资产转让真

实性原则，禁止银行内存量信贷资产通过信托公司转到表外的做法，并向理财客户及时披露信贷资产的风险状况。111 号文和 113 号文配合信贷紧缩政策，从银信合作模式上限制了银行信贷规模的超速扩张。

（4）房地产信托业务

我国房地产业对经济的拉动作用很大，特别是近十年来已经成为对 GDP 贡献最大的行业。房地产业是典型的资金密集型行业，其发展离不开金融机构的密切支持，这也为以房地产为资金投向的信托业务提供了发展契机。

从图 9 不难看出，自 2003～2011 年的 9 年中，房地产集合信托产品的规模和数量都处于上升发展态势，尤其是 2009～2011 年这 3 年，房地产集合信托项目迅猛增长，规模从 2009 年的 4491604 万元增长到 2011 年的 28681200万元，个数也从 218 增长到 986 个。

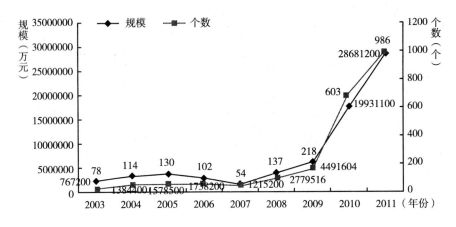

图 9　2003～2011 年房地产集合信托项目统计

资料来源：用益信托网。

对于房地产信托业务的监管，银监会一直保持较为谨慎的态度，监管上根据宏观经济调控节奏的松紧来调整自己的监管政策。2004 年针对房地产企业融资难问题，银监会发布《信托公司房地产投资信托计划试点管理办法》对地产项目融资进行了创新。2005 年 9 月，银监会下发《关于加强信托投资公司部分业务风险提示的通知》，该文件提示信托公司关注房地产业务的风险，规范经营行为，并进一步提高房地产信托发放的门槛，房地产信托业务有所收紧。2006 年 7 月，银监会下发《关于进一步加强房地产信贷管理的通知》，该文件强调信托公司应严格执行《关于加强信托投资公司部分业务风险提示的通知》的相关规定，并严格执行信息披露制度。2008 年银监会再次下发《加强信托公司房地产、证券业务监管有关问题的通知》，对信托公司开展相关业务进行了进一步规范，并对相关操作进行了进一步的风险提示。2010 年 2 月银监会下发了《关于加强信托公司房地产信托业务监管有关问题的通知》，该文件中明确了房地产贷款的发放条件。

面对房地产信托资金集中度高，地产调控政策趋紧，房地产类信托产品的风险加剧，而此类信托项目有增无减的态势，银监会逐步加强了对房地产信托业务的监管力度。2011 年 2 月份印发的《信托公司净资本计算标准有关事项的通知》，对信托公司净资本、风险资本计算标准和监管指标做出了明确的规定，并将房地产信托中最主流的融资类房地产信托业务的风险系数提高到最高 3% 的风险计提比例。与此同时，监管层多次约谈较为激进的信托公司要求其注意控制房地产业务增速，加强风险监测。2011 年的第三季度，国内外经济形势日趋复杂，房地产信托产品也被监管部门要求由事后报备改为事前报备，监管部门审批的速度放慢、审批程序更为严格，房地产信托产品的发行数量逐渐递减，总量规模受到控制。

（5）其他信托业务

除此之外，自 2011 年来，随着房产投资越来越不景气，矿产能源投资、艺术品投资和酒类投资信托的规模和个数也在悄悄增多。2011 年，国内共有 36 家信托公司参与发行了 157 款矿产资源类信托产品，发行规模为 481.29 亿元，与 2010 年相比，产品数量增加了 161.67%，发行规模更是同比上涨了 253.92%。从用益信托网公布的数据来看，2011 年前三季度共发行艺术品信托 31 款产品，较 2010 年前三季度增加 25 款产品，增幅高达 416.67%；而 2011 年前三季度发行规模为 410875.5 万元，比 2010 年前三季度增加了 381925.5 万元，增幅高达 1319.26%；2011 年前三季度共有 11 家信托公司参与了艺术品信托产品的发行，比 2010 年前三季度增加了 9 家，增幅高达 450%。此三类业务能否成为新的大规模的投资热点，尚不能确定。目前，针对这三类业务还没有相应的监管措施。

二 影响我国信托行业发展的关键驱动因素分析

回顾过去几年我国信托行业的发展状况，笔者认为应从宏观和微观两个角度分析信托行业发展的关键驱动因素。

1. 宏观角度

从宏观角度来看，信托行业发展的基本驱动因素在于我国国民经济快速发展带来的资金需求不断增长，人民日益增长的财富对于投资领域拓宽的需求，以及我国信托相关政策、制度的不断完善等。

（1）经济快速发展、资金需求不断增长是信托行业快速发展的最根本动因。

过去十年中，中国经济持续快速发展，GDP 年均增速超过 10%。在经济快速发展过程当中，各行各业的资金需求不断增长，尤其就我国的经济结构特点而言，对于信托资金需求最为迫切的行业主要集中在房地产、工矿企业、基础设施等领域。

信托深度是国际上用以衡量信托业发展程度的指标之一，即信托资产与 GDP 的比值。如图 10 所示，自 2004 年以来，我国信托资产占 GDP 的比重逐年增加，2004 年我国信托资产规模为 2102 亿元，占 GDP 的比重为 1.6%，到 2011 年信托资产规模达 48114 亿元，占 GDP 的比重为 10.2%，八年间增长速度惊人。（见图 10）

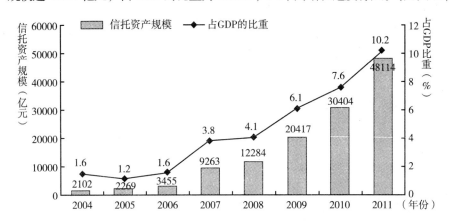

图10 2004～2011年信托资产规模及其与 GDP 的比值

资料来源：国家统计局、用益信托网。

（2）居民财富的投资需求日益增长促进了信托业的快速发展。

随着我国经济增长和国民收入分配政策向居民倾斜，居民占有和控制的财富越来越多。如图 11 所示，2007 年全国居民存款为 17.9 万亿元人民币，2011 年末达到了 35.2 万亿元，年均增长率为 18.4%，远远超出 GDP 增速。但是我国居民投资渠道少，存款利息低，实际利率甚至可能为负值，而股市的风险又很大，许多股民被套，基金投资的风险也具有不确定性，而信托投资的市场风险还没有被真正地转移到投资者身上，刚性兑付的条件使得信托理财产品风险小、收益较高，并具有抗周期波动的优势，因此，这种理财方式吸引了越来越多的投资者。

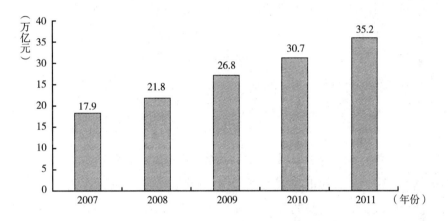

图 11　2007～2011 年全国居民存款总额统计

资料来源：中国人民银行。

（3）信托相关政策、制度的不断完善是促进和规范行业发展的重要因素。

信托投资的活跃不仅来源于经济的快速增长，还取决于政策制度的倾向。一些研究者认为，确立完善的信托市场监管制度，调整和建立现代化信托企业制度，使信托业以规范化的市场主体身份参与信托市场经营活动，将会极大地强化其对市场经济的发展和促进作用。一方面，信托业因其具有融资理财的双重信用中介职能而地位独特。信托的基础是信用，其信用的扩张与收缩，对信托市场的稳定发展至关重要。因此，需要国家对信托业务的运行过程进行调控管理，通过规范信托企业的设立、变更和终止等程序，并严格执行审批程序和设立条件，明确其业务范围与职责，有效地防止信托业务的盲目发展，引导信

托业讲求信用，以适当的规模和规范的行为来配合国家金融宏观调控的需要。另一方面，信托的法律特点决定了其对包含监管制度在内的法律规范体系的调整具有依赖性。信托法律关系的构成比较复杂，涉及多方当事人的权利义务关系，也涉及彼此之间的多种利益冲突关系。信托市场的监管实施，可以保障各方当事人依法行使自己的权利，履行各自的义务，平衡各种利益冲突。同时，信托业所具有的多种经济功能和灵活多样的适用空间等特性，使其极易被违法违规的目的所利用。以上这些情况都离不开监管制度的规制调整，引导信托市场的有序运行。

明确可行的法律制度规范和促进了信托业务的开展，但政策法律瓶颈也在同时制约了业务的进一步开拓。例如，我国信托财产权利归属界定不明确，信托税收制度缺位，信托财产登记制度缺失，监管政策层面对信托市场定位的不准确、对信托业务界定不清、监管不到位等问题，都在一定程度上限制了信托业的发展。

2. 微观角度

尽管宏观层面，经济发展状况和相关法律制度环境极大地推动了信托业整体的发展，但信托公司的发展更多依赖于信托个体在现有环境中充分发挥优势、迎接挑战、提高自身的各方面能力。我们可以简单地将信托公司发展微观层面的关键驱动因素归结为创新因素、营销因素和人才因素。

（1）创新因素。

创新是信托产品的基本特质，僵化和守旧是信托业的天敌。信托之所以能够在现代经济生活中获得广泛的运用，关键在于信托制度特有的风险隔离功能和权利重构功能所赋予信托产品的高度灵活性，这种高度灵活性被信托机构所认识，并通过其创造性的结构设计，具体化为风险和收益各异的信托产品，以满足市场主体多样化的特定需求。

创新往往意味着一个新的业务模式的尝试和开拓，因此，在现有信托企业中，创新能力较强的公司，其业务拓展也比较迅速，资产管理规模和信托报酬也相对较高。信托公司在产品结构、投资渠道方面的创新，往往都成为信托行业业务模式的重大转折点以及信托公司新的业绩增长点。例如，集合资金信托计划资金池设计，拓宽了单个信托产品的投资渠道，大大节省了人力资源等成本；又如，股权收益权信托产品的开发，为信托公司投融资方式开辟了新的思路，规避了一些融资政策限制。

一个行业的创新因素会带动整个行业迅速发展，而对于单个信托企业而言，信托产品创新能力是其竞争能力的核心因素。只有通过持续不断地产品创新，才能实现信托的基本功能，满足经济转轨和社会变革对信托产品的基本需求，才能形成信托产业化发展的基础。持续不断地产品创新是信托机构的核心竞争力所在和生存的基础。

（2）营销因素。

对于信托公司来说，以客户需求为导向的资产管理、财富规划服务是其业务发展目标，但就具体项目的短期目标而言，产品销售是实现经营业绩的关键环节，也是实现业务发展目标的必经阶段。

信托公司具有"重产品"的传统，业务拓展大多以资金需求方和项目产品设计为中心，相比而言，资金委托方较少处于核心位置，营销作为高附加值环节的地位尚未得到充分地、普遍地体现。在 2010 年和 2011 年，信托公司集合资金信托产品不断涌现，资金需求量剧增，很多信托公司都面临巨大的营销压力，为此，一些信托公司纷纷设立营销"财富中心"，在异地设置营销团队。但是，营销能力的建设不是一朝一夕可以完成的，信托营销人员的专业化程度仍然不足，信托公司在自行销售的同时仍不得不主要依赖银行及其他营销中介机构。自主营销能力的提高程度将是未来不同信托公司核心竞争力的主要差异点之一，谁占领了营销这块高地，谁就更有可能成为未来业内的王者。

（3）人才因素。

对于创新特质非常突出的信托公司而言，从业人员的数量和质量显得尤为重要。传统金融机构，如商业银行、证券公司、保险公司等机构的发展历程更为稳定，波动更小，因此业务模式、人员素质等更加稳定，延续性较强。而信托公司的发展经历了更多的波折，历史上出现过几次大整顿，主营业务一度不明朗，业务和人员延续性较差，近几年的行业大发展又吸纳了许多对信托业务并不熟悉或理解并不深入的人员进入信托行业，这些都对信托公司继续实现快速而又稳健的发展提出了新的要求和挑战。

据统计，2010 年信托行业从业人员总数为 7067 人，平均每家信托公司有

员工 133 人，较 2009 年增加了 28 人；其中，200 人以上的信托公司有四家，分别为：平安信托 973 人、中融信托 788 人、中信信托 274 人、新华信托 240 人。这几家公司在规模、收益等指标上的业内排名也是名列前茅，可见人才因素与信托公司发展是相辅相成、互相促进的。当然，信托公司人力资源的成长并不等同于简单的数量递增，关键还是在于人员素质的提高。

信托业发达的国家或地区大多已建立较为完善的信托人才教育、选拔、管理等制度，人才储备雄厚，而我国信托从业人员整体数量和质量与现有业务需求之间形成较大的反差，制度建设和储备机制也近乎空白。目前，大部分信托公司的专业技术人才匮乏，许多业务部门人员在产品营销、资金管理运作、基础尽职调查、交易结构设计等方面都难以胜任，与开展信托业务的要求有较大差距。在资金需求量高的市场情况下，这并不会影响信托业务量，但这会对信托业务风险管理工作产生较大的影响，甚至引发不可预知的风险。与此同时，信托从业人员流动性强，比其他金融机构人员流动速度快，信托公司人力资源管理、结构调整都有待进一步改善。

三　展业模式选择

关于我国信托行业的展业模式选择，在大多数信托行业类研究中都有所涉及，通行的观点主要有：从比较法的角度，建议国内借鉴其他国家地区较为先进的做法，重塑信托理念，将配套的信托制度予以引进；从制度设置、机构设置、人力资源配置、渠道开发、品牌创新等方面改善信托公司战略，采取措施，促进信托公司发展；另一种较新的观点认为，信托公司应选择一条可持续化集约发展模式的道路。

笔者认为，根据我国信托行业的具体情况，可持续化集约发展模式应是未来行业的发展方向，根据这一思路的要求，可以提出如下发展模式建议。

1. 顺势而为，提高自主经营能力

我国信托行业受政策和经济形势影响较大，信托公司应顺应经济形势和宏观经济政策的潮流而行事。在政策鼓励基础设施建设阶段，信托公司抓住机会与地方政府融资平台合作，大力发展政信业务，有一批信托公司在这一时期得到了较快发展；在银行业信贷收紧的情况下，信托公司与银行合作，从事银信合作信托业务，一方面为银行解决了困难，另一方面满足了自身发展的需求；在房地产行业迅猛发展的十年中，信托作为房地产投融资的重要主体，也与该行业一同实现了飞跃式发展。每一经济周期内，国家政策总会对一些产业加以扶持，或者着力抑制，信托公司应顺应宏观经济政策和形势的变化，适时调整自己的业务方向。

但每一政策倾向都不是一成不变的。例如房地产行业近几年迅速膨胀，具有较高的泡沫成分，面对日益严峻的经济形势，目前国家出台了一系列较为严格的调控政策，对房地产行业本身打击巨大，并且对房地产行业的投融资业务也有较大影响。面对这样的经济和政策形势，信托公司应开辟新的领域，谨慎开展相关业务，以免出现系统性风险。

我们看到，在与银行业合作过程中，信托公司业务通道化严重，跟着经济形势走的同时，也还要跟着银行信贷政策走，自身的话语权较少，信托报酬率偏低。信托公司应提高自主经营能力，提高主动管理型业务比例，利用信托特有的优势，稳固自己的主营业务，科学合理地设计项目交易结构，尽可能进行自主营销。无论是否为自行营销的信托项目，都应认真地进行尽职调查，做好相关报告工作。只有在信托公司的业务具有特色，不能被其他金融机构业务所替代的情况下，才能稳固自己的地位，并稳步发展。因此，我们在现有客观条件下，应尝试信托本源业务，接受委托人更宽范围的信托事项，促进信托业务朝着特色化、多样化的方向发展。

2. 勇于创新，寻找新的业务增长点

创新是信托的基础，信托交易结构的千变万化是信托生命力的体现。我们看到，一些信托公司拥有较强的创新能力，在原有的信托交易结构上，创造性地尝试新的设计（例如集合信托计划收益分层和结构化设计），不仅对自己公司的业务发展起到了积极作用，更为整个信托行业开辟了新的业务模式，为信托行业整体的发展起到了较大的推动作用。我们应在原有业务结构基础上，积极探索，创造出更能体现信托业务特色、有助于行业发展的新业务形式。

信托业务同其他金融业务一样，具有周期性特点，但又有自己的周期性特点。通过之前我们回顾以往的信托行业发展情况，可以看出信托行业每一发展

周期都与特定的行业发展或特定的业务方式相联系，而每一行业的涉入或每一业务方式的开拓，都离不开信托的创新。

信托公司应顺应形势发展信托业务，同时也应对市场进行敏感的洞察，积极探索新的业务领域。如从2011年开始，房地产信托业务出现下滑趋势，其中存在的系统性风险越来越被人们关注，这时一些信托公司开始尝试新的业务领域，除了大力发展以往就存在的矿产能源类信托业务，不少公司着力研究艺术品投资类信托业务、酒类信托业务等。尽管这些新发展是否能成为新的增长点还有待验证，但每一增长周期的开始，都是个别信托公司勇于尝试的结果。

3. 改变观念，重视委托人的个性化需求

信托公司以往的业务模式是以资金需求方为核心，根据需要设计出不同的交易结构，之后进行营销，将成形化的产品"卖给"需要投资的客户群或者单一客户。虽然也有一些业务是委托人主动提出委托事项要求，但多以非主动管理类业务为主，即将信托公司作为一个通道，接受委托人委托事项，实际上资金需求方与委托人在私下已经达成一致。这种模式无法体现信托公司的业务特色，也无法实现专业化服务，在信托报酬收取方面也难以具有较高的话语权，这也是信托公司业务规模在不断增长而信托报酬率却有下降趋势的原因所在。

我们应改变观念，尝试对目标客户群进行宣传，使其理解信托功能，并针对不同的客户需求，根据具体情况量体裁衣，制定特定的财富管理规划，从而实现资产的保值和增值。信托公司应抓住有利时机，紧紧围绕财富管理方面，以高净值客户为核心，把信托本源业务逐步做强，实现公司和行业的可持续发展。

在客户延续性方面，信托公司一般以销售经理为核心，客户依附于固定销售人员。销售人员跳槽，往往意味着相关客户也转移到其他企业。较为合理的客户维护方式是销售经理首次营销成功后，将该客户信息录入系统内，由公司服务部门统一对客户关系进行维护，以此为基础建立客户管理系统。客户管理系统能够更好地把握客户资源，切实提高客户忠诚度，使客户群具有延续性。

4. 重视人才，加强人力资源管理

信托专业人才的统一培养是我国目前存在的欠缺点，在此背景下，信托公司应根据自身发展实际，培养高素质的信托团队人员，以加强人才对公司业务的促进作用。信托公司相对于其他金融机构而言对人力资源、智慧、创新思维的依赖程度更高，人力资源发展战略必然是信托公司发展的重中之重。

信托业务的特点决定了从业人员的团队化工作特征，因此除一般企业提供的综合方面、业务方面的培训以外，信托公司应充分发挥团队协作的作用，用团队内部较成熟员工带动新进员工，力求在学习中开展业务，并在业务运作中实际学习，最终形成具有延续性、稳定性的信托业务团队，并以此为基础促进信托公司智慧的沉淀和人员素质的整体提高。

信托公司人员流动性大，也会间接影响信托业务的稳定性。为了降低人员的流动性，公司应高度重视员工的职业生涯设计和规划，使每一位员工都能有明确的职业目标，激发员工努力实现人生价值，充分调动员工的积极性和创造性。

在业务创新方面，人员是核心和根本。信托公司应通过对外招聘和内部培养的方式，建立稳定的研发创新人员队伍和持续的人员补给机制，同时要注重对现有研发人员的再培养，提供包括培训深造、交流学习、调查研究等机会，以此保证研发人员的信息交流和知识更新，提高产品设计技术含量，优化产品创新能力。

5. 防控风险，引入信托保险机制

金融行业的发展离不开风险的防控。信托公司传统风险防控的方式是以风险为基础，针对各个阶段采取措施，形成一个风险的识别、评估、预防、应对、后续监管的过程。即使对横向、纵向的风险管理措施都加以贯彻，但由于信托行业风险序列具有不确定性，风险的发生具有不可预测性，因此，风险管理工作从来都不是一个一劳永逸的过程。

金融业中的保险公司是风险的专门运营公司，它利用风险发生概率和标的价值的比率情况计算出合理的保险费用，收取该费用后，为投保人解决发生风险后的补偿问题。笔者认为我国可以尝试建立信托保险机制，将不同信托项目向保险公司进行投保，保险公司根据评估和计算结果，确定项目风险等级，根据不同级别项目风险和标的价值的差异，收取保险费，当发生项目风险时，保险公司根据投保标的的范围、价值等给予部分或全部的赔偿。这样一方面减轻了信托公司的风险管理压力，另一方面为受益人的财产权利提供了较好的保障。

参考文献

1. 中国人民大学信托与基金研究所：《2011 年中国信托公司经营蓝皮书》，中国经济出版社，2011。
2. 吴世亮、黄冬萍：《中国信托业与信托市场》，首都经济贸易大学出版社，2010。
3. 百瑞信托博士后科研工作站：《信托研究与年报分析 2011》，中国财政经济出版社，2011。
4. 贾林青主编《中国信托市场运行规制研究》，中国人民公安大学出版社，2010。
5. 翟立宏、杨林枫：《信托产品的开发创新》，中国财政经济出版社，2008。
6. 〔日〕能见善久著：《现代信托法》，赵廉慧译，中国法制出版社，2011。
7. 余辉：《英国信托法：起源、发展及其影响》，清华大学出版社，2007。
8. 戎武宏：《我国信托产品创新问题的研究》，西南财经大学硕士学位论文，来源于中国期刊网。
9. 张谦：《金融创新视角下的银信合作——以银信合作理财为例》，兰州大学硕士学位论文，来源于中国期刊网。
10. 张玉梅：《当前我国信托业存在的问题及发展对策》，对外经济贸易大学硕士学位论文，来源于中国期刊网。
11. 马卫寰：《信托公司集约发展模式研究》，载于《上海金融》2011 年第 7 期。
12. 马勇：《可持续业务模式决定信托行业未来》，载于《机构看市》，2011。
13. 李茜：《政信产品风险凸显》，载于《上海金融报》，2010 年 3 月 23 日。
14. 由曦：《中融信托违规获取客户信息私人银行泄密利益链曝光》，载于《每日经济新闻》，2010 年 9 月 29 日。
15. Meagher R. P., Gummon W. M. C., "Jacobs Law of Trusts." *Sydney*：*Butterworths*, 1986. 3.

Abstract：In recent years, China's trust industry has entered a rapid development period. This article reviews and summarizes the situations and characteristics of recent China's trust industry, analyses the key driving factors from the macro and micro perspectives, forcasts that sustainable intensive development mode is the future direction of trust industry, and proposes on the future development of business models at the end.

Key Words：Trust; Strategy; Driving Factors; Business Models

B.10
基础设施类信托产品研究报告

王苗军

摘　要:

　　2012 年以来,受房地产调控政策、地方经济刺激政策影响,基础设施类信托产品在发行数量和规模上均呈现出较为明显的上升趋势,这些产品主要集中在经济相对发达区域及其他发展政策刺激较为明显的区域,从交易结构上看,该类型产品从以往的纯债权投资转向权益类投资和债权投资并重的格局。基础设施类信托产品的大幅增长,需要特别注意交易对手及所在区域的选择,以及风险控制措施的有效性。

关键词:

　　基础设施　信托　风险控制

一　近期基础设施类信托产品概况

　　2012 年以来,基础设施类信托产品无论是在年化收益率还是在发行数量与规模上,较 2011 年均有较大幅度的突破。我们就 2011 年至今该类产品在年化收益率、发行数量与规模占比等方面作了趋势分析,统计结果如下:

　　从图 1、图 2 和图 3 中我们不难发现近期基础设施类信托产品的良好发展趋势。从年化收益率方面看,自 2011 年第一季度起稳步上升,2011 年第四季度后稳定在 9.2% ~9.3% 之间;从发行数量占比情况看,2011 全年稳定在 8% 左右,但进入 2012 年第一季度一跃超过 16%;而从发行规模占比情况看,2011 年从 8.31% 稳步上升至 12.2%,2012 年第一季度上升至 16.41%,而在第二季度更达 25.75%,一举超越房地产类产品(23.06%)与工商企业类产品(17.30%),成为集合信托产品中的翘楚。

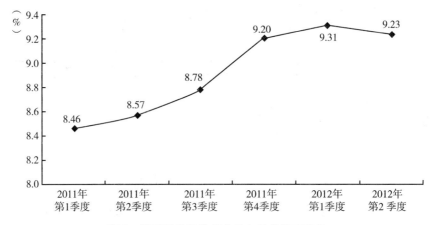

图1 基础设施类信托产品年化收益率趋势

资料来源：用益信托网。

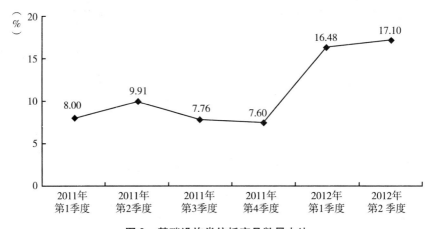

图2 基础设施类信托产品数量占比

资料来源：用益信托网。

基础设施类信托产品的急剧升温，究其原因主要有如下两个方面：首先，偏弱的经济大环境促使各级地方政府加大基础设施建设以保障和稳定地方经济增长，而房地产调控政策的持续收紧使得土地出让金锐减，给地方政府的财政收入造成了重大的影响，进一步促使地方政府通过信托渠道谋求资金支持；其次，信托公司房地产业务兑付风险陡增，新业务监管趋严，而监管机关对政府融资平台监控则相应转向宽松，促使信托公司对融资平台的风险也有了重新审视，进而将业务触角伸向了基础设施建设领域。

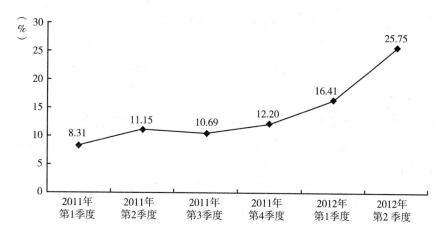

图3　基础设施类信托产品规模占比

资料来源：用益信托网。

二　基础设施类信托产品的主要业务模式与典型案例

所谓基础设施类信托，是指投资者将自己的合法财产委托给信托公司，信托公司根据信托合同或者法律文书的约定以自己的名义将信托资金通过信托贷款、资产买入返售、应收账款的类证券化等方式投资于交通、市政建设、河流湖泊整治、绿化工程等基础设施领域，从而实现受益人的利益或者特定目的的信托产品。在界定一个信托产品是否属于基础设施类产品，主要是看信托资金的投向，信托产品的投资标的是否属于基础设施领域，而其中信托计划的交易对手往往表现为政府、地方政府融资平台公司以及其他具有政府背景的企业，具有鲜明的政府色彩。

（一）基础设施类信托产品交易对手分析

基础设施类信托产品由于其资金流向的公益性，无论是信托贷款、资产买入返售、还是应收账款的类证券化，其还款来源最终依赖于政府财政收入情况与信用，因而信托公司在交易对手选择上表现出强烈的区域发展政策及政府财政收支情况的倾向。以中融信托为例，2012年上半年共计发行基础设施类信

托产品 69 款，主要集中在经济相对发达、政府财政相对充裕的如绍兴、无锡、镇江、扬州、南京等长三角地区的政府平台企业。此外，区域发展政策也是信托公司选择交易对手的重要因素，其中以国元信托最为典型。国元信托 2012 年上半年共计发行基础设施类信托产品 37 款，全部分布在安徽省内，主要依托了国务院《皖江城市带承接产业转移示范区规划》的实施带来的投资机会，仅 2012 年上半年就推出"皖江城市带系列产品"共计 10 款，主要以受让企业对政府的应收债权以带动交易对手资金流动的方式运作。

（二）基础设施类信托产品的交易结构设计

与 2009 年基础设施类信托产品发行高潮中以贷款方式运作为主不同，2012 年发行的该类产品在资金运用方式上最突出的表现是信托贷款比例下降，而以受让应收债权实现交易对手资产证券化的权益投资方式得到广泛运用，具体情况如图 4 所示：

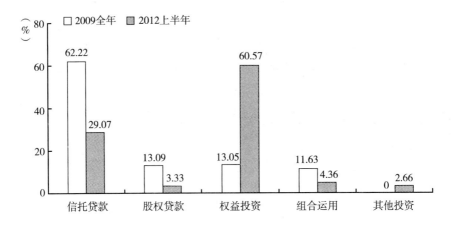

图 4　各类型资金运用模式规模占比

资料来源：用益信托网。

在交易结构设计上，各信托公司针对交易对手的不同在交易资金运用方式上也呈现出明显的差异。以中信信托为例，2012 年上半年共计发行基础设施类信托产品 27 款，其中贷款类产品 7 款，权益投资类产品 20 款，各类型占比在规模与数量上与行业均值较为接近。但通过统计我们发现，贷款类产品的交易对手主要为如天津城投集团、昆明发展投资集团、北大国际医院集团等规模较大，偿债能力、融资能力较强省级或者省会城市的交易对手；而对于句容城投、武进交发、柳州城投等规模较小、偿债能力较弱的交易对手，则采用了对地方政府的应收款进行类资产证券化的方式。除中信信托外，中融信托和国元信托也表现出较为明显的此类倾向，上述两家公司2012年上半年分别发行基础设施类信托产品69款与37款，其中通过权益投资方式运作的分别占68款与32款，而从其交易对手分析，两家公司的交易对手主要为长三角地区与安徽省内的市级或者县级的单位。对同样类资产证券化的运作模式，各信托公司在具体的运作方式上也表现出较为明显的差异，在前述三家公司中，中信信托较倾向于应收债权买入回购的运作方式，而国元信托则较倾向于买断式的运作方式，中融信托在二者方式的选择上则多采用买断与回购的运作方式。

（三）基础设施类信托产品的增信措施

基础设施类信托产品之所以如此受信托公司及投资者追捧，关键的一点是背后有政府信用的支撑。但在具体产品的设计中，不管是信托贷款、资产买入返售还是应收账款的类证券化，信托公司一般都要求追加额外担保，比如土地、房产、优质公司股权质押，以及其他第三方保证等。

通过对比各信托公司增信措施我们发现，各信托公司在风险控制方面表现出明显的差异。以信托公司广泛采用的应收账款类资产证券化操作为例，国元信托在处理该类产品的风险过程中显得较为激进，其2012年上半年发行的32款权益投资类基础设施信托产品在资金运作方式上多采用企业对政府的应收账款买断式操作，在风险控制措施上多采用追加原债权人（或追加其他第三人）为连带责任保证人，由债务人（地方政府，并要求地方政府将债务纳入财政预算）到期履行债务承担保证责任，而极少要求追加抵押或者质押；中信信托与中融信托在相应的风险控制措施上显得较为保守，除要求交易对手所在地财政局将应收账款纳入财政安排以及追加保证人外，往往还增加国有土地使用权或者房地产抵押。此外，中信信托因单个产品募集规模较大（2012年上半年发行的27款基础设施类信托产品平均单个产品规模都超过5亿元）在风险

控制措施方面多采用结构化设计，即将应收账款的信托收益权分为优先与劣后两级，由融资方以自有资金认购劣后级受益权，由投资者认购优先级受益权。

三 基础设施类信托产品发行的注意事项

信托资金参与基础设施建设具有二重性，参与得当，可充分发挥信托产品汇集社会闲散资金的金融工具功能，实现投资者利益与地方经济发展的双丰收；若参与不当，则可能陷入地方债务危机，损害投资者利益，甚至影响地方经济社会发展。因此，如何趋利避害，进一步提高风险管理能力，尽职管理信托财产，确保基础设施类信托既支持地方经济发展，又能保证信托资金的安全和受益人的合法权益是信托公司在开展此类业务过程中的永恒主题。

（一）基础设施类信托产品交易对手的选择

公司介入的地方融资平台必须是自身现金流完全覆盖贷款本息、经营前景良好、实行商业化运作的平台，原则上仅限于退出平台、划为"监测类"管理的平台公司，它们要严格执行中国银监会《关于加强2012年地方政府融资平台贷款风险监管的指导意见》等相关监管规定。重点支持省级、省会城市、计划单列市、重点城市的平台公司；符合商业化运作要求的国家及省级重点项目；择优支持经济发展前景良好、地方财政收支平衡、财力充裕、地方政府负债相对较低的地市级及全国百强县级平台公司。

在交易对手的选择过程中，应注重考察交易对手所在地的地方政府的财政能力，根据当地各项经济指标、金融指标、收入指标、支出指标以及债务指标等指标综合判断还款能力，审慎选择合作对象。除了原则上要求的平台公司隶属政府最近一年债务率小于或等于150%；隶属政府最近一年财政偿债率小于或等于20%；隶属政府最近一年财政资金自给率大于或等于40%等指标外，全面分析地方政府及交易对手的收入来源与结构，充分考察财政收入、一般预算收入以及税收收入的占比情况，重点选择财政收入占GDP在30%以上，一般预算收入占财政收入在50%以上，税收收入占一般财政收入在70%以上的区域。

在交易对手还款来源的考量上，重点考察地方政府及交易对手对土地出让金的依赖程度，对于严重依赖土地出让金的地方政府及平台公司应审慎介入。应重点评估第一还款来源的可行性，综合考虑融资项目本身的现金流收入、政府财政支出安排、商业银行的授信及融资可能、借款主体发行债券及票据的可能、地方政府及交易对手主要负责人的行政能力和履约意愿，判断第一还款来源按时到位的可靠程度。

（二）基础设施类业务开展中的政策影响

在基础设施类信托业务开展过程中应该关注区域经济、产业经济的新动向，选择符合国家政策的优质项目。如国元信托在开展基础设施类业务过程中，便是紧紧抓住了皖江城市带承接产业转移、皖北振兴计划等区域发展战略机遇，开发了"皖江城市带系列产品"、"皖北振兴系列产品"等具有鲜明政策导向因素的产品。

近期，受经济增速面临下行压力影响，新的经济增长点亟待发现背景下，各地产业规划密集出台，据不完全统计，各地仅6~8月份发布的地方投资计划涉及金额就超过7万亿元，如此情形在一定程度上为基础设施类信托业务的开展提供了良好的政策背景。如宁波市政府下发的《市政府关于推进工业经济稳增长调结构促转型的若干意见》、南京市政府下发的《市政府关于进一步扩大内需拉动消费的若干意见》等区域发展规划中均将基础设施的完善和扩大投资等放在重要位置。除区域因素外，产业发展因素也是基础设施信托业务开展过程中的重要考量因素，如国务院新近批准的《无锡国家传感网创新示范区发展规划纲要（2012~2020年）》中关于无锡市物联网产业集群建设蕴涵着巨大的基础设施建设需求。在业务开展过程中，应根据国家推动与培养战略性新兴产业要求，抓住扩大内需以及地方政府需求强烈的有利时机，通过细分相关产业链条和企业，寻找产品发行的有利时机，通过创新控制风险，创造出符合企业需求和信托公司风险控制要求的产品。

在把握基础设施类信托业务开展过程中，需要注意控制业务的集中度风险。充分考虑同业在同一区域内的业务开展情况以及同一公司在同一区域内的业务存续情况，避免信托资金过多地集中于某一区域。

（三）基础设施类信托产品的风险控制

基础设施类信托产品之所以受信托公司及投资者的追捧，重要的原因是有政府信用的背书，但在市场化、商业化运作程度不断提高的背景下，政府信用绝不应被滥用甚至透支，信托公司在业务开展过程中必须按照市场化运作的原则对发行产品实施严格的风险控制，切实地控制产品风险，实现投资者利益的最大化。

1. 标的项目的尽职调查

业务开展过程中，应充分考察项目的可行性与合法合规性，核实并取得项目可行性研究报告及有关部门的相关批复文件、项目立项及环境影响评价等有关审批文件；综合分析地方政府的财政收入增长、支付能力、现金流平衡关系的基础上，全面评估地方政府信用，以确定项目投融资额度；严密核实项目投资使用计划和资金筹措方案，对资金来源、资本金已经到位或能够按期到位情况、资金使用情况进行必要的调查，并取得相关证明文件；对于相应款项列入地方政府财政预算的，应向财政部门核实预算的范围及具体安排，尽可能取得地方财政部门及人大的书面文件。

2. 产品的增信措施设计

在开展基础设施类信托业务过程中，应尽量避免单纯地依赖政府信用，按照商业化、市场化的原则设定有效的担保及增信措施。尽可能地设定以土地使用权抵押、在建工程抵押、现房抵押、股票质押等担保，有选择地适当接受未上市公司股权质押担保、应收账款质押担保等。对抵押物、质物应调查揭示其是否有限制流通或者禁止流通的法律属性，应评估其转让变现能力。对于第三方保证，应充分考察担保人的担保能力，不得接受地方各级政府及其所属部门、机构和主要依靠财政拨款经费补助的事业单位以财政性收入、行政事业等单位国有资产，或其他任何直接、间接形式为项目提供的担保。

3. 产品的信后管理

应强化贷后投后的过程管理和信息披露，结合基础设施类信托产品的特点，在项目实施审批前充分制定可行的过程管理及风险控制措施；在项目实施过程中，应严格执行公司有关制度，切实执行信托项目所有法律文件、公司领导批示及有关要求，对交易对手、用款项目、政府财政、担保物等及时持续地跟踪监控，综合运用非现场监控和现场检查等手段，第一时间掌握有关情况。对发现的问题，严格履行风险报告职责，从而及时评价风险的类别、程度、原因及其发展变化趋势，采取有效处置措施，防范、控制和化解风险。

Abstract：Influenced by the real estate controls and local economic stimulation, infrastructure trust products have displayed an obvious upward trend in both issuance number and volume since 2012. The majority of these products are concentrated in more developed zones or areas where local economic stimuli were most pronounced. As for the transaction structure of those products, the former pure debt investments are gradually turning to the combination of equity investments and debt investments. The growing size of infrastructure trust products requires special attention to counterparties on their localities, as well as the effectiveness of risk control measures.

Key Words：Infrastructure；Trust；Risk Controls

B.11

平稳解决"刚性兑付"
问题的方式和路径

王苗军　崔彦婷

摘　要：

刚性兑付是信托行业发展初期监管要求和市场选择综合作用的结果。刚性兑付的存在使得信托行业、信托公司以及投资者面临重大风险，从长远来看不可维系。打破刚性兑付需要监管机构、信托公司和投资者各方面做好充分的准备，并在投资者教育、信托资产的流动机制、信托产品的信息披露机制、信托赔偿金机制和信托纠纷解决机制等各方面不断完善。

关键词：

刚性兑付　信托产品　风险

一　刚性兑付的由来和主要特点

（一）刚性兑付的由来和表现形式

刚性兑付简单地说就是信托计划（主要指集合资金信托计划，下同）发生兑付困难或者不能兑付时信托公司的兑付行为。从刚性兑付产生的历史来看，刚性兑付是为在信托行业发展初期，信托公司为维护市场声誉和规避监管的不利后果而采取的在信托计划发生兑付风险时采取一种特殊兑付方式的行为，信托公司在信托计划发生兑付困难时有多种实现兑付的方式，但并非所有信托计划发生困难时信托公司的兑付行为均属于刚性兑付，需要对不同兑付方式进行区分，以明确刚性兑付的基本内涵和外延：

第一种方式是信托公司通过处置信托计划项下资产实现向信托计划收益人实现兑付，信托计划结束。信托公司对信托计划项下资产的处置是信托公司履行受托职责的应有之义，是信托公司主动管理能力与风险控制能力的体现，因而不应定性为刚性兑付。

第二种方式是由资产管理公司或者其他第三人受让信托计划受益权，原受益人获得受让价款后退出，信托计划继续存续。处置不良金融资产作为资产管理公司主营业务，收购不良信托资产完全是资产管理公司的一种合理的市场经营行为，应当鼓励资产管理公司参与不良信托资产的处置，这种处置方式的本质是在信托受益权缺乏流通市场的情形下信托受益权流动性的一种市场化释放，因而也不应当定性为刚性兑付。

第三种方式是以信托公司自有资金或者关联方资金受让信托计划项下信托受益权，原受益人获得受让价款后退出，信托计划继续存续；或者以信托公司自有资金直接向受益人支付本金及收益，信托计划结束。这种处置方式往往是信托公司在穷尽其他方式之后的兜底处置，缺乏公开与市场化的运作机制，且涉及关联交易及信托资产不得与信托公司自有资金发生交易的禁止性规定，将在一定程度上引发信托计划风险向信托公司及关联方传递，本质是以信托公司及其股东或者其他关联方以自身信用为信托计划提供了隐性担保。信托公司的这种处置方式即是刚性兑付的典型形态。

通过对上述三种信托计划发生兑付困难时信托公司实现兑付的行为方式分析，刚性兑付的概念可以概括为：信托计划发生兑付困难时，信托公司以自身或者关联方信用，为信托计划原受益人实现兑付的非市场化兑付行为。

（二）刚性兑付的主要特点

（1）刚性兑付异化了信托业务的本质，信托业务从其属性上不属于信托公司的负债业务，而刚性兑付实质上是由信托公司或其关联方为信托计划提供了隐性担保，进而将信托业务变成了信托公司的一种隐性负债，由于这种隐性担保的存在，进一步导致了信托产品风险与收益的不匹配，产生了信托市场"高收益，零风险"的不合理现象。

（2）刚性兑付运作方式具有非市场性的特征，主要表现为信托公司或者

关联方对信托受益权的受让，从动因上看主要是基于规避监管不利后果，而非信托受益权价值的真实体现，其定价也并非基于信托受益权的真实市场价值。

（3）刚性兑付具有权利义务的不对等性，因刚性兑付扭曲了信托业务的本质，进而导致信托公司因此承担了信托合同外义务，存在权利义务的不对等性，进而加大了信托公司的经营风险。

（4）刚性兑付具有功能上的双重性，一方面促进了中国信托行业发展初期的快速发展，但随着行业规模的不断扩大，已日渐成为中国信托业发展瓶颈，亟须通过平稳、合理、有效的方式予以打破。

二　刚性兑付背后隐含的风险

如前文所述，刚性兑付具有功能上的双重性，虽在信托行业发展初期对行业发展起了一定的促进作用，但背后隐含的风险也不容小觑，从长远来看不可维系，主要表现在如下方面：

（一）刚性兑付加重了信托公司经营风险，引发信托公司经营风险超出自身的承受范围

《信托法》颁布之后，尤其是新的"两规"颁布之后，中国信托业一直致力于符合信托公司经营业务特色的风险控制体系建设，2010年《信托公司净资本管理办法》的颁布标志着中国信托业以净资本管理为核心的风险管理体系的确立。该办法制定的主要目的是防范信托公司在经营过程中因未能尽到受托管理责任时，确保信托公司固有资产充足并保持必要的流动性，以满足抵御由此带来的损失的需要；制定的主要思路是根据各类信托业务的特征，计提相应的风险资本，以确保信托公司业务规模控制在风险可承受的范围内。而刚性兑付在一定程度上异化了信托业务"受人之托，代人理财"的信托本质，以信托公司及关联方信用为信托计划提供了隐性担保，使得其承担的实质风险超越了净资本约束的范围。随着行业的不断发展以及受托管理资产规模的不断扩大，刚性兑付背后所隐含的风险将超出信托公司的承受范围，势必将影响信托公司的长远发展。

（二）刚性兑付具有风险积蓄及传导功能，可能引发系统性的金融风险

刚性兑付异化信托业务本质的另一个表现是风险与收益的不匹配。信托业尤其是其中集合资金信托业务飞速发展的一个重要原因是刚性兑付背景下信托产品"高收益，零风险"现象，此现象吸引了大量社会资金涌入信托市场，而随着刚性兑付对于信托公司乃至信托行业不可长期维系，过多的资金涌入信托市场，而信托业务风险又被长期忽视，资本收益长期不能得到合理的风险定价，因而极易引发系统性的金融风险。引发和加重系统性金融风险的另一个原因是不同的金融机构之间的合作进一步加深，随着2012年资管市场的全面开放，银信合作、证信合作、基信合作、保信合作等新的业务合作模式不断涌现。如信托市场发生系统性风险，极易将风险传导至其他金融部门，进一步加深金融行业的系统性风险。

（三）刚性引发信托产品市场的不合理及非理性投资性行为，持续越久，解决的社会成本会越大

如前所述刚性兑付背后隐含了巨大的风险，且该风险没有在合理的控制范围内，随着刚性兑付潜规则的不断深入，解决的社会成本也将会越大。一方面，刚性兑付可能引发信托规模尤其是集合资金信托规模的非理性发展，随着规模的扩大，背后的风险及解决问题的成本也将不断扩大；另一方面，刚性兑付会导致信托产品市场缺乏合理的风险定价，也会导致投资者对信托产品风险缺乏必要的认识和判断，不利于信托产品市场的成熟，而随着刚性兑付潜规则的深入，必将导致信托产品市场向非理性的方向发展，问题解决的社会成本也将不断加重。因而，刚性兑付问题亟须通过有序、系统、合理的方式加以解决。

三 解决刚性兑付的条件

如前文所述，刚性兑付背后隐含着巨大的风险，但在中国信托市场及相应

机制尚不健全的现阶段，解决刚性兑付问题的条件尚未完全成熟，需要在以下的前提下运用系统思维合理、有序地推进：

（一）进一步完善信托计划兑付风险监管和控制体系

刚性兑付从长远来看不可维系，但刚性兑付从另一个角度看是信托公司为维护声誉，保护投资者信心的一种市场化选择的结果。从监管的思路上看不应将此种兑付行为一概地否定，而应当将此控制在风险可承受的合理范围内，以信托赔偿金、净资本等要素为基数，建立科学的刚性兑付风险评价体系。在将刚性兑付控制在合理的风险范围内的同时，要更加突出对信托经营行为的合规性及受托责任的履行情况的监管。应区别对待信托公司在此过程中是否存在违规行为以及是否尽到了受托管理职责。在信托公司尽到受托管理职责且不存在违规行为的前提下，应当免除信托公司的不利监管后果。此外，还应积极地推进相应机制建设，如信托受益权的二级流通市场建设、信托产品投资者教育机制建设、信托产品信息披露机制建设、信托产品投诉纠纷建设等相应的机制建设，为刚性兑付打破之后市场健康与问题提供相应的制度保障。

（二）信托公司要认真履行受托职责，提升主动管理能力以及风险控制能力

首先在认识上信托公司必须厘清受托人责任的内涵。我国《信托法》第25条第2款规定："受托人管理信托财产，必须恪尽职守，履行诚实、信用、谨慎、有效管理的义务。"《信托法》的规定相对抽象和笼统，且在立法层面没有更为明确的解释，加上刚性兑付的背景下相应的诉讼纠纷较少，因而在司法解释层面也没有对受托人的受托管理职责及相应的免责条件做出进一步规定。但按照一般的学理，我国的信托业主要是指商事信托，商事信托是以营利为目的的专业化的财产管理机构，应充分体现出专家的特点。据此，法律要求信托公司开展信托业务时，必须予以高度的注意，这种注意程度通常要求比管理自己事务相同的注意程度还要高，即要尽到专家的注意义务。

其次在实践上信托公司必须以专家的标准提升主动管理能力和风险控制能力。我国信托业起步较晚，信托公司主动管理能力和风险控制能力还有待进一步提高，主要表现为从资金的运用方式上主要以融资类业务为主，体现信托公司管理能力的投资类业务占比相对较少；在风险的识别和处置上，对信托计划所涉及的交易对手的风险识别和处置的方式和手段较为单一。如在此背景下简单地打破刚性兑付，必然使信托公司面临巨大的诉讼风险，不利于行业的健康发展。因此，信托公司必须以更加审慎的姿态从交易对手的筛选、交易结构的设置、信息披露、风险识别与处置等各方面提升管理能力和风险控制能力，确保在合法合规的前提下，切实地履行受托人职责。

（三）投资者应转变观念，提高风险识别和判断能力

首先是投资者要牢固树立"信托有风险，投资需谨慎"的观念。相对证券、基金、期货等投资市场，信托投资者缺少亏损的市场洗礼，对信托市场怀有较深的"刚性兑付"错误认识，在打破刚性兑付的过程中，必须要帮助投资者树立风险意识，提升风险判断能力。这种风险意识的树立，一方面要投资者经历市场的洗礼，而另一方面也需要监管机构及信托公司加强投资者教育及相应的机制建设。

其次是投资者要树立正确的权利和维权意识。就投资者而言，其所持有的信托受益权的权利内容不仅仅包括信托资产的受领权，还包括了信托事务的决定权和监督权，以及相应资料的查阅权。在打破刚性兑付的过程中，必须要帮助投资者树立正确的权利和维权意识，即理性和全面地看待信托受益权，积极履行信托事务的决定权和监督权，督促信托公司更加审慎地履行受托责任。

四　解决刚性兑付问题的措施和路径

解决刚性兑付问题是一项系统的工程，需要在一系列的体制和机制建设问题上系统完善，这些体制和机制的完善主要体现在如下几个方面：

（一）制定《信托公司产品销售管理办法》，建立和完善信托产品销售内控机制和体系

首先是明确信托产品销售的主体资质及相应责任。当前信托产品的销售渠道由信托公司自身、银行、券商、第三方理财等机构组成，而《信托公司集合信托计划管理办法》仅规定除信托公司自身销售之外，仅可委托商业银行代为推介。建议在该办法中明确除银行外券商等金融机构销售信托产品的主体资格，并允许符合条件的第三方理财机构销售信托产品。此外，还应进一步明确代理销售及推介两种行为模式的责任承担范围，明确在代理销售或者推介过程中，代理方及推介者在合格投资者的选择、风险揭示、信息披露、后期客户服务等方面的责任。

其次应明确投资者教育及风险揭示机制。《信托公司集合信托计划管理办法》中仅规定了风险申明书的签署及相应的内容，但该申明书的内容主要是投资者申明知晓并愿意承担相应风险，而未就信托公司及销售（推介）者的风险揭示内容作出具体规定。信托计划作为高度专业化的投资产品，对一般投资者而言很难进行识别和风险判断，建议在该办法中将风险申明书改为风险揭示书，增加信托公司或者销售（推介）方向投资者揭示信托计划可能面临的风险及由此可能遭受的损失。此外，还应在合格投资者制度的基础上进一步建立产品销售适当性管理机制，对投资者根据其年龄、专业背景、收入、投资经验等要素确定风险承受能力等级，对信托产品依据投资方式、产品投向等要素确定风险等级，将合适的产品销售给合适的投资者。

最后还应当建立信托产品销售人员管理体系。建立信托产品销售人员的准入机制，进一步细化和明确信托产品销售过程中的禁止性行为，并明确相应的责任及市场禁入机制。从产品销售人员的市场准入、行为规范、考核与激励约束等方面，建立系统的信托产品销售人员管理体系。

（二）健全信托资产的流动机制，建立统一的信托受益权流通二级市场，完善信托产品风险定价机制

刚性兑付导致信托产品的风险与收益不匹配，这种风险与收益的错配产生

的一个重要原因是信托产品及信托资产缺乏有效的流通市场，导致信托产品的风险与收益缺乏有效的调控空间，因此解决刚性兑付问题，有必要健全信托资产的流动机制，建立统一的信托受益权流通二级市场，完善信托产品风险定价机制。

首先是要完善信托计划项下债权、股权、担保物权等资产的处置途径。从监管的角度，应当鼓励并合理引导资产管理公司等市场主体参与到不良信托资产的处置中来，并在信托计划兑付到期之前释放信托资产的流动性风险；对于信托公司而言，应当积极提高通过公开拍卖、诉讼、强制执行等方式处置不良信托资产的能力。2012 年以来中信信托"三峡全通案"、"青岛舒斯贝尔案"等案例的成功处置，值得市场的借鉴。

其次是通过场外交易和场内交易相结合的方式，完善信托受益权的流通机制。应当放开对信托受益权转让的限制，允许信托受益权在投资者之间自由转让；在信托受益权的场外交易方面，允许信托公司开展信托受益权转让的柜台交易，制定信托公司作为居间方的操作规则以及相应的责任承担问题；在信托受益权的场内交易方面，建议可以依托北京金融资产交易所等平台建立统一的信托受益权流通二级市场，通过公开竞价的方式，实现在信托计划发生兑付风险时对信托受益权进行合理的定价。

（三）完善信托产品信息披露，为信托产品的流通和市场定价提供信息支持

解决刚性兑付问题的另一个重要方面是完善信托产品的信息披露机制，通过完整、真实的信息披露保障投资者对信托项目运行情况的知情权，为信托产品的市场定价提供必要的信息支持。根据当前的规定，信托公司是信托计划信息披露的唯一主体，会计师事务所、律师事务所等中介服务机构虽参与到了信托计划的发行过程中，但其出具的专业意见主要是为信托公司提供专业服务，而非面向一般的投资者披露，而并非是独立信息披露主体，这种参与方式在一定程度上影响了律师事务所等专业机构出具意见的独立性。而信托公司作为唯一的信息披露主体的另一个弊端是，出于利益考虑或者是专业能力限制，信托公司披露的信息在内容的完整性和真实性上尚不足以支撑信托产品自由流通的

需求，尤其在信托项目所面临的风险方面。建议对增加信用评级机构、律师事务所、会计师事务所等机构作为独立的信息披露主体，对拟通过二级市场流通的信托计划增加对信用评级机构的信用评级报告、律师事务所法律意见书、会计师事务所专项审计报告等内容，为投资者购买信托产品提供专业的信息披露支持。

（四）进一步完善信托赔偿金制度，充分发挥信托赔偿金的"风险防火墙"作用

我国《信托公司管理办法》虽规定了信托赔偿金制度，但长期以来该项制度的功能并没有得到有效的发挥，建议在解决刚性兑付问题的过程中进一步完善信托赔偿金制度，为信托计划发生风险时提供有效的缓冲地带。首先是完善信托赔偿金的用途。现有的信托赔偿金侧重于对信托公司经营风险的保障，主要用于信托公司违反信托目的、违背管理职责、管理信托事务不当造成信托资产损失的赔偿。建议在信托赔偿金原有用途的基础上，增加对信托公司完全履行了受托管理职责但信托计划不能兑付情形时投资者利益的赔偿，允许信托公司在信托计划不能兑付时在信托赔偿金的额度范围内受让信托受益权；其次是完善信托赔偿金的计提标准，当前的信托赔偿金主要是以信托公司税后利润5%的计提，而税后利润并不能直接反应信托公司所面临的风险大小。建议改为按照信托信托公司上一年度存续的信托规模大小按照一定的比例计提，并根据信托公司的分类评级结果规定不同的最低计提比例。最后是要保证信托赔偿金维持在合理的比例，确保风险保障的实效。根据中国信托业协会公布的2013年第一季度末的数据，全行业信托赔偿金约69亿元，按照注册资本的20%的法定可不继续计提上限计算，信托赔偿金完全充沛的金额约为200亿元，当前信托赔偿金充足率不足35%。建议将信托赔偿金的法定可不计提上线改为信托公司总资产或者净资产的20%，如按照信托公司总资产的20%计算，信托赔偿金完全充沛的金额约为400亿元，按照同期集合资金信托计划约2万亿元的标准计算，信托赔偿金的覆盖率约为2%，而如果信托赔偿金的充足率达到50%，则信托赔偿金的覆盖率约为1%，与同期银行不良资产率基本相当。

（五）进一步完善信托纠纷的处置机制，保障信托市场稳定发展

刚性兑付问题打破之后，与信托相关纠纷必然较现在的情形呈现较大幅度的增长，为保障信托市场的持续稳定发展，有必要进一步完善信托纠纷的处置机制，构建社会调解与法律诉讼相结合的信托纠纷处置机制。

首先是要充分发挥信托业协会的社会调解功能，建议修改信托业协会章程，在协会的功能定位上增加对信托投资者利益保护的功能，将信托业协会的功能变更为信托公司及信托投资者的利益协调和保护机构。可在现有的组织框架基础上增设信托纠纷调解委员会，专门负责调解处理投资者与信托公司之间的纠纷。为保障调解委员会的专业性，调解委员会成员可考虑由监管机构工作人员、协会专职人员、律师事务所与会计师事务所专业人员、资深信托公司在职人员、司法机关工作人员等组成。对部分纠纷相对简单，且投资者愿意接受调解的，可以由调解委员会负责调解，从而降低纠纷解决成本。

其次是要完善信托相关立法。我国的《信托法》是在信托市场尚未成型的背景下制定的，缺乏相应的信托涉诉纠纷的总结和沉淀，因而在立法条文中对信托纠纷相关的责任承担问题规定较少。加上在刚性兑付的背景下，中国信托业在过去十余年的发展过程中，信托的涉诉纠纷比较少，立法机关与司法机关也未出台相应的法律解释。建议在《信托法》的修改过程中增加对信托涉诉纠纷在归责原则、责任承担形式及范围等问题的规定，增强《信托法》在诉讼过程中的适用性。通过司法实践不断完善信托纠纷处理的规则，将信托的健康发展引入依靠法治的轨道上来。

Abstract：Implicit guarantee is the result of the interactivity of early regulatory requirements of trust industry and market selection. The existence of implicit guarantee exposes trust industry, trust companies and investors to severe risks, therefore it is not sustainable in the long term. All participants including regulatory institutions, trust companies and investors need to make full preparations for the

信托蓝皮书

potential break of implicit guarantee in the future. Also, it is necessary to continuously improve investor education, trust assets liquidity system, the information disclosure mechanism of trust products, the compensation mechanism of trust assets, and the resolution mechanism of trust disputes, etc.

Key Words: Implicit Guarantee; Trust Products; Risk

B.12
浅析安信信托与昆山纯高
营业信托纠纷案

陈 晨

摘 要：

本文介绍了安信信托诉昆山纯高营业信托纠纷案的主要案情及裁判结果，该案因类型新、专业性强，获得了信托业内高度关注。本文从分析目前司法审判现状着手，介绍了民商事案件裁判思路和尺度，以及司法的功能定位和职责范围，并得出业界应客观看待该案、对其所能带来的启示持谨慎乐观态度的结论。本文探讨了审判实践中阴阳合同的认定标准问题、担保合同的效力问题，并就安信信托诉昆山纯高营业信托纠纷案提出了一些其他思考。

关键词：

安信信托诉昆山纯高　司法功能定位　阴阳合同　认定标准担保合同效力

一 安信信托诉昆山纯高营业信托纠纷案概况

本案源起安信信托投资股份有限公司（以下简称安信信托）与昆山纯高投资开发有限公司（以下简称昆山纯高）于 2009 年 9 月 11 日签署的《昆山·联邦国际资产收益财产权信托合同》（以下简称《信托合同》），由昆山纯高作为委托人将其合法拥有的昆山·联邦国际项目的基础资产收益权作价 6.27 亿元交由安信信托设立财产权信托。优先信托受益权规模 2.3 亿元，由社会公众投资人"投资"取得；一般信托受益权由昆山纯高持有。由于房地产交易中心不接受

《信托合同》作为主合同办理抵押登记手续，故双方另行签署了一份《信托贷款合同》，并以《信托贷款合同》作为主合同签署《抵押协议》。

2012 年 9 月贷款期限届满，昆山纯高未能履行《信托贷款合同》项下还本付息的义务，安信信托在多次交涉无果后，将昆山纯高告上法庭，案由为信托贷款合同纠纷，诉讼请求为要求昆山纯高公司返还贷款本金 1.284 亿元和高达 5385 万余元的违约金（含利息、违约金、罚息和复利）。

昆山纯高则辩称，《信托合同》才是合法有效的合同，双方的纠纷应为收益权信托纠纷；而《信托贷款合同》系以合法形式掩盖非法目的，应为无效合同，故以《信托贷款合同》作为主合同签署的《抵押协议》亦为无效协议；根据《信托合同》的约定，罚息仅有 1000 余万元。

上海市第二中级人民法院（以下简称上海二中院）经过审理，最终认定该案纠纷的性质应定为营业信托纠纷，而非安信信托主张的信托贷款纠纷，并判决昆山纯高向安信信托支付基于《信托合同》的相关信托优先受益权本金及罚息；同时认定相关抵押和保证有效，在昆山纯高不履行判决付款义务的情况下，安信信托有权对相关抵押物、保证人行使担保权利。

二　安信信托诉昆山纯高营业信托
纠纷案的业内指导意义

中国信托业作为新兴行业，在过去十余年的发展过程中，信托相关涉诉纠纷较少，立法机关与司法机关也未出台相应的法律解释。安信信托诉昆山纯高营业信托纠纷案由于类型新，专业性强，获得了业内的高度关注。该案审理期间，业内人士撰写了大量评论分析文章，希望通过该案审理，能够对资产收益权的性质，也即属于物权、债权抑或物权收益权进行界定，并对资产收益权的合法性、确定性加以明确。一时间，该案从一起普通的民商事案件，跃升为一起聚焦在镁光灯下的似乎即将具有行业里程碑意义的标杆性案例。

但若我们能够立足我国目前司法审判的实际情况，客观看待司法机关的肩负职责，就能够认识到，期待通过个案中司法机关行使审判职能来厘清模糊概念、规范相关市场，恐怕是为司法审判施加了"不可承受之重"。

根据目前司法审判现状，东部沿海发达地区的各中级法院民商事审判业务庭中，一般审判员年结案数大致在一、二百件以上，而基层法院审判员基本年结案数则可达三四百件之巨。从了解案情、翻阅案卷材料、审核证据、开庭、调解、撰写裁判文书，基本都要在一、两个工作日内完成。虽则案件有繁有简，但从精力时间上来说很难保证为每起疑难复杂案件大量查阅相关业务资料，了解行业术语、惯例，查阅专家观点和国内判例。同时，从目前司法审判制度设置上来看，为了避免人情案、关系案，大部分有条件的法院在分案制度上均实行电脑随机分案。在法院内部虽然有民一、民二、民三等庭室业务分工设置，但是在庭室内部，绝大部分法院并不是按照案件类型来指定专门合议庭审理，或者指定专人承办，而是实行随机分案。这种制度设置，要求审判人员必须对每种类型的案件都了解熟稔，成为审判业务的"通才"；但同时，这也意味着，对专业性强、类型新的金融类案件，并不是大部分审判人员都精通。同时，厘清概念、树立规则更多属于立法机关的职责范围，司法机关在审判实践中，在裁判文书的判决说理部分，一般仅会对法律法规已有明确界定的概念进行引述，即使是对学术界已经形成共识，基本无争议的一些原则和概念，如果尚未被吸收入相关法律法规中，司法审判实践中在引述时一般尚持谨慎态度，以免有司法代替立法的越权之嫌，可见业界所持通过个案裁判来为相关业务进行定性的期望恐怕过于乐观。

同时，目前司法审判实务中，处理民商事案件的主要思路还是将司法的功能定位于定分止争，解决纠纷，强调在个案中实现实体公平，而非立足于规则制定和市场规范导向。如前任最高人民法院院长王胜俊在定义人民法院的工作指导思想时，曾发表观点认为，"人民法院必须以构建和谐社会为职能定位，行使审判权要充分发挥法律手段化解矛盾、促进和谐的作用。牢固树立促进社会和谐的理念，充分运用司法手段定分止争，从源头上预防、减少和缓解社会矛盾。"

这种裁判思路深入影响着司法审判的尺度把握。举一个简单的例子，房屋买卖合同纠纷案件中，合同中出卖方和买受方约定了付款期限，并明确约定若发生超期付款的情况，出卖方有权解约并要求买受方承担违约责任。若实践中发生付款迟延一天的情况，能否认定买受方构成违约并判决合同解除？对这个

问题的理解，在买受方是首次购买唯一住房的刚需购房者，还是购买豪华别墅的投资者的不同情形下，法院可能会考虑到付款能力和规则意识的差别，作出截然不同的认定。再举例来说，劳动争议纠纷中，对于劳动关系是否成立的举证责任，如果劳动者是文化素质较低、诉讼能力很弱的农民工，可能法院会倾向认为其只需清楚陈述工作环境和内容，提供若干工作的照片，或者提供部分工友证言，即可认定劳动者已完成初步举证责任，进而要求用人单位提供反驳证据来证明其并非该单位员工。而如果是高级知识分子或高级管理人员，法院可能就会要求其提供更为具体详尽的证据，如劳动合同、工作证、业务往来函件、任命书等，方能认定劳动关系的成立。从理论上来说，同案同判是公平正义的基本要求，但在司法实践中，具体问题具体分析，最大限度使法律事实符合客观事实，在个案中实现实体公平正义，是目前司法界普遍遵循的裁判思路。

安信信托诉昆山纯高营业信托纠纷案中，也体现了这种双方利益平衡、追求实体公正的裁判思路。从一审判决的说理部分及裁判结果看，司法机关更多是从定分止争、权利衡平的角度来处理案件，而非定位于从该案的处理结果为业内树立标杆。同时，由于我国并非判例法国家，除最高人民法院发布的司法解释、最高人民法院对下级人民法院请示案件的正式批复、最高人民法院公报刊载的案例在全国范围内尚有一定指导意义外，个案起到的示范效应非常有限。从这个意义上来说，业界应客观看待安信信托诉昆山纯高营业信托纠纷案，对其裁判思路所能带来的启示持谨慎乐观态度。

三 阴阳合同的认定标准问题

安信信托诉昆山纯高营业信托纠纷案的第一个争议焦点问题为：该案是营业信托纠纷还是信托贷款纠纷。这涉及对该案所涉的《信托合同》和《信托贷款合同》的性质认定。

（一）阴阳合同的概念及相关法律规定

阴阳合同，亦名黑白合同，一般指合同当事人为了规避法律法规或相关政策的规定，或为了实现某种特殊目的，就同一事项签订两份内容不一致的合同，一份为对外公开或备案的"阳"合同，另一份为真实履行的"阴"合同。在安信信托诉昆山纯高营业信托纠纷案中，对监管部门以及广大投资者来说，阳合同是《信托合同》，阴合同是《信托贷款合同》；对于抵押登记部门来说，却正相反，阳合同是《信托贷款合同》，阴合同是《信托合同》。在该案的审理过程中，法院所持的是后一种观点。

根据我国相关法律规定，合同必须是双方当事人的真实意思表示。《民法通则》、《合同法》第 4 条均规定，民事活动应当遵循自愿、公平、等价有偿、诚实信用的原则。同时，《合同法》第 52 条规定，有下列情形之一的，合同无效：（一）一方以欺诈、胁迫的手段订立合同，损害国家利益；（二）恶意串通，损害国家、集体或者第三人利益；（三）以合法形式掩盖非法目的；（四）损害社会公共利益；（五）违反法律、行政法规的强制性规定。

对于违反法律、行政法规的强制性规定而导致合同无效的理解，应特别注意以下两个方面。首先，人民法院确认合同无效，应当以全国人大及其常委会制定的法律和国务院制定的行政法规为依据，不得以地方性法规、行政规章为依据。当事人仅以民事合同违反行政规章、地方性法规为由请求确认该民事合同无效的，人民法院应不予支持。但如果该违反行政规章、地方性法规的民事合同损害了社会公共利益，当事人请求确认合同无效的，人民法院可以《合同法》第 52 条第 4 项即损害社会公共利益作为法律依据，认定合同无效。

其次，只有违反法律和行政法规的强制性规定才能确认合同无效。而强制性规定又包括管理性规范和效力性规范。管理性规范，是指法律及行政法规未明确规定违反此类规范将导致合同无效的规范。此类规范旨在管理和处罚违反规定的行为，但并不否认该行为在民商法上的效力。例如《商业银行法》第 39 条即属于管理性的强制规范。效力性规范，是指法律及行政法规明确规定违反该类规定将导致合同无效的规范，或者虽未明确规定违反之后将导致合同无效，但若使合同继续有效将损害国家利益和社会公共利益的规范。此类规范不仅旨在处罚违反之行为，而且意在否定其在民商法上的效力。因此，只有违反了效力性的强制规范的，才应当认定合同无效。

（二）阴阳合同的法律效力和认定标准

司法实践中，对于非双方当事人真实意思表示的合同，法院一般倾向于认定因违反《民法通则》、《合同法》第4条的规定而无效；如根据查明的事实，能够认定双方真实意图的，则一般以真实意图来认定合同内容。举例来说，名为民间借贷，实为赌债的，法院一般认定该借贷合同无效。再举例来说，名为合作开发房地产合同，实为资金借贷关系，法院一般认定双方之间成立的系借款关系。

存在阴阳合同的情况下，一般而言，阴合同为双方当事人的真实意思表示，也是实际履行的合同。如房屋买卖中，为了规避国家税收政策，出卖方和买受方常签订一份交易价格较低的阳合同满足登记备案需要，私下另行签订体现真实交易价格的阴合同。司法审判中，总的思维导向也是尊重双方当事人意思自治，对更符合真实意思表示，也更符合实质公平和市场价格的阴合同予以认定。但需要注意的是，如果阴合同具有《合同法》第52条规定的合同无效的情形，则阴合同亦会被认定为无效。

司法实践中，对于存在多份内容不同合同的情况下，认定哪份合同为"阳合同"，哪份合同为"阴合同"，一般会考虑以下要素：

第一要素：哪份合同更符合实际履行情况。法院会具体考察双方当事人权利义务的履行情况，例如付款时间、款项金额等，认定更符合实际履行情况的为"阴合同"。

第二要素：对阳合同的签订原因是否能作出合理解释。主张某份合同并非双方真实意思表示的当事人需承担相应举证责任，说明签订该"阳合同"的合理理由，如房屋买卖合同中签订交易价格较低的"阳合同"以达到规避税费的目的，经济适用房交易中因当前政策限制无法办理产权过户而签订长达几十年的房屋租赁合同等。

其他考虑的因素：如签订的先后顺序（一般倾向于认为，签订在后的合同系对之前签订合同的合意更改），合同内容的文字表述（部分"阴合同"中会明确载明，存在的"阳合同"系为满足特定目的签订，"阴合同"方为当事人真实意思），市场行情，行业惯例等。

（三）安信信托诉昆山纯高营业信托纠纷案中阴阳合同的认定

安信信托诉昆山纯高营业信托纠纷案中，上海二中院认定该案为营业信托纠纷的理由主要有：

（1）《信托合同》成立在先，信托合同相关项目的设立、投资人资金的募集具有公示效力，且已履行完毕。

（2）贷款资金来源于信托募集资金，2.15亿元财务记载为信托优先受益权转让款。

（3）《信托贷款合同》对还款方式的约定与《信托合同》中对信托专户最低现金余额的约定方式相同，而与普通贷款合同有很大区别。

（4）安信信托发放贷款有违《信托合同》约定。

（5）抵押登记手续办理中因相关政策规定带来的客观障碍，使借《信托贷款合同》之名办理基础财产抵押具有合理性。

受限于信托法律关系的复杂性与抵押登记制度的滞后性，现实中普遍存在抵押登记部门不接受以信托合同作为主合同的抵押登记。因此，上海二中院认为安信信托与昆山纯高通过签订《信托贷款合同》以达成办理抵押登记手续的目的，具有现实合理性，相反从《信托贷款合同》的内容看与普通贷款合同并不一致，显现出依附于《信托合同》的特征。综合考量各项因素，上海二中院认定《信托合同》为安信信托与昆山纯高真实意思表示的"阴合同"，而《信托贷款合同》系双方为满足抵押登记需要而签订的"阳合同"。由于《信托贷款合同》约定了高于案外投资人预期收益率的贷款利率和不属于案外投资人的高额违约金，且安信信托并未向案外投资人披露《信托贷款合同》的存在，上海二中院以"与我国信托法有关受托人除依照本法规定取得报酬外，不得利用信托财产为自己谋取利益的规定相悖"为由，否认了《信托贷款合同》中与《信托合同》不一致的内容，并认定安信信托与昆山纯高的权利义务应以《信托合同》为准。

（四）延伸讨论

安信信托诉昆山纯高营业信托纠纷案中，法院最终认定双方之间的真实法

律关系为营业信托纠纷，而非信托贷款纠纷。但在信托实务中，更为常见的可能是另一种情形。

2010 年 12 月 8 日，银监会颁布《中国银监会办公厅关于信托公司房地产信托业务风险提示的通知》，明确集合资金信托计划的发放要以信托贷款的模式对信托资金进行运用，除满足"四三二"的监管规定之外，还包括禁止向开发商发放流动资金贷款、禁止进行商品房预售回购、禁止信托公司以信托资金发放土地储备贷款，以及将投资附回购形式的变相融资行为视同贷款管理等一系列监管政策。上述政策发布后，信托贷款的发放受到了诸多限制。为了规避银监会关于房地产信托贷款必须满足"四三二"的监管规定，同时由于直接贷款属于融资类信托需要计提较高的风险资本，而特定资产收益权信托"可以"被认定为投资类信托进而仅需计提较低的风险资本，信托实务中，常见委托人与受托人名义上签订信托受益权合同，实际上履行信托贷款合同的情况。此种情形下，一旦双方发生纠纷形成诉讼，司法实务界将作何种评判？

根据目前司法审判思路和惯例，若法院审理中能够查明委托人与受托人之间实际履行的是信托贷款合同，例如具有双方在合同中明确约定另行签订的信托受益权合同仅为满足行政监管需要，不一致之处以信托贷款合同为准，实际履行中放款、还款节点和金额也更符合信托贷款合同等情节，在这种情况下，法院会倾向认定信托贷款合同方为"阴合同"，而信托受益权合同为"阳合同"。虽然此种情况下，双方之间成立的信托贷款关系违反了相关监管部门的要求，但法院可能会倾向于认为，信托贷款合同并未违反《合同法》第 52 条的规定，即使存在一定程度的违规也是监管部门处罚的问题，尚不足以影响合同效力，故对信托贷款合同予以认定。

四　担保合同的效力问题

（一）相关法律规定

《物权法》第 172 条规定，设立担保物权，应当依照本法和其他法律的规定订立担保合同。担保合同是主债权债务合同的从合同。主债权债务合同无效，担保合同无效，但法律另有规定的除外。

《担保法》第 5 条第 1 款规定，担保合同是主合同的从合同，主合同无效，担保合同无效。担保合同另有约定的，按照约定条款执行。

《最高人民法院关于适用〈中华人民共和国担保法〉若干问题的解释》第 8 条规定，主合同无效而导致担保合同无效，担保人无过错的，担保人不承担民事责任；担保人有过错的，担保人承担民事责任的部分，不应超过债务人不能清偿部分的三分之一。

《担保法》第 5 条第 1 款的规定通常被视为独立担保的法律依据。独立担保包括独立保证和独立担保物权，在担保实务中经常体现为见索即付的担保、见单即付的担保、无条件不可撤销的担保、放弃先诉抗辩权和主合同一切抗辩权的担保等形式。由于独立担保的实质是否定担保合同从属性，不再适用担保法律中为担保人提供的各种保护措施，因此独立担保是一种担保责任非常严厉的担保。担保实务和审判实践对独立担保的适用范围存在争议，考虑到独立担保责任的异常严厉性，以及该使用该制度可能产生欺诈和滥用权利的弊端，尤其是为了避免严重影响或动摇我国担保法律制度体系的基础，独立担保目前只能在国际商事交易中使用。《物权法》第 172 条第 1 款关于"但法律另有规定的除外"之规定，进一步表明当事人不能约定独立担保物权的立场。

最高人民法院在"湖南机械进出口公司、海南国际租赁公司与宁波东方投资公司代理进口合同纠纷"一案中认为，海南公司的担保合同中虽然有"本担保函不因委托人的原因导致代理进口协议书无效而失去担保责任"的约定，但在国内民事活动中不应采取此种独立担保方式，因此该约定无效，对此应当按照《担保法》第 5 条第 1 款的规定，认定该担保合同因主合同无效而无效。从该案例中也可以看出，最高人民法院承认独立担保在对外担保和外国银行、机构对国内机构担保上的效力，认为独立担保在国际间是当事人自治的领域，但对于国内企业、银行之间的独立担保则采否定态度，不承认当事人对独立担保约定的法律效力，目的是防止欺诈和滥用权利等情况的发生。

（二）安信信托诉昆山纯高营业信托纠纷案中对担保效力的认定

如上文所述，根据目前司法实务界对阴阳合同所持的通行观点，以及根据

上海二中院对于《信托合同》、《信托贷款合同》内容、签订经过、履行情况的分析，可以看出上海二中院实质上认为《信托合同》为双方当事人实际履行的是阴合同，而《信托贷款合同》是为了办理抵押手续需要而签订的阳合同。那么，在两份合同均未违反《合同法》第52条规定的情形下，按照一般审判逻辑，似应得出《信托贷款合同》无效的结论。但若作此认定，带来的后果即为：根据"主合同无效，担保合同无效"的法律规定，在《信托贷款合同》无效的情况下，依附于《信托贷款合同》的各项抵押合同、保证合同也随之无效，在昆山纯高无法履行付款义务的情况下，受益人的权益将得不到保护，导致权利的失衡。

从安信信托诉昆山纯高营业信托纠纷案的裁判结果来看，上海二中院很有可能是出于案件处理的实体平衡和社会效果考虑，回避了《信托贷款合同》的效力问题，多处模糊表述为《信托贷款合同》是"表面形式的合同"，并认为，《信托合同》中有将基础财产抵押的约定，《信托贷款合同》仅是双方实现抵押权登记的形式，抵押物已经办理了相应的抵押登记手续，故认定"安信信托向昆山纯高主张其抵押权的实现并无不当"。通过这种变通的方式，回避了主合同无效，担保合同无效的问题，认可了抵押合同的效力。

应特别注意的是，上海二中院虽回避了《信托贷款合同》的效力问题，但在实质处理上，似仍遵循按照其无效的思路，故对安信信托要求昆山纯高承担基于《信托贷款合同》所产生的违约责任、基于《信托贷款合同》签订的补充协议、资金监管协议所产生的合同责任均未支持。

五　对安信信托诉昆山纯高营业信托纠纷案的一些其他思考

（一）对受托人"利用信托财产为自己谋取利益"情节的认定问题

《信托法》第14条规定，受托人因承诺信托而取得的财产是信托财产。受托人因信托财产的管理运用、处分或者其他情形而取得的财产，也归入信托财产。第26条规定，受托人除依照本法规定取得报酬外，不得利用信托财产为自己谋取利益。受托人违反前款规定，利用信托财产为自己谋取利益的，所得利益归入信托财产。

根据上述法律规定，如果受托人利用信托财产为自己谋取利益，后果并非委托人可以不按约定支付该种利益，而是该种利益应该归入信托财产，由受益人获得。

安信信托诉昆山纯高营业信托纠纷案中，法院认定，"原告借机在《信托贷款合同》约定被告承担罚息、复利、违约金等责任，借被告违约之机，主张高额的违约责任归其所有而不是归于案外投资人所有，这种未经案外投资人同意，借助案外投资人财产为自己私自谋利的行为违反诚实信用原则，不应予以支持"。"原告签订《资金监管协议》的主要目的是为了保障案外投资人的利益，也不能通过约定高额违约责任为自己谋利。……故无论原告依据《信托贷款合同》还是《资金监管协议》诉请被告支付高额的违约责任都缺乏合理性。"上述理由似与《信托法》相关规定的精神并不完全相符。从另一个角度解读，上海二中院对基于《信托贷款合同》以及相关《资金监管协议》、补充协议等多份合同的违约责任未予支持，深层次的原因恐仍为遵循《信托贷款合同》及相关合同实质无效的处理思路，故合同中关于违约责任的约定亦无效，基于合同约定的违约金未能得到法院支持。

（二）对财务顾问费、融资服务费的认定问题

安信信托诉昆山纯高营业信托纠纷案中，安信信托作为原告，并未就财务顾问费、融资服务费提出相关诉讼请求。根据"不诉不理"的诉讼原则，法院本可对该问题不予审查和评述。但该案说理部分，法院仍然分析认为，关于信托报酬，"根据信托合同的约定，原告可收取信托报酬并约定了信托报酬的计算方式。鉴于原告按照《信托合同》的约定已履行了募集信托优先受益权本金等合同义务，故原告可根据上述约定另行收取其相应的信托报酬"；关于融资服务费，"在信托成立公告中将有关该笔费用的支付及依据作为备注，且原告也确实通过向案外投资人募集信托优先受益权本金2.15亿元，为被告完成了融资的义务，故原告收取该费用亦无不当"。同时，法院认为，鉴于安信

信托在该案中并未提出相关诉讼请求，故该案中不作处理。

从上述分析中可以看出，对于安信信托是否有权收取财务顾问费和融资服务费的问题，法院已经形成倾向性意见。对于受托人是否有权收取此类费用的问题，法院的审查标准似可归纳为：首先，对相关费用的收取，在信托合同中是否有明确约定，或在信托成立的公告中是否已经公开告知；其次，受托人是否已经实际提供与财务顾问费、融资服务费相对应的服务，履行了对应的合同义务。

Abstract：This article introduces the case of the Anxin Trust v. Kunshan Chungao, which draws the attention of the whole trust industry because of its new type and high professionalism. This article analyzes the current status and the trial logic of the judicial practice, as well as the main function and responsibility of the jurisdiction. The conclusion is that the trust industry should not be so optimistic with the enlightenment this case can bring. This article also discusses the identification standard of yin and yang contract (complementary agreement under the table), the validity of the guarantee contract in judicial practice, and puts forward some further thinking caused by this case.

Key Words：Anxin Trust v. Kunshan Chungao；Judicial Function；Identification Standard of Yin and Yang Contract；Validity of the Guarantee Contract

B.13
关于国内信用证信托的研究

赵志红

摘　要：

　　从 2011 年下半年开始，票据类信托产品开始发力，发行量屡攀新高。2012 年初，监管部门要求"全面布控表外业务风险"，票据类信托产品的发行全面叫停。在这种情况下，面对紧缩的银根，银行开始积极寻求更多的"表外"途径来应对紧张的信贷额度。2012 年 3 月，长安信托发行了国内信用证收益权信托产品，开启了票据信托产品的替代之路。那么，国内信用证信托具有哪些特点？能否成为信托公司与银行合作的主流产品？在当前信托业竞争激烈、信托产品不断创新的今天，有必要对新涌现的产品进行及时分析研究，从而为公司业务发展提供及时有效的技术支持。本文全面分析了国内信用证的特点，通过比较分析的方法对国内信用证信托进行研究。

关键词：

　　信用证　创新

一　国内信用证介绍

（一）国内信用证的定义

　　国内信用证（Domestic Letter of Credit），是适用于国内贸易的一种支付结算方式，是开证银行依照申请人（购货方）的申请向受益人（销货方）开出的有一定金额、在一定期限内凭信用证规定的单据支付款项的书面承诺。1997 年，中国人民银行颁布了《国内信用证结算办法》，该办法是国内信用证业务的法律依据。

（二）国内信用证的业务流程

买卖双方签订购销合同，货款支付方式采用国内信用证；买方向开证行申请开立信用证；开证行（买方开户银行）受理业务，向通知行（卖方开户银行）开立国内信用证；通知行收到国内信用证后通知卖方。

卖方收到国内信用证后，按国内信用证条款规定发货；卖方发货后备齐单据，委托收款行（通常是通知行）交单；延期付款信用证，卖方可向议付行（通常是通知行）申请议付。

委托收款行或议付行将全套单据邮寄开证行，办理委托收款；开证行收到全套单据，审查相符后，向委托收款行或议付行付款或发出到期付款确认书；开证行通知付款并将单据交予买方。

开立国内信用证至少要向银行缴存相当于信用证金额20%的保证金。

（三）国内信用证的种类及主要条款

1. 国内信用证的种类

国内信用证分为即期付款信用证、延期付款信用证和议付信用证。

2. 国内信用证主要条款

国内信用证的主要条款包括：开证行名称和地址、开证日期、信用证编号和种类、开证申请人名称和地址、受益人名称和地址、通知行名称和地址、有效期和有效地、交单期限、信用证金额、付款方式、运输方式、发运地和目的地、最晚发运日期、对分批和转运的规定、货物描述、单据要求和种类（发票、运输单据、保险单）。

（四）国内信用证与国际信用证的区别

1. 法律依据不同

国内信用证的法律依据为1997年中国人民银行颁布的《国内信用证结算办法》，国际信用证的法律依据为国际习惯法——《跟单信用证统一惯例》已经由UCP500过渡到UCP600。

2. 使用范围不同

国内信用证的使用范围在中国境内买卖双方之间进行的商品交换，只适用于商品贸易。而国际信用证适用于国际间的贸易结算方式，包括商品贸易、服务贸易和技术贸易。

3. 信用证种类不同

国内信用证只有不可撤销、不可转让的即期信用证、延期信用证和可议付延期信用证。而国际信用证种类繁多，根据用途、付款期限、流通方式、可否重复使用等，分为很多种。

4. 运单与提单的不同

对于国际信用证，卖方主要向银行出具海运提单，该提单为物权凭证，又是提货凭证和流通凭证，银行可以控制货物。国内信用证下，卖方向银行出具运输单据，根据国内现状，主要为公路、铁路、航空邮包等运输单据，银行一般无法控制货物。

5. 涉及当事人不同

在延期付款信用证下，国内信用证会增加议付行，在国际信用证下，还增加保兑行、受让人、偿付行等内容。

（五）国内信用证和银行承兑汇票的比较

1. 国内信用证与银行承兑汇票有以下相似之处：

首先，从签发背景看，二者都是以真实的商品交易为基础，依据合同开出。银行将两者都纳入对客户单位的授信范围，并根据申请人的资信情况要求交纳一定的保证金。银行承担第一付款责任。

其次，从工具作用上看，二者都属于支付结算工具，都可以在商品买卖过程中为买卖双方结算增信；对于付款方（申请人）而言，都是一种短期融资工具。银行承兑汇票的付款期限为6个月，国内信用证的有效期最长不得超过6个月。二者在作用上的相似直接导致二者互补关系的产生。

2. 两者的区别在于：

银行承兑汇票在开立时即承担到期付款责任，而信用证作为有条件的付款承诺，不是在开立时即承担到期付款责任的状况（卖方需要提供相关运输单

据）。信用证下银行须审核单据，对合同实施约束力强，业务处理严谨，付款期限有即期、远期，办理费用相对较高。而对于汇票业务，作为无条件付款的承诺，依据合同开出，银行无需审核单据，基本不能约束合同实施，业务处理相对简单，到期付款。

从银行资产分类角度考虑，票据资产属于表内资产，占用信贷额度，纳入信贷统计，而信用证业务属于表外业务。

两者的风险点不同在于：银行承兑汇票相当于远期的支票，到期之后凭汇票即可要求银行支付票面的金额，金额确定，不附带条件。而信用证是"银行应开证申请人（买方）要求开出的有条件的付款承诺书"。也就是说，接受此信用证的人（特定的卖方）按照信用证的条款规定执行任务，才可以得到信用证承诺支付的款项。

二 国内信用证信托的分析

（以长安信托发行的国内信用证收益权信托计划为分析载体）

与票据信托相类似，由于信托公司不是商业银行，不符合《国内信用证结算办法》第4条关于开办国内信用证机构的规定，信托公司只能将信托计划投资于信用证的收益权，由托收银行或托管行到期收回信托资金。因此信用证信托名称为国内信用证收益权信托。

（一）信托计划基本方案

1.1 信托资金以买断方式购买企业所持有的已承兑的延期付款国内信用证的收益权或买断银行所持有的已议付过的国内信用证的收益权。

1.2 信托计划存续期间，受托人可以根据信托资金所投资的资产情况，设立开放日，接受投资者申购。信托成立日和每个开放日募集的信托资金分别为1期信托资金、2期信托资金、3期信托资金……各期对应的国内信用证收益权实现后，对应的该期信托资金单独进行清算分配。

1.3 信托计划均委托银行作为保管行和托收行，负责国内信用的检验、附属单据的检验、付款通知书的检验和保管、到期收款及划拨和代理收付。

1.4 延期付款信用证的付款期限为货物发运日后定期付款，最长不超过6个月。议付是指信用证指定的议付行在单证相符条件下，扣除议付利息后向受益人给付对价的行为。

1.5 已承兑是指开证行已向议付行发出到期付款确认书的国内信用证。具体的流程为：开证行在收到议付行寄交的委托收款凭证、单据及寄单通知书或受益人开户行寄交的委托收款凭证、信用证正本、信用证修改书正本、单据及信用证议付或委托收款申请书的次日起五个营业日内，及时核对单据表面信用证条款是否相符。无误后，向延期付款信用证，应向议付行或受益人发出到期付款确认书，并于到期日，从申请人账户收取款项支付给议付行或受益人。

（二）标的信用证的选择

2.1 标的信用证具有真实的交易背景和债权债务关系。

2.2 标的国内信用证未设置其他任何形式的优先权，持证人享有完全的国内信用证权益。

2.3 标的国内信用证开证行为全国性商业银行。

2.4 持证人信用状况良好，不存在正在被追诉的债权债务纠纷。

2.5 标的国内信用证原始受益人已向议付行或通知行提出了委托收款申请且所提供的跟单已获得议付行或通知行和开证行的审验；议付行或通知行已获得开证行出具的付款确认书。

（三）信用证信托和票据信托的比较

3.1 表内和表外的区别

上面提到，从银行资产分类的角度看，票据资产属于表内资产，要纳入信贷统计。而将票据资产作为信托标的，发起信托计划，实质上是将银行此类资产从表内移出，形成"影子银行"。这是银监会叫停票据信托的原因之一。但国内信用证属于代付业务，不占用信贷额度，纳入信贷统计，不可能形成"影子银行"。

3.2 国内信用证不通过企业流转，不能如汇票那样在企业间背书转让，诱发"炒钱"的可能性较小。

3.3 关于载体上面提到，国内信用证分三种：即期付款信用证、延期付款信用证和议付信用证。由于信用证实质为附条件付款的承诺，为规避风险，目前用于信托融资的通常是企业所持有、已承兑的延期付款国内信用证和银行所持有的已议付过的国内信用证。而票据信托载体一般为银行承兑汇票。

（四）国内信用证信托可能存在的风险

4.1 政策法律风险。

信托资金受让国内信用证受益权后，如国内信用证因为任何原因导致被拒付，国内信用证收益权托收行和收益权转让方代受托人向开证行行使付款请求权及依法向相关方追索，该追索可能遭遇抗辩，导致款项无法及时收回。

4.2 信用风险。

国内信用证开证银行由于信用状况发生变化或国内信用证转让方违反《国内信用证收益权转让合同》的约定，未能足额及时支付相关款项，可能给信托财产带来风险。

4.3 标的物风险。

对于国内信用证收益权，法律法规没有明确规定，信用证本身不是物权凭证，如果被有权机构认定为无效或被撤销，或第三人主张权利，可能会使信用证收益权无法变现。

4.4 留存和无法质押风险。

国内信用证为纸质，委托银行进行保管，不办理质押登记手续。没有公示，可能影响收益权的实现。

（五）针对可能存在的风险采取的风险防范措施

5.1 明确银行职责，银行负责对所受让的国内信用证及所附单据进行检验、保管及委托收款，有助于控制过程风险。

5.2 在相关合同中明确包括国内信用证的选择标准、保管行、委托收款行等各方的责任和义务，确保国内信用证收益权权益的实现。

5.3 在相关合同中明确在国内信用证被有权机构确认无效或被撤销情况下，交易对手或相关方应承担的责任，以确保信托财产的安全。

5.4 处理好国内信用证的期限和信托计划期限相匹配的问题。

以上是对国内信用证收益权信托业务的分析。笔者认为，国内信用证收益权信托可能在短期内成为票据信托的替代产品，但由于国内信用证自身的一些特点，（例如：①信用证最长不超过6个月；②有条件付款的承诺；③脱离实际贸易的可能性；④拒付风险；⑤替代票据信托的嫌疑，大规模开展可能被监管部门叫停），在长期内可能无法成为银信合作的主流产品。

Abstract：From the second half of 2011, note trust products became popular in the market, new issuance quantities constantly set new records. In early 2012, the regulatory authorities required commercial banks to "comprehensively control off-balance-sheet-risk", the issuance of new notes trust products was suspended by the regulators. Under such circumstances, in face of tightening monetary policy, banks began to take initiatives to seek more "off-balance-sheet" approaches to deal with the credit limit tension. In March 2012, Chang'an Trust fist issued domestic letters of credit trust products, which opened a new path for alternative notes trust products. However, what are the characteristics of domestic credit trust products? Can it become the mainstream product for trust-bank-cooperation? Nowadays, with fierce competition in trust industry, trust product innovation is a new trend, and it is necessary to provide timely analysis of these emerging trust products, so as to provide timely and effective technical support for trust business development. This article comprehensively analyzes the characteristics of domestic letters of credit, and studies domestic letters of credit trust products through a comparative analysis.

Key Words：Note Trust Product; Letter of Credit; Innovation

B.14
股权模式房地产信托合规风险研究

薛皓元

摘　要：

房地产信托业务是指信托公司通过发行信托产品并运用信托资金通过发放贷款（包括投资附加回购承诺、购买财产或财产权利附加回购等间接贷款和受让债权等变通贷款）或股权投资或股债结合的方式为房地产开发项目提供资金支持。近年来的统计表明，无论宏观政策如何调控房地产市场，房地产信托业务一直是信托公司重要的业务板块和赢利来源，被称为信托业务的"三驾马车"之一。在目前房地产监管政策及信托业回归行业本源的双重影响下，股权投资模式房地产信托成为了信托公司获取高额收益，同时体现自身资产管理优势的最好代表。近年来，这种模式逐渐形成向产业基金方向发展的趋势。然而，股权模式房地产信托背后所蕴藏的风险不容小觑，本文将重点分析股权模式房地产信托的合规性风险，探寻该模式的核心合规要素，并在此基础上对房地产信托的未来发展模式做简单展望。

关键词：

股权模式房地产信托　合规风险　合规要素　类基金化

一　引言

在政策的持续高压下，信托公司对房地产信托产品的发行将逐步回归理性，对房地产企业资质的筛选将更加严格，但不可否认的是，作为信托公司重要利润来源的房地产信托产品可能缩减规模却不可能完全撤出市场，而房地产企业对资金的渴求却在进一步加大供需矛盾；与此同时，《信托公司净资本管理办法》的出台将加快信托公司转型过程，引导信托公司走上主动管理型的专业理财机构的道路①。在此双重背景下，传统的贷款类房地产信托已经无法满足现实需求，截至 2010 年底，贷款类房地产信托仅占房地产集合信托总规模的 14.52%，纯股权模式房地产信托占比高达 36.03%，而股债混合模式房地产信托占比也达 25.51%。正是由于股权模式房地产信托投资方式灵活多样，不仅为信托公司带来较高收益，也凸显信托公司相较于银行在资产管理方面的优势，因此其所占比例正在进一步大幅提高。然而此种模式背后蕴涵的风险却值得市场各方认真思考。笔者在本文中将重点分析股权模式房地产信托的合规性风险，探寻该模式的核心合规要素，并在此基础上对房地产信托的未来发展模式做简单展望。

二 股权模式房地产信托面临的合规风险

股权模式房地产信托面临着各种风险，如宏观经济风险、行业市场风险、产品运作风险等，但实践中，笔者认为其首先面临的风险是合规性风险，即采用股权模式的房地产信托项目能否被监管部门认定为真实的股权投资。

股权模式房地产信托大体可以分为两种：一种是信托公司以信托资金入股项目公司成为项目公司的股东，入股项目公司的资金被评判为项目资本金不存在法律瑕疵，在信托期限届满或信托期限内满足约定条件时，允许交易对手或其关联方优先收购信托持股；另一种是信托公司以信托资金中的一部分入股项目公司并成为项目公司股东，然后将剩余信托资金以股东借款等债权形式进入项目公司②。无论是第一种形式还是第二种，他们所面临的合规性风险都集中体现在具体的交易结构能否被监管部门认定为真实股权投资而非明股权实债权。因为，采取股权模式的房地产项目一般都不符合四证齐全、自有资金达标等贷款要求，如果被认定为假股真债，那么无疑就逾越了监管政策的红线。

① 巴曙松等：《中国资产管理行业发展报告》，中国人民大学出版社，2011，第 113~125 页。
② 罗杨：《围炉夜话房地产企业信托融资》，《信托周刊》2009 年第 16 期，第 6 页。

三 股权模式房地产信托合规风险的规避

事实上，在股权模式房地产项目结构设计中，是股还是债的争论普遍存在，笔者认为，无论是受让股权、增资扩股还是股加债的模式，如果符合下列核心要素，一般可以被认定为真实的股权投资。

1. 承担投资风险

在股权投资中，信托公司作为项目公司的股东有着承担投资风险的意愿，如果项目公司出现亏损，则信托公司以其投资额为限承担有限责任，而无权向交易对手行使返还股权本金及预期收益的债权请求权。然而，部分产品会在相关法律协议中明确要求交易对手或其关联公司在特定条件下履行回购义务。

以中投信托有限责任公司发行的 QJ 项目为例，其约定如果交易对手放弃优先收购权且受托人无法通过向公开市场转让的，则交易对手应根据事先约定履行回购义务。此时，该种退出机制的安排是否符合"承担投资风险"这一理念，笔者认为可分两种情况探讨：其一，如果协议中已经确定了回购价款，且该等价款等于或基本等于股权投资本金及预期收益（结构化产品中一般为优先级预期收益）之和，那么笔者认为该种退出机制的设计实际上颠覆了股权投资的核心理念之一，即前述的"有承担投资风险的意愿"，将原本的股权投资转化为了固定收益的债权投资，其合规性值得商榷；其二，如果回购价款并未确定，而是通过评估的方式定价，那么笔者认为整体交易结构仍然可被认定为股权投资。仍以 QJ 项目为例，其约定的评估方式为受托人指定一家独立评估机构，与交易对手指定的另一家独立评估机构一道，同时对信托公司持有的项目公司股权价值进行评估，并取两个评估结果的平均值作为基准价格，而交易对手最终履行回购义务所需支付的对价为该基准价格乘以约定系数。显然，基准价格是不确定的，其完全取决于项目公司经营状况，信托公司仍然面临着亏损的风险，因此该种退出机制并没有违背"承担投资风险"的理念。而在债权投资中，例如发放信托贷款，则交易对手负有清偿债权本息的义务，且该等义务会被明确到相关的法律性文件中，如果交易对手在债权清偿期限届满时无法履行相应义务，则信托公司可以行使包括债权请求权、抵押权等在内的一系列权利。

2. 主动参与公司管理

作为股东，其股权包含财产权和表决权两方面，按照公司章程积极、充分、自由地行使表决权是股权投资特别是对房地产开发项目进行股权投资的重要属性，对于信托公司而言，行使表决权是主动管理的实质体现。实际上，主动管理与基于项目的理念是紧密关联的，决定房地产项目成败的关键因素在于后期管理，这不仅是信托公司作为股东的权利，更是信托公司获取高额收益，实现顺利退出的必然要求。基于这样的理念，就目前市场上业已成立的股权模式房地产信托产品而言，信托公司一般会通过如下几种方式参与管理：

第一，委派董事。信托公司一般会对房地产项目公司进行"治理结构优化"，如要求项目公司根据业务具体情况设立董事会，或在不设董事会的情况下设立执行董事[①]。对于设立董事会的项目公司，信托公司委派的董事原则上会占董事会的多数席位，如在中信信托 Q 系列杭州项目中；在不能取得多数董事席位的情况下，如在 QJ 项目中，信托公司委派的董事对项目公司某些重大决议具有否决权。对于不设董事会的项目公司，如在中投信托 LX 投资股权投资项目中，信托公司一般会委派项目公司的执行董事。

第二，印信保管。印信包括但不限于项目公司的公章、资金监管账户的预留印鉴，营业执照及主要资产权属证书等。项目公司公章的使用一般由信托公司委派的董事或者执行董事和总经理共同批准，其他印章的使用一般由项目公司总经理批准。

第三，财务管理。财务管理一般通过设置信托资金监管账户、销售监管账户、日常运营账户的方式来实现。有时也会要求项目公司的资金支出实行预算管理（包括费用预算和工程支出预算），会复查核实项目公司的《月度资金支出预算执行情况报告》及其凭证、账册以及月度报表等[②]。

第四，工程监管。在一般房地产信托项目中，工程监管内容通常包括项目开发流程、施工进度计划、资金使用情况、成本控制情况、销售回款情况、工

---

① 丁晓娟：《房地产信托后期管理定乾坤》，中国建投报，2012 年 1 月 18 日，第 2 版。

② 丁晓娟：《房地产信托后期管理定乾坤》，中国建投报，2012 年 1 月 18 日，第 2 版。

程结算情况等。有的信托公司还会委托专业的监理机构对项目实行监管，如中信信托在 Q 系列中通常委托中国国际经济咨询有限公司。以上种种主动管理措施均区别于普通债权投资中交易对手的自行管理，也是项目成败的关键所在。

3. 基于被投资项目

"基于项目"应是股权模式房地产信托业务的核心理念，项目本身的开发状况、赢利能力与管理水平直接决定了股权投资的收益，信托公司最终的顺利退出很大程度上应依赖于项目产生的现金流而非其他①。在债权模式中，债权本息获得清偿并非依赖于融资需求的某一特定项目，而是基于交易对手的信誉或实力，来源于交易对手本身的综合现金流。因此，关注项目未来现金流对分析股权模式房地产信托的合规性具有重要意义。如果在某一项目中，信托公司的退出及收益所依靠的并非为被投资项目本身产生的现金流，而来自于交易对手或者其关联公司在其他项目的销售回款或者新增的融资，那么无论该项目被包装成何种股权投资模式，笔者认为其都不符合股权投资的基本要求。

4. 丰富多种退出渠道

信托公司可以单纯通过项目公司分红和减资、转让项目公司股权、转让信托受益权、交易对手或其关联方履行回购义务或前述各种方式相结合的办法实现退出。如在中投信托 JS 项目中，就是单纯通过劣后受益权收购优先受益权的方式实现退出。但实践中，股权模式房地产信托产品的退出机制一般是多元化的有机结合，例如在 LX 投资股权投资项目中，其优先通过股权转让方式实现退出，在股权转让的方式不能实现退出的情况下方采取减资分红的办法。再例如，QJ 项目明确规定，信托股权退出时，允许项目公司其他股东以评估基准价格优先收购，只有在其他股东放弃优先收购权时，受托人才通过公开市场转让、协议转让等方式出让信托股权。如前述方式无法实现信托股权退出的，则其他股东有义务以基准价格乘以确定系数的结果作为交易对价收购信托股权。当然，有的产品会设置业绩考核指标并要求交易对手或其关联公司支付优先购买维持费，只有在符合考核指标并按约支付维持费的前提下方能享有优先

---

① 王巍：《房地产信托投融资实务及典型案例》，经济管理出版社，2012，第38页。

购买权。笔者认为，如果某项目仅存在或根本上仅能通过交易对手或其关联公司履行回购义务实现退出，那么其在很大程度上存在被认定为"投资附加回购承诺"的风险，因此，丰富退出渠道对确保项目合规有着重要意义。

5. 多元化分配超额收益

股权模式房地产信托产品一般会进行结构化设计，交易对手或其关联公司往往作为劣后受益者加入信托计划。该种结构化设计一方面起到了体内增信的效果，另一方面又确保了交易对手或其关联公司能够获得绝大部分超额收益。笔者认为，如果某一结构化设计最终使得所有的超额收益流入作为劣后投资者的交易对手或其关联公司手中，而其他投资者仅获得了约定的预期收益，那么该种结构化设计在实质上借助了优先和劣后受益权配比比例不得高于3：1的规定而起到了杠杆效果，其更近似于债权投资。因此，笔者认为超额收益的分配应该多元化，无论是通过给予优先级受益人超额收益，还是通过增加中间级受益人给予超额收益的方式。

此外，就股加债的模式而言，笔者认为除应符合上述条件外，如事先约定后续股东借款劣后于银行贷款或其他债务（其他股东配套借款除外）的偿还，则一般可以被认定为项目资本金，而非通过小量入股项目公司以达到违规放贷的目的。如在 QJ 项目中，信托资金中的一部分用于受让交易对手持有的项目公司股权，而剩余部分则以股东配套借款的方式投入项目开发，因项目公司除银行贷款与股东配套借款外无其他形式的负债，该部分配套借款仅劣后于银行贷款。当然，市场较为成熟的信托产品中，除了后续以股东配套借款的方式投入项目开发外，也有通过应收债权转让的方式受让原股东对项目公司的借款，继而由转让方以收到的应收债权转让价款再次投入项目开发。该种方式并未触及以上所论述的核心判断标准，因此在这里并不多加赘述。

四　总结

2011 年以来，当针对房地产市场的紧缩调控政策与抑制通货膨胀为核心的宏观紧缩政策相叠加，加息、信贷控制与影子银行体系监管相叠加，房地产开发企业正面临着中国房地产市场起步以来最为严峻的市场与政策环境，中国

房地产行业正逐步步入结构调整阶段①，这同时也加剧了房地产企业对于资金的需求；与此同时，在信托公司回归行业本源的大趋势下，类基金型信托产品是促进信托公司向主动管理型的专业化理财机构转型的重要突破口，也可能成为信托业新的利润来源。②

基于这样的背景，在符合"承担投资风险"、"基于被投资项目"、"主动参与公司管理"、"丰富多种退出渠道"、"多元化分配超额收益"这五个基本要素的基础上，笔者认为构建一种类基金化的、以股权投资为核心的组合模式房地产信托产品有着必然性，这种模式能将债权投资的安全性与股权投资的灵活性与高回报性相结合，能使得投资者、房地产企业与信托公司的利益最大化，又能根据不同时点的具体项目情况灵活决定信托资金的运用方式与退出方式。

相信这种模式在促进房地产金融市场健康发展，满足房地产企业融资需求的同时，能够进一步提高信托公司的主动管理能力，帮助信托公司获得新的利润增长点。

Abstract：The real estate trust business is the use of trust funds through loans (including investment in additional repurchase commitment, purchase property or property rights plus repurchase and other indirect loans and repurchase of debt assigned and other modified loans) or equity investments or a combination of equity and loans through the issuance of trust products to provide financial support to real estate projects. Recent statistics show that, regardless of how macroeconomic policies regulate real estate market, real estate trust business, known as one of the trust business "Troika", has been an important part of business segment and generates steady portion of profit. Under the double impact of current real estate regulatory policies and the trend that trust industry returns to its own origins, equity investment mode of real estate trust has become the best representative which generates lucrative

① 巴曙松：《房地产大周期的金融视角》，厦门大学出版社，2012 年第 2 期。
② 巴曙松等：《中国资产管理行业发展报告》，中国人民大学出版社，2011，第 138 页。

profits and displays the advantage of asset management. In recent years, this mode gradually evolved to the trend of industrial funds. However, the risk hidden behind equity investment mode of real estate trust should not be underestimated, so this article will focus on analyzing compliance risks of equity investment mode of real estate trust, exploring the mode's core compliance elements, and forecasting the future development of real estate trust on this basis.

Key Words：Equity Investment Mode of Real Estate Trust；Compliance Risk；Compliance Factors；Feature Class Fund of Compliance

B.15
信托财产权利归属的比较研究

崔彦婷

摘　要：

　　信托制度起源于英美法系，并被大陆法系所移植，实践中信托财产权利的归属在其原生法系和移植法系存在较大差异，这造成了大陆法系在运用信托制度过程中存在一些困惑。本文在对两大法系信托财产权利的归属情况进行比较研究的基础上，分析大陆法系信托财产权利归属的困惑，并试图探讨其解决的途径。

关键词：

　　信托制度　信托财产权　大陆法系　英美法系　所有权

　　德国法学家海因·克茨认为"几乎没有其他的法律制度能够像信托制度一样好地体现出了普通法的独特风格"①。英国法学家基顿则称信托制度为"英国法律天才最具特色的杰作"②。信托具有的灵活性、便捷、功能丰富等特点不仅为其起源法系的英美法系所认知和运用，大陆法系国家意识到信托的优越性后，也试图模仿英美信托制度来构建本国信托制度。信托制度的诞生、发展经历了漫长的过程，也正是信托在两大法系中的起源与发展有所不同（在英美法系我们认为它是原生的，在大陆法系我们认为它是移植之物），才会出现信托制度中两个法系不能通行的一些差异——信托财产权利的归属就是典型差异之一。

　　《晏子春秋·杂下之十》中有言——"婴闻之：橘生淮南则为橘，生于淮

---

① 〔德〕海因·克茨："信托——典型的英美法法系制度"，邓建中译，载《法学译介》2009 年第 4 期，第 152 页。

② Bolgár："Why No Trusts in the Civil Law?"，Am. J. Comp. L. 2（1953），p. 204.

北则为枳，叶徒相似，其实味不同。所以然者何？水土异也。"同样的物种由于地理环境的改变，结果就产生了橘与枳的差别，这说明不同的环境对同一事物的发展起着至关重要的作用。信托制度在以法律渊源为传统依据所划分出来的两大法系中的产生和发展过程正印证了土壤与果实的关系。因此我们研究信托财产权的归属问题，则不得不对信托制度的起源以及在各个法系的发展进行必要的老生常谈。

一　信托制度的产生

一些学者曾将罗马法中的遗产信托视为信托制度的起源，还有学者认为信托制度起源于古日耳曼法中的 Salman（受托人）或 Treuhand 制度①。但这种信托思想的早期萌芽并没有形成信托制度，未形成独立的信托体系，因此大多数学者仍认为英国历史上的用益制度（Use）是现代信托制度的最早雏形。这种制度下，甲可以为自己的利益将其财产转移给乙管理使用，当甲将其财产权利转移给乙时，乙就依当时的习惯法负有一种为甲的利益使用这些财产的义务，如果乙拒绝这样的义务，甲可以提起一种类似现代违反信托协议的诉讼②。这种做法早在 1066 年以前就已经在实践中得到应用，13 世纪起开始在民间流行。

从诺曼征服到 1535 年，英国施行土地分封和长子继承制，对于土地的转移具有严格的限制，且土地上的附属义务及税收过多，使得想进行转移、捐赠等行为的人们开始寻求在法律范围内新的解决办法，于是将土地转让给他人进行管理，并用其中的收益来保障家人的生活需求。这种制度满足了设立人的利

---

① 罗马法时期，在商品经济不断发展的情况下，异邦人随着财富的不断积累，也产生了将财富留给后代的需求，但这样的需求与当时的法律规定相冲突，因为他们既不能立遗嘱，其后代依法也不能通过遗嘱继承财产。因此将财产先转移给具有继承资格或者接受遗赠资格的人，然后再由继承人或者受遗赠人将财产转移给自己事先说明的受益人这样的变通方法便应需要而产生了；古日耳曼法中的 Salman 或 Treuhand 制度，即人们可以在生前或者死后为了某种目的将财产转移给 Salman 或 Treuhand，且 Salman 或 Treuhand 被公众认定为应该受责任的约束和责任的强制执行。

② 方嘉麟：《信托法之理论与实务》，中国政法大学出版社，2004，第 8 页。

益，但同时减少了赋税，因此这种做法并不为当时的普通法（以判例为主要法律渊源）所保护。在受托人违约的情况下，受益人的利益不能得到法律上的认可，进而无法对受托人施以强制执行①。

面对普通法对受益人利益保护的缺失，一些受益人只好向国王请愿。国王将这些申请委托给大法官处理。大法官作为"国王良心的守护人"，根据"正义、良心和公正"②的原则来受理受益人的诉讼请求。大法官一方面遵从普通法，继续承认受让人在普通法上的地产权，另一方面又责令受让人认真履行对受益人的道德义务。在大法官的干预下，受让人基于受让地产上的义务受到了衡平法的拘束，受益人要求受让人履行的义务得到了衡平法的承认。为了更加充分地保障受益人的权利，大法官开始把用益权同受让地产联系起来，并通过给受益人提供三种情形的救济③，把用益权的效力从针对受让人一人延伸到从受让人手中取得土地的第三人，将其变成一种对世上其他任何人都有效的财产权利。

用益关系的合法化造成了国王土地收益的大量减少。为了恢复收入，亨利八世于1535年通过《用益法典》，让受益人成为普通法上的地产权人，承担封建赋税，将受益权转化成普通法上的地产权。从此自由保有土地上的用益被纳入《用益法典》的调整范围。但大法官对不受该法规范的公簿持有地的用益、动产和准不动产的用益、积极用益、双重用益，继续根据衡平法给予保护。在保护上述用益，特别是双重用益的过程中，大法官为区别于第一个用益，把第二个用益称作信托。此后，大法官又借助双重用益的机制，对受让人是第一受益人的第二个用益提供保护，从而将原来的消极用益制也纳入信托调整的范围之内。至此，信托在事实上成为传统用益制的替代物，成为保护用益

---

① 方嘉麟：《信托法之理论与实务》，中国政法大学出版社，2004，第60页。
② 即早期的衡平法。
③ （1）当受益人没有留下遗嘱就死亡时，衡平法应当遵从普通法规则，将用益人死后的权益传给最有资格继承的那个人；（2）当受让人将地产转让给第三人而损及受益人的权益时，所有知晓被转让地产存在用益权的第三人，无论是受托人的法定继承人，还是受赠人或购买人，都要受原来用益权的拘束；（3）如果受让人将受让财产换成其他财产，危及受益权时，受益人此时可有权追踪受让财产，逼迫受让人放弃其他财产。

关系的主要方式①。

信托具有其他制度所不可比拟的优势：信托具有隐匿性、简便性、免责性、优先性和超越性②，这些特性的存在，使得信托日渐兴盛，并且应变化了的形势发展出了众多的信托品种，而受托人的角色也从消极转变为积极，现代信托也由是产生。

二　信托制度在大陆法系的移植

大陆法系的财产制度主要通过物权法来体现，其财产制度相对于英美法系已全面落后，对于信托制度的移植是经济发展的必然选择，但是大陆法系的原生制度、环境与起源于英美法系的信托制度有相当大一部分是难以互相包容的。

大陆法系移植英美法系特有制度所存在的难度首先取决于法律渊源的差异。我们知道，大陆法系与英美法系早期的区分标准主要是法律渊源的不同：大陆法系主要以成文法为司法渊源，发展到一定阶段，才开始慢慢地借鉴英美法系中的判例法；而英美法系则以判例法为主要渊源，也在研究被一系列相似案例所肯定的反复适用的法律原则③。而通过追溯信托制度的起源，我们发现英美法系中关于信托财产权利属性以及财产权利归属，并没有明文的法律加以规定，而是通过原有的普通法和后来的衡平法所创制的判例加以明确（这种明确在某种程度上仅限于案件本身的判断，以及为以后审理同类案件做出示范而已）。

信托制度在大陆法系开枝散叶的又一障碍来源于司法推理方式的差异。传统的大陆法系国家法律体系主要以罗马法、《法国民法典》、《德国民法典》等法典为基础发展而来，其司法推理主要是典型的三段论式的推理方式，即事

---

① 余辉：《英美信托法：起源、发展及其影响》，清华大学出版社，2007。
② 孟勤国：《物权二元结构论——中国物权制度的理论重构》，人民法院出版社，2004，第1～80页。
③ 〔德〕K. 茨威格特、H. 克茨：《比较法总论》，潘汉典、米健、高鸿钧、贺卫方译，法律出版社，2003，第379页。

实—法律—判决；而英美法系国家是以判例制度为基础发展而来，其司法推理方式为事实—先例—判决①。在判例法国家，正像大法官卡多佐所说"当一致性始终如一，足以为人们提供一种具有合理确定性的预期时，法律就存在了"②。基于法律推理方式的不同，大陆法系则势必要对信托财产权利加以界定，并在制定法里加以体现，从而为后续提供保护做好法律渊源的准备。而英美法系则不相同，在某种程度上，虽然也在判例中承认权利人对于信托财产上的权利（包括普通法上的权利和衡平法上的权利）③，但该项权利是没有明文规定的。

进而，成文法中关于信托财产权利的规定与非成文法中对于信托财产权利的肯定的方式不同导致了权利界定不同，这样的矛盾集中体现在大陆法系的"所有权"概念上。所有权是大陆法系用物权法的形式对物权所明确界定的一个高度抽象化的概念，具有绝对性和排他性的特征，只能"一物一权"，是一种永续性的完全物权，不能按权能与时间进行分割④。而信托制度本身的多方主体结构设计，就不得不将财产权进行分割。英国信托制度产生之初，主要是针对地产权所设定的信托。地产权是一个抽象化程度较低的概念，是可按持续时间进行量化的一组权利，不带有绝对性、排他性特征，在实践中既可以"一物多权"，也可以按时间与权能自由分割。

由于对信托财产权界定方式和界定内容的不同，导致信托财产权归属出现了不能融合的矛盾。一方面，英美法系基于信托制度对信托财产权进行了时间上的分割，并不做出严格界定，也能找到适用的法律（普通法与衡平法）；另一方面，大陆法系施行严格的"物权法定"和"一物一权"原则，且大多采用物权与债权分离的原则，这样信托财产权对于传统来说是个新生的权利，它并不能直接套用原有的物权体系，因此在没有法律做出明文规定创设新的物权

① 〔意〕莫诺·卡佩莱蒂：《比较法视野中的司法程序》，徐昕、王奕译，清华大学出版社，2005。
② 〔美〕本杰明·N.卡多佐：《法律的成长——法律科学的悖论》，董炯、彭冰译，中国法制出版社，2002，第23页。
③ 从信托的起源看，普通法上的权利用于保护信托财产的受让人，衡平法上的权利主要用于保护信托受益人。
④ John Henry Merryman, "Ownership and Estate: Variations on a Theme by Lawson", *Tulane Law Review*, Vol48, 1973–1974, p. 925.

的情况下，它既不等同于物权，也不能等同于债权。由于权利本身界定不清，导致权属也无法统一界定。在信托存续期间，信托财产权到底属于哪一方也成为大多数大陆法系国家引进信托制度的困惑①。

三　信托财产权归属不清所带来的困惑

我国一直以来受大陆法系国家法律影响较深，因而也不可避免地出现了移植信托制度中遇到的种种"不良反应"，这一点在财产权属的界定上显得尤为突出。

首先，大陆法系民法中"物权法定"原则导致信托财产权利无调整依据。物权法定主义最早起源于罗马法，近代大陆法系各国继受罗马法，无不在民法中采用物权法定主义，如日本、奥地利、荷兰、韩国及中国台湾地区民法典都以立法形式予以明定。根据物权法定主义，当事人设定的物权必须符合现行法律的明确规定，即"只允许当事人按照法律规定的物权秩序确定他们之间的关系"②。未在法律中明文规定，任何人不得将自己创制的权利纳入到物权体系之中。这样造成了信托财产权利在物权体系中的缺失。因此，尽管在信托关系中委托人、受托人、受益人行使了信托财产上的部分权能，但其行使的权利无从定性。在英美法中，虽然在判例中也总结出一些物权类型，甚至会出现要求物权法定的要求，但物权的概念在英美法中终究是陌生的。而物权也不存在成文的规定，他们更看重的是如何利用物，当事人可以根据自己的需要来创设利用财产的方式，甚至很多时候是用来规避法律的，因而其有很发达的财产法体系，却没有严格的物权法定原则的束缚，这使得信托制度得以滋生并逐步发展起来。我国《信托法》第14条第1、2款规定："受托人因承诺信托而取得的财产是信托财产。受托人因信托财产的管理运用、处分或者其他情形而取得的财产，也归入信托财产。"大陆法系的"物权法定"原则被我国纳入法律体系之中——"物权的种类和内容，由法律规定"③。但依据信托关系而取得的

---

① 列泽军：《对我国物权法理论中的几个问题的辨析》，载《华东政法学院学报》1999年第1期。

② 谢在全：《民法物权论》，中国政法大学出版社，2005。

③ 《中华人民共和国物权法》第5条。

财产权并未被纳入物权体系，因此，我国信托财产权利也存在"绕树三匝，无枝可依"的特点。

其次，权利界定不清导致了权属的不清。根据大陆法系"一物一权"原则，信托财产在确定时间仅有一个所有权。"一物一权"原则来源于罗马法中的"所有权遍及全部，不得属于二人"的规则①。通行的说法为：一物之上只能存在一个所有权，而不能存在两个或者两个以上的所有权。因此，在大陆法系国家信托存续期间，信托财产所有权应明确为一个主体享有。我国在信托立法中对信托财产归属采取回避态度。我国《信托法》第2条规定："本法所称信托，是指委托人基于对受托人的信任，将其财产权委托给受托人，由受托人按委托人的意愿以自己的名义，为受益人的利益或者特定的目的进行管理或者处分的行为。"这里，"委托人基于对受托人的信任，将其财产权委托给受托人"的"委托"仅表明委托人将信托财产交由受托人管理，并不等于将信托财产的所有权移交给受托人。至于信托财产归谁所有？我国信托法回避了这个问题，直接通过立法明确规定了委托人、受托人和受益人之间的权利和义务，以及信托财产的独立性等特殊事宜。这种模糊其词，甚至回避问题的做法不利于正确处理信托事务中的争议和纠纷，给实践操作带来诸多困难。

最后，也是当前很严重的一个问题，就是信托财产无法根据权利性质以及权属情况进行相应的公示程序（根据我国法律规定，物权变动需要进行登记的物权，如果未进行登记，则该物权行为无效)②。公示制度起源于物权领域，它要求当事人以公开方式使公众知晓物权变动的事实。其作用在于依法定的方式规范物权变动的过程，直接保护变动物权的当事人，间接保护处于交易过程之外的第三人③。信托公示制度乃是于一般财产权变动的公示方法以外，再设计一套足以表征其为信托的公示制度。它通过一定的方式使特定财产已设立信托的事实为信托以外的第三人知晓。信托公示制度是公示制度发展过程中为适应经济发展和社会实践的需要而形成的一种制度。大陆法系国家一般将动产交付以及不动产（包括准不动产）的登记作为物权变动的公示方式。公示效力

① 陈佳等：《物权法实施中的疑难问题》，中国人民公安大学出版社，2009，第65页。
② 《中华人民共和国物权法》第9、14条。《中华人民共和国信托法》第10条。
③ 王文宇：《民商法理论与经济分析》，中国政法大学出版社，2003，第13页。

主要分为"对抗主义"和"要件主义"。所谓对抗，是指如信托财产的权利关系发生纠纷时，如果信托具备公示要件，则信托关系人对第三人得主张信托关系存在；相反，如信托不具备公示要件，信托关系人就不得对第三人主张信托关系存在。至于在信托关系人之间，即使信托未经公示，信托关系也被认为存在。采用这种做法的主要有日本、韩国以及我国台湾地区[①]。公示"要件主义"，是指不动产物权依法律行为变动时，需要当事人具备物权变动的意思表示，并且必须将该意思表示予以登记，并自登记时该物权变动行为方可生效。"要件主义"在设立信托关系的范围内并不常见，仅有少数国家将公示作为信托关系存在的要件。我国《信托法》第 10 条规定："设立信托，对于信托财产，有关法律、行政法规规定应当办理登记手续的，应当依法办理信托登记。未依照前款规定办理信托登记的，应当补办登记手续；不补办的，该信托不产生效力。"尽管笔者认为公示"对抗主义"更为合理，但是因登记机关缺失、程序不明、权利界定不清、权利归属不明的原因，信托公示在我国形同虚设，使得这一制度不具有可操作性。信托公示程序的缺失限制了受托人创造新的信托产品类型，在信托财产独立性方面大打折扣，无法更好地保护受益人的合法权益，对于交易第三方来讲，也加大了调查交易标的的成本且不利于维护交易安全。

四　大陆法系信托财产权归属问题的出路

大陆法系有其根深蒂固的传统，对于英美法系先进制度的继承不能机械地照搬照抄，而应该在自己原有制度的基础上，将移植物更为妥当地与本土制度相结合，这样才不会出现"淮南橘，淮北枳"的不良移植效果。笔者以为可以尝试通过如下方式予以解决：

首先，包括我国在内的大陆法系国家可以在自己的物权体系之内承认信托存续期间信托权利人对信托财产的所有权。根据英美法系的信托制度，信托财产权从时间上进行了划分，也就是学界所讲的"双重所有权"[②]。即受托人享

---

①　《日本信托法》第 3 条；《韩国信托法》第 3 条；中国台湾地区《信托法》第 4 条。

②　李培锋：《英美信托财产权难以融入大陆法系物权体系的根源》，载《环球法律评论》2009 年第 5 期，第 16 页。

有普通法上的所有权（Legal Title），受益人享有衡平法上的所有权（Equitable Owner）①。英美信托财产所有权归属设计所要解决的问题是信托财产如何归属于受托人。信托财产所有权归属设计是普通法与衡平法共同调整法律事实的产物。在设立信托、移转信托财产所有权的过程中，判断信托财产移转是否符合法定形式、信托财产是否移转完成，完全依据普通法中财产法的一般规定，与买卖、赠与等其他需要移转财产所有权的制度所适用的法律规范完全相同②。出于便于受托人管理、提高管理效率考虑，普通法实际上赋予了受托人法律上的完全所有权。为了保证受托人像有良心的"好人"那样全心全意地为受益人的利益服务，并且在受托人存有恶意时能够对其加以矫正，使受益人的利益仍然保持原有的状态，必须对受托人的良心加以限制。受益人可以根据其衡平法上的请求权，请求法院强制受托人履行衡平法上的义务，以实现自己衡平法上的利益。从大陆法系成文法的视角来看，虽然这两种权利表述不同，但是分析其权能，都具有大陆法系"所有权"的特征，只是信托财产所处的信托关系各阶段不同使所有权主体发生了变更。因此笔者认为，大陆法系国家是可以在自己的物权体系之内承认权利人对信托财产享有所有权的。

其次，大陆法系国家可以尝试赋予信托财团以法律主体地位，将信托财产权利归属于信托财团本身。若如上所述承认信托存续期间信托权利人对信托财产的所有权，则现有的信托财产独立原则是必须坚持并加以完善的。根据现代公民社会理念，信托关系设立后，信托财产可以从委托人与受托人两者中分离出来成为独立的法律主体（类似于财团法人，财团法人的形态是无成员的，表现为独立的特别财产，因此称为"一定目的的财产的集合体"）③。日本学者四宫和夫提出了在日本信托法理论中被称为"四宫说"的关于信托基本构造的实质性法主体说④。这一学说的基本内容是：信托财产为实质性法主体，是相对于信托财产构成物而言，但它只是一种不完全的、或者说限定意义上的法

---

① 陈思瀚：《信托财产的权利归属标准研究》，载《江西金融职工大学学报》2010年第4期，第49页。

② Garry Watt, *Trust and Equity*, Cambridge University Press, 2000, p. 123.

③ 龙卫球：《民法总论》，中国法制出版社，2002，第336页。

④ 〔日〕新井诚：《信托法》，日本有斐阁株式会社，2002，第34页，转引自张淳《信托财产独立性的法理》，载《社会科学》2011年第3期，第106页。

律主体；受托人是作为信托财产这一实质性法律主体的机关存在，为其所享有的对信托财产的所有权进行一种广义的管理①。近来我国一些学者也开始承认信托的人格特点。鉴于信托财产权利作为所有权的属性定位，作为受托人的信托公司的财产与信托财产又具有独立性的要求，信托公司则不宜作为信托财产的所有权人。笔者认为，信托存续阶段的财产所有权可归属于信托财团本身。信托登记制度虽然在法律中有明文规定，但是基于创设新的登记种类以及新的物权种类的操作难度很大，以至于这种制度在我国形同虚设。若明确了信托财团的法律主体地位，且信托存续期间的所有权归属于财团本身，信托财产登记只需在原有物权登记机关按原有物权登记规则直接进行登记即可。

基于上述分析，我们可以看出，大陆法系信托财产权利归属问题是可以通过选择性继受和适当的权利主体创设来解决的，相信通过努力将我国本土法律土壤加以改良，舶来之物也是可以在新的领域茁壮成长的。

Abstract：Trusteeship originated from Anglo-American Legal System, and was transplanted by Continental Legal System. In practice, there is great difference in the attribution of trust property rights in its original law system and transplant law system, which caused some confusion in the use of Trusteeship in Continental Legal system. This paper analyzes the confusion in the attribution of trust property right under Continental Legal system and tries to explore potential solutions, on the basis of a comparative study of the attribution of the trust property rights under two legal systems.

Key Words：Trusteeship；Trust Property Right；Continental Legal System；Anglo-American Legal System；Property Rights

---

① 〔日〕四宫和夫：《信托法》，日本有斐阁株式会社，1986，第 23、27、85、88 页，转引自张淳《信托财产独立性的法理》，载《社会科学》2011 年第 3 期，第 106 页。

B.16

境外机构或个人为境内企业提供担保的法律思考

陈 晨

摘 要：

境内企业融资时，若出现境外机构或个人提供担保的情况（也即"外保内贷"），由于境内外法律环境、公司管理制度等存在差异，审查时的关注事项也有别于境内担保。本文探讨了信托业务开展中，为确保境外机构或个人提供担保的合法有效性而应特别注意的事项。

关键词：

外保内贷 境外担保人审核 注意事项

境内企业向金融机构融资时，若出现境外机构或个人为其融资提供担保的情况（也即"外保内贷"），由于境内外法律环境、公司管理制度等多存在各种差异，对该种担保进行审查时所应关注的事项也有别于境内担保。随着我国经济发展的进一步国际化，信托业务开展中，境外机构或个人为其在境内的子公司或关联公司获得融资提供担保的情况越来越常见。下文即从几个方面探讨了信托业务开展中，为确保境外机构或个人提供担保的合法有效性而应特别注意的事项。

一 外保内贷的成立条件

我国《外债登记管理操作指引》第八条规定："境内企业借用境内借款，在同时满足以下条件时，可以接受境外机构或个人提供的担保：

（1）债务人为外商投资企业，或获得分局外保内贷额度的中资企业；

（2）债权人为境内注册的金融机构；

（3）担保标的为债务人借用的本外币普通贷款或金融机构给予的授信额度；

（4）担保形式为保证，中国法律法规允许提供或接受的抵押或质押。……"

故在接受外保内贷前，首先应审查债务人的身份，必须为外商投资企业或获得外汇管理局相关分局外保内贷额度的中资企业。其次应审查担保标的，鉴于信托项目形式的灵活性和多样性，与外汇管理局理解的"本外币普通贷款或金融机构给予的授信额度"可能并不完全一致，故在接受外保内贷前应就具体项目与当地外汇管理部门进行沟通，以确保该项业务在外汇管理局允许办理外保内贷登记手续的范围内。

需要特别注意的是，尽管《外债登记管理操作指引》中规定外保内贷的前提是"债权人为境内注册的金融机构"，信托公司符合该条件，但在实践操作中，一些地区的外汇管理部门将该条中的"金融机构"狭义理解为必须是银行，并对"外商投资企业"作狭义理解，认为外商投资企业的全资子公司并不符合该条规定的条件，故受托人在相关业务开展中，应就具体项目与当地外汇管理部门充分沟通。

二　担保人的主体资格认定

（一）了解境外担保人的主体资格状况

为了解境外担保人在主体资格、经营资产状况，及是否享有其所在地法律规定的担保资格等方面的情况，确保其可以有效签署相关担保合同并有足够的资产履行担保责任，在接受外保内贷前，受托人可委托境外担保人所在地的律师事务所就前述问题进行尽职调查并出具相关法律意见书，并要求境外担保人提供相关资产证明以确保其具有担保履约能力。

另外，在担保形式保证的情况下，如保证人在其所在地之外的其他国家或

地区有可供执行财产，则可能涉及相关法律文书（如判决书）生效后向财产所在地法院申请执行的问题。建议受托人委托保证人财产所在地的律师事务所就保证人可供执行财产状况进行尽职调查并出具法律意见书。在担保形式为抵押或质押的情况下，建议受托人委托抵押物或质押物所在地的律师事务所就相关财产抵押或质押的合法性及可执行性进行尽职调查并出具法律意见书。

（二）担保人为境外机构情况下的注意事项

在担保人为境外机构的情况下，担保人对外担保的内部审批机构及程序一般由其章程规定。建议受托人委托担保人所在地的律师事务所依据其章程审核相关审批程序是否履行、同意担保的决议是否取得以及决议的真实性和合法性，并就此出具相关法律意见书。并且，境外法律还可能对担保人提供担保作出特殊的程序性规定和限制性规定，建议受托人委托担保人所在地的律师事务所就此出具相关法律意见书，以确保担保人提供担保符合境外法律的规定。

（三）担保人为境外个人情况下的注意事项

在担保人为境外个人的情况下，应特别注意审核担保人的婚姻状况，若系婚姻关系存续期间，建议受托人要求担保人的配偶作为共同担保人，在担保合同上签字。

三 担保合同的外保内贷登记

根据我国《外债登记管理办法》和《外债登记管理操作指引》的规定，外保内贷情况下，须向外汇管理局进行申报，且原则上金融机构作为债权人需实行债权人集中登记，即债权人应于每月初 10 个工作日内向所在地外汇管理局填报《境外担保项下贷款和履约情况登记表》。在发生担保履约时，债务人应办理外债签约登记手续，担保履约额应纳入外商投资企业外债规模管理，即担保履约产生的外商投资企业对外负债未偿本金余额与其他外债合计原则上不得超过"投注差"（外商投资企业投资总额与注册资本的差额）或外债额度。

需要特别注意的是，鉴于一些地区的外汇管理部门将《外债登记管理操作指引》第八条中的"债权人为境内注册的金融机构"狭义理解为必须是银行，故在债权人为信托公司时，可能在实务操作中面临外汇管理局不接受外保内贷登记的情况。建议受托人在接受外保内贷前先与当地外汇管理部门进行沟通。

四　实务操作中的建议

（一）履行担保责任时优先选择境外担保人的境内资产

如境外担保人在境内有合法资产的，建议受托人要求境外担保人对相关资产列明清单，并在担保合同中明确一旦发生境外担保人需要履行担保责任的情况，优先执行境外担保人的境内资产。并且，执行境外担保人境内资产还可以避免涉及外债申报等问题。

（二）担保合同选择适用的法律

为增加合同效力与履行的确定性，提高司法裁判与执行尺度的可预测性，受托人在与境外担保人签订担保合同时，原则上应选择适用中华人民共和国法律（不包括港澳台地区法律）。如确因特殊原因需适用境外法的，建议受托人委托一家当地律师事务所依据该境外法对相关担保合同进行审查并出具法律意见书，确认担保合同在该境外法项下系合法有效、可以作为履行及执行的依据且无明显不利于受托人之处。

（三）担保合同选择的管辖法院

为提高司法裁判与执行尺度的可预测性，以及从一旦发生纠纷时减少诉讼成本的角度出发，受托人在与境外担保人签订担保合同时，原则上应选择受托人住所地法院作为管辖法院，或选择受托人住所地（或其周边地区）具有涉外仲裁权限的仲裁委员会仲裁。

（四）担保合同的公证及递转程序

境外机构签署合同时常见情形为不加盖公章，仅由其获得授权的董事或其

他授权代表在合同上签字。为确保签字的真实性以及签字人有权代表担保人签署合同，建议受托人根据当地法律的要求，在担保人签署有关担保合同的所在地委托一名公证人员或律师，就签署担保合同事宜进行公证。

在担保合同签署地位于境内的情况下，建议受托人委托公证人员，就担保合同的签署进行公证。

在担保合同签署地位于境外的情况下，经当地律师或公证人员就签署担保合同事宜进行公证后，还应经中国驻该国使领馆予以认证。

特别应注意的是，如担保合同签署地位于香港，则根据《司法部关于认真执行我部委托香港律师办理发往内地使用的公证书必须加盖转递章的通知》及《司法部关于严格执行委托公证人和证书转递制度的通知》中的规定，应当委托司法部委托的香港律师出具公证书，并加盖中国法律服务（香港）有限公司出具的公证文书《转递专用章》后转递至境内。

Abstract：When domestic companies finance, if outbound institutions or individuals provide guarentee (also known as "outbound guarentee for domestic loan"), as domestic and foreign legal environments and corporate management systems are different, and the censor instructions are also different from the domestic loans. This article discusses the legal validity concerns in trust business when outbound institutions or individuals providing guarantee.

Key Words：Outbound Guarentee for Domestic Loan；Censor Instructions

权威报告　热点资讯　海量资源

当代中国与世界发展的高端智库平台

皮书数据库 www.pishu.com.cn

皮书数据库是专业的人文社会科学综合学术资源总库，以大型连续性图书——皮书系列为基础，整合国内外相关资讯构建而成。包含七大子库，涵盖两百多个主题，囊括了近十几年间中国与世界经济社会发展报告，覆盖经济、社会、政治、文化、教育、国际问题等多个领域。

皮书数据库以篇章为基本单位，方便用户对皮书内容的阅读需求。用户可进行全文检索，也可对文献题目、内容提要、作者名称、作者单位、关键字等基本信息进行检索，还可对检索到的篇章再作二次筛选，进行在线阅读或下载阅读。智能多维度导航，可使用户根据自己熟知的分类标准进行分类导航筛选，使查找和检索更高效、便捷。

权威的研究报告，独特的调研数据，前沿的热点资讯，皮书数据库已发展成为国内最具影响力的关于中国与世界现实问题研究的成果库和资讯库。

皮书俱乐部会员服务指南

1. 谁能成为皮书俱乐部会员?

- 皮书作者自动成为皮书俱乐部会员;
- 购买皮书产品（纸质图书、电子书、皮书数据库充值卡）的个人用户。

2. 会员可享受的增值服务:

- 免费获赠该纸质图书的电子书;
- 免费获赠皮书数据库100元充值卡;
- 免费定期获赠皮书电子期刊;
- 优先参与各类皮书学术活动;
- 优先享受皮书产品的最新优惠。

社会科学文献出版社
SOCIAL SCIENCES ACADEMIC PRESS (CHINA)　皮书系列

卡号: 3377690720012872
密码:

（本卡为图书内容的一部分，不购书刮下，视为盗书）

3. 如何享受皮书俱乐部会员服务?

（1）如何免费获得整本电子书?

购买纸质图书后，将购书信息特别是书后附赠的卡号和密码通过邮件形式发送到 pishu@188.com，我们将验证您的信息，通过验证并成功注册后即可获得该本皮书的电子书。

（2）如何获赠皮书数据库100元充值卡?

第1步：刮开附赠卡的密码涂层（左下）;

第2步：登录皮书数据库网站（www.pishu.com.cn），注册成为皮书数据库用户，注册时请提供您的真实信息，以便您获得皮书俱乐部会员服务;

第3步：注册成功后登录，点击进入"会员中心";

第4步：点击"在线充值"，输入正确的卡号和密码即可使用。

皮书俱乐部会员可享受社会科学文献出版社其他相关免费增值服务
您有任何疑问，均可拨打服务电话：010-59367227　QQ:1924151860
欢迎登录社会科学文献出版社官网(www.ssap.com.cn)和中国皮书网（www.pishu.cn）了解更多信息

法 律 声 明

"皮书系列"（含蓝皮书、绿皮书、黄皮书）由社会科学文献出版社最早使用并对外推广，现已成为中国图书市场上流行的品牌，是社会科学文献出版社的品牌图书。社会科学文献出版社拥有该系列图书的专有出版权和网络传播权，其 LOGO（▮）与"经济蓝皮书"、"社会蓝皮书"等皮书名称已在中华人民共和国工商行政管理总局商标局登记注册，社会科学文献出版社合法拥有其商标专用权。

未经社会科学文献出版社的授权和许可，任何复制、模仿或以其他方式侵害"皮书系列"和 LOGO（▮）、"经济蓝皮书"、"社会蓝皮书"等皮书名称商标专用权的行为均属于侵权行为，社会科学文献出版社将采取法律手段追究其法律责任，维护合法权益。

欢迎社会各界人士对侵犯社会科学文献出版社上述权利的违法行为进行举报。电话：010－59367121，电子邮箱：fawubu@ ssap. cn。

社会科学文献出版社